図書館と読書をめぐる理念と現実

図書館文化社会 2

【編著】
相関図書館学方法論研究会
（川崎良孝・吉田右子）

【著・訳】
山﨑沙織
キャサリン・シェルドリック・ロス
三浦太郎
福井佑介
金晶

松籟社

キャサリン・シェルドリック・ロス著「頂点に立つ読者：公共図書館、楽しみのための読書、そして読書モデル」山﨑沙織訳（本書41ページから82ページ）の出典と著作権を示しておく。

Ross, Catherine Sheldrick, "Reader on Top: Public Libraries, Pleasure Reading, and Models of Reading," *Library Trends,* 57: 4 (2009), 632-656. © 2009 The Board of Trustees, University of Illinois. Reprinted with permission of Johns Hopkins University Press.

目次

**アメリカ公立図書館を基点とする公共図書館モデルの再検討：
オルタナティヴから逆照射されるもの**
　　　　　　　　　　　　　　　　　（吉田右子）・・・・・・・・・・・・ **3**

- はじめに・・・・・・・・・・・・・・・・・・・・・・・・・・・・・・・ 3
- 1　アメリカ公立図書館モデル ・・・・・・・・・・・・・・・・・ 4
- 2　パブリック・ライブラリー・モデル ・・・・・・・・・・・ 10
- 3　考察：公共図書館の位相 ・・・・・・・・・・・・・・・・・・ 28
- おわりに ・・・・・・・・・・・・・・・・・・・・・・・・・・・・・・ 31

頂点に立つ読者：公共図書館、楽しみのための読書、そして読書モデル
　　　（キャサリン・シェルドリック・ロス　著　山﨑沙織　訳）・・・・ **41**

- 抄録 ・・・・・・・・・・・・・・・・・・・・・・・・・・・・・・・・・ 41
- はじめに ・・・・・・・・・・・・・・・・・・・・・・・・・・・・・・ 42
- 1　読者像の構築 ・・・・・・・・・・・・・・・・・・・・・・・・・ 47
- 2　目的を持つ読者による読書 ・・・・・・・・・・・・・・・・ 53
- 3　「最良のものだけを」・・・・・・・・・・・・・・・・・・・・・ 55
- 4　読む能力習得に関する大論争における読書モデル ・・・・ 59
- 5　ひたすら受動的な読者による読書 ・・・・・・・・・・・・ 64
- 6　密猟者としての読者による読書 ・・・・・・・・・・・・・ 67
- 7　人生の設計図を得るための読書 ・・・・・・・・・・・・・ 70
- 8　ゲームプレーヤー、ルールの学習者としての読者 ・・・ 74
- 9　公共図書館と公共図書館の利用者に関する論点のまとめ ・・ 77
- 訳者あとがき ・・・・・・・・・・・・・・・・・・・・・・・・・・・ 83

戦後占領期におけるアメリカ図書館像：CIE図書館のサービスを中心に
（三浦太郎）・・・・・・・・・・・・・・・・・・・ 95

はじめに・・ 95
1　CIE図書館・・・ 96
2　CIE図書館のサービス・・・・・・・・・・・・・・・・・・・・・・・・・・・・・・ 104
3　CIE映画・・・ 117
おわりに・・・ 131

社会的責任論からみた戦後の全国図書館大会の展開：
図書館界の「総意」を示すフォーラムの興亡
（福井佑介）・・・・・・・・・・・・・・・・・・・ 139

はじめに・・・ 139
1　本論文の位置付け・・・・・・・・・・・・・・・・・・・・・・・・・・・・・・・・・・ 140
2　全国図書館大会における戦後の復興と制度論の模索（1948〜1953）・・・・ 144
3　全国図書館大会における政治の季節（1954〜1959）・・・・・・・・・・ 147
4　図書館の戦後改革に集中する全国図書館大会（1960〜1975）・・・・ 156
5　「総意」を示すフォーラムの縮減（1976〜）：問題解決から問題共有へ・・・ 163
6　社会的責任論の枠組みから見た全国図書館大会の変容・・・・・・・・・・ 166
おわりに・・・ 168

上海国際図書館フォーラムを手掛かりに図書館を考える
（金晶）・・・・・・・・・・・・・・・・・・・・・・・・ 175

はじめに・・・ 175
1　上海国際図書館フォーラム概要・・・・・・・・・・・・・・・・・・・・・・・・ 175
2　SILFからの啓発（1）：資料形態（電子図書、デジタル読書）・・・・・・・ 177
3　SILFからの啓発（2）：サービス機能・・・・・・・・・・・・・・・・・・・ 180
4　SILFからの啓発（3）：図書館管理方式・・・・・・・・・・・・・・・・・ 183
おわりに・・・ 189

図書館建築をめぐる路線論争とその帰趨：
ウィリアム・F.プールを中心として
　　　　　　　　　　　　（川崎良孝）・・・・・・・・・・・・・・・・・・・・**193**

はじめに・・・193
1　ウィリアム・F.プール・・・・・・・・・・・・・・・・・・・・・・・・・・・・・194
2　ウィンザーの図書館建築の思想と実践・・・・・・・・・・・・・・・・・・199
3　アメリカ図書館協会年次大会を舞台にして：1876年から1879年・・・・・202
4　プールの主張する図書館建築構想の具体化・・・・・・・・・・・・・・・・211
5　1880年代の図書館建築をめぐる議論とプール・・・・・・・・・・・・・・218
6　プールとニューベリー図書館・・・・・・・・・・・・・・・・・・・・・・・・225
7　ウィンザー方式とプール方式の帰趨・・・・・・・・・・・・・・・・・・・・234
おわりに・・237

各論文抄録・・・・・・・・・・・・・・・・・・・・・・・・・・・・・・・・・・・・・・249

索引・・・253

おわりに・・265

編集後記・・・・・・・・・・・・・・・・・・・・・・・・・・・・・・・・・・・・・・267

シリーズ〈図書館・文化・社会〉2
図書館と読書をめぐる理念と現実

アメリカ公立図書館を基点とする公共図書館モデルの再検討
オルタナティヴから逆照射されるもの

吉田右子

はじめに

　公共図書館は図書を中心とするメディアを介し自発的学習のための空間を提供することにより、人びとの知る権利と表現を受け取る自由を保障する文化機関である。この目的を達成するためには統治の安定性が最優先課題となるため、自治体による直接運営を原則とする。19世紀後半に無料制、公開制、自治体直営を基本原則とするアメリカ公立図書館を範とする近代公共図書館制度が世界各国で成立し、20世紀半ばまでに地方自治体単位で設置された公立図書館が、住民に無料で図書館サービスを提供する図書館制度の基本的な形が完成した[1]。

　1970年代以後、公共サービスへの予算が削減される中で、公共事業の民間企業への委託、公共施設への民間財源の投入、民間企業体の公共施設運営への参画など公共機関の運営に関わる多様なモデルが出現している。また新自由主義／市場原理主義に基づく経営モデルの台頭により、公共図書館の経営管理の原則や理念が改めて問われる状況となっている[2]。こうした公共図書館を取り巻く変化の中で、理論的かつ実証的なアプローチから公共図書館サービスの正当性を再提示することが強く求められている。

　本論文では無料制、公開制、自治体直営を原則とするアメリカ公立図書館モデルが公共図書館の基本モデルであることを確認した上で、そうした基本モデルに該当しない公共図書館の類型を示唆することで、改めて公共図書館の理念

を問う作業を試みる。具体的には、アメリカ公立図書館モデルの枠組みを広げることによって射程に入る公共図書館を「パブリック・ライブラリー」と呼称し、複数のパブリック・ライブラリーの類型を提示する。そしてパブリック・ライブラリーの事例の検討を通じてその特徴を抽出する。さらにパブリック・ライブラリーの理念をアメリカ公立図書館モデルの理念に逆照射することで、公共図書館の理念を再検討する。

1　アメリカ公立図書館モデル

1.1　アメリカ公立図書館モデルの成立

　公教育の補完機関としての公共図書館の存在意義がアメリカ社会で認知されたこと、基本的人権である情報、知識、文化へのアクセスを保障し、住民の生涯にわたる学習を安定的に支えるために、自治体による運営が基本となる条件であったことなどから、アメリカでは公共図書館は原則的にすべての住民に無料で公開され自治体が運営する公立図書館として運営されてきた[3]。ヨーロッパ諸国では19世紀後半に近代公共図書館が成立し、20世紀半ばまでに公立図書館制度の基本的な形ができあがる。これらの国は自国の公共図書館制度を整備するにあたりアメリカ公立図書館をモデルとしたのであり、無料制、公開制、自治体直営の原則を公共図書館の運営基盤とした。このようなアメリカ公立図書館モデルは20世紀を通じて、住民のインフォーマル教育を担う公共機関としての公共図書館を具現化するために必要な要件を備えたモデルとして、世界の公共図書館の基本モデルとなった。

1.2　アメリカ公立図書館モデルを取り巻く社会環境と公共図書館サービス

　基本的人権と接続する公共図書館の情報、知識、文化へのアクセスを担保するために、無料制、公開制、自治体直営を運営原則として保持するアメリカ公立図書館モデルは、時代や地域による差異を超えた基本モデルとして認識されている。一方で、アメリカ公立図書館モデルを具現化する個別の公共図書館は、社会的・経済的・政治的変化に晒された状態に置かれている。そのため個々の公共図書館のあり方は、その図書館が置かれた社会・経済・政治的環境

に強い影響を受けてきた。

　公共図書館に影響を与える変化の要因には、例えば公共図書館がサービス対象とするメディアの発展がある。紙の資料をサービス対象として出発した近代公共図書館は20世紀初頭にはエレクトリック・メディアの普及により、サービス対象を視聴覚資料へと広げた。公共図書館では19世紀後半に現れたエレクトリック・メディアが市民に普及した1920年代から、映画、レコード、ラジオなどをサービスに取り入れ始めた。新しい情報テクノロジーは、文字メディアを中心とした図書館に影響を及ぼした。エレクトリック・メディアは図書にとってかわるものではなかったものの、エレクトリック・メディアの出現によって、それまで図書のみの単一メディアから成り立っていた図書館資料の構成に変化がおこり、図書館員のメディアにたいする意識にも変革が迫られた。文字文化の伝承を主な目的としてきた図書館界は、エレクトリック・メディア出現期にラジオ、映画など図書以外のメディアの受容をめぐって最初の大きな葛藤を経験することとなった。

　1990年代の半ばからはデジタル・メディアとインターネットの普及により、図書館界はデジタル資料とオンライン情報資源へとサービス対象メディアを拡張した。メディアの発展により公共図書館のサービス対象となる資料は飛躍的に拡大し、単館でのサービスから複数館における連携協力、そして図書館関連組織とのネットワーク構築へと運営管理形態が変化している。

　メディアの発展は、利用者に提供するサービス内容にも強い影響を与えている。図書館はアナログ資料とデジタル資料の両方を提供するハイブリッドな文化施設となり、リテラシー支援は、20世紀初頭に行われていた基本的な読み書き能力の支援に加え、コンピュータ利用やネットワーク情報へのアクセスなどのデジタル・リテラシーの支援へとプログラム内容が重層化している。公共図書館のインフォーマル教育の場としての役割や住民のリテラシーを支援する理念自体は変化していないものの、公共図書館で提供されるサービス内容に変化が生じている。また空間的にも厳格な学習の場から、住民が直接コミュニケーションを取り合い議論する場所として、コミュニティにおける存在感を高めている。

公共図書館がその存在の拠り所とし、活動基盤としてきた地域との関わり方にも、変化が生じている。コミュニティのプロジェクトや課題に能動的に関わる「エンベディッド・ライブラリアン」が、地元の社会的ニーズと直結させた形でコミュニティに根ざした活動を展開するなど、地域との関わりについて実践の深まりが見られる[4]。クレスチャン・N.デリカらはイギリス、カナダ、デンマークを対象として、地域社会に深く関わる実践を開拓する公共図書館の実践例を分析し、その特徴を抽出することで新たな公共図書館モデルの析出を試みた[5]。『ライブラリー・クウォータリー』はコミュニティの課題に関わる公共図書館の実態と可能性を討究する特集を組み、21世紀における公共図書館と地域固有の社会問題との関わり方を議論している[6]。

　とりわけ公共図書館への影響を強く与えたのは1970年代以降の新自由主義の経済政策と政策の基盤となる政治思想である。新自由主義に基づく公共政策の元で公共図書館の予算は減額され、図書館サービスは直接的な打撃を受けた。またニューパブリックマネージメントの組織運営原理が図書館に適用されることで、民間企業への業務委託や民間企業体による図書館運営の導入が見られた[7]。新自由主義政策は、図書館予算を削減することによって図書館の経済基盤を弱体化させただけでなく、図書館サービスそれ自体の持つ公的な価値を市場原理主義によって変形させた[8]。市場優先主義の思想は、公共図書館が提供してきたサービスそれ自体が持つ公的な価値への挑戦となった。新自由主義的な考え方を重視する社会において、リテラシーのスキルが低い住民、経済的貧困者、移民、難民など、情報アクセスが困難なマイノリティ住民に、自己責任が求められることによって、そうしたグループはさらに弱体化していくという実態がある。つまり図書館が重点的に取り組んできたリテラシーの支援や多様な文化の包摂において、経済的な価値が最優先されることで、そうしたサービスの遂行が停滞あるいは損なわれる危険性をはらんでいる[9]。ポール・T.イェーガーらは経済活動に関わる新自由主義と新保守主義の政治イデオロギーが結びつくことで、公的サービスが弱体化する仕組みを詳細に論じている[10]。

　新自由主義の影響はサービスの内容にとどまらず、公共図書館が育んできた文化関係資本にも及んだ。市民参加型の図書館運営やボランティアは、経営に

おける効率的配置などを通じて体現化され、新たな図書館の価値に結びつけられるようになっている[11]。新自由主義に基づく組織運営において、これまで図書館と住民が構築してきた自律的な協働関係は、両者の協働による効果を最大化することを目的に関係の組み直しを余儀なくされている。

新自由主義／市場原理主義に基づく経営モデルが、すべての住民を包み込む厚い公共サービスを目指す公共図書館の理念と対立する価値観を示す中で、公共図書館界はその理念を保持しつつ、図書館の公共的価値を図書館実践として具現化することで、「新自由主義」へ対抗する機関であることを示してきた。その基底には情報と文化を平等に保障する「社会的公正」の概念枠組みが存在している[12]。すなわち公共図書館は社会的公正を運営原理の中心に置きながら、情報資源を平等に提供する公共機関であり、社会的公正を達成するために必要となる運営原則が、無料制、公開制、自治体直営である。

1.3　国際図書館連盟による公共図書館モデル

本節では国際図書館連盟（IFLA）による公共図書館の認識を取り上げ、アメリカ公立図書館モデルの原則との比較により、公立図書館モデルの変化を見ていく。1994年に出された国際図書館連盟とユネスコによる「IFLA/UNESCO公共図書館宣言」では、公共図書館を以下のように規定している[13]。

> 公共図書館は原則として、無料でなければならない。公共図書館については、地方と国の政府が責務を負う。公共図書館は、特定の法律によって維持され、地方と国の政府により資金が供給されなければならない。

国際図書館連盟は公共図書館を地方および国の行政機関の責任で設置するものとした上で、公共図書館を公立図書館として規定している。さらに「IFLA/UNESCO公共図書館宣言」には「図書館の全国的な調整および協力を確実にするため、合意された基準に基づく全国的な図書館ネットワークが、法令および政策によって規定され、かつ推進されなければならない」との記述がある。この文言から全国、地域、基礎自治体の行政組織としての公立図書館整備を目標としていることを読み取ることができる。

20世紀後半以降、図書館業務に関する民間企業への業務委託は、図書館資

料に関わるテクニカル・サービスへの導入のみならず、利用者に直接関わるパブリック・サービスにおいても加速的に進行してきた。しかしながら「IFLA/UNESCO公共図書館宣言」に示されたように、1990年代半ばにおいて、地方および国の行政機関による公共図書館の設置と運営、そして運営経費の公的負担は、公共図書館運営の基本原則となっていた。

「IFLA/UNESCO公共図書館宣言」の発表から約15年後の2010年に出された国際図書館連盟による「IFLA公共図書館サービスガイドライン」では、公共図書館を以下のように規定している[14]。

　　　公共図書館は、市町村レベル、地域レベル、あるいは全国レベルの政府のいずれか、もしくはなんらかの行政とは異なる形態の地元の組織によって設置され、支援され、資金供給を受ける、コミュニティが運営する組織である。

ここには国と地方自治体が公共図書館の統治の主体として示されると同時に、それ以外の組織が図書館の設立、運営、資金供給の主体となる可能性が示唆されている。地方自治体による公共図書館の設置と運営を基調としながらも、地方自治体以外の組織が設置する公共図書館の存在を認めている。

この定義は21世紀の世界的な図書館の変化を反映したものと考えられる。たとえば21世紀に入ってから、アフリカ、中南米、東南アジアなどの公立図書館の制度的確立が果たされていない開発途上地域において、アメリカ公立図書館モデルとは異なる運営原理を持つ、地域住民のための公共図書館が設置される動向が顕著となった。これらの地域では、経済的・社会的基盤の欠如により自治体主導での公共図書館設置が困難となっている。さらに公共図書館設置は他の公共サービス事業との関係において優先度が低く抑えられたままとなっている。そうした地域における情報と文化へのアクセスの遅滞を解消するために、自国にすでに公立図書館制度が整備された国のNGOが公共図書館を設置し、サービスを移設する事例が見られるようになった。ガイドラインの記述はこうした公共図書館の変化の実態を示している。

また2010年ガイドラインの公共図書館の定義では、1994年宣言に入っていた無料原則が消滅した。この変化は公共図書館サービスへ課金する国が存在す

る実態を反映させた結果となっている[15]。

1.4　基本モデルとしてのアメリカ公立図書館モデル

　国際図書館連盟の1994年と2010年の公式文書における公共図書館の定義の差異は、公共図書館を取り巻く社会的環境の変化により、アメリカ公立図書館モデルに部分的に揺らぎが生じていることを示すものであった。2010年の定義は、無料制、公開制、自治体直営という条件を緩めることで、アメリカ公立図書館モデルの要件を厳密には満たさない公共図書館の多様な類型を包み込もうとしている。

　国際図書館連盟は公共図書館の定義に現実社会における変化を反映させる一方で、情報、知識、文化へのアクセスを保障する公共図書館の社会的存在意義が変わらないことを示している。1994年の「IFLA/UNESCO公共図書館宣言」では、「公共図書館は、その利用者にとって、あらゆる種類の知識と情報を容易に利用できる地域社会の情報センターである」とされ[16]、2010年の「IFLA公共図書館サービスガイドライン」では「公共図書館は、一定の範囲と水準の情報資源とサービスによって、知識や情報へのアクセスを提供し、生涯学習を助け、想像力をかきたてる作品に親しむことを可能にする」と表現された[17]。

　ここまでに見てきたように、20世紀後半から21世紀初頭にかけて生じた公共図書館に関わる経済・社会・政治的変化の中で、アメリカ公立図書館モデルには部分的な変形が生じており、その変化は国際図書館連盟の公共図書館の認識にも反映した。しかしながら無料制、公開制、自治体直営を運営原則とするアメリカ公立図書館モデルが、公共図書館の基本モデルであることは図書館の共通理念となっている。この原則は基本的人権と結びついた情報アクセスへの権利や学習権を担保するための条件となっており、アメリカ公立図書館モデルの運営原則が損なわれる時には、その損失を埋めるか補完することで、この原則を満たし成立させる働きかけが試みられてきた。

　一方で公共図書館を取り巻く変化のスピードは加速的であり変化への圧力は強大である。公共図書館がアメリカ公立図書館モデルに示される中核的な理念を保持するためには、社会的公正に基づく公共図書館サービスの正当性を、現

在の社会的・経済的・文化的文脈の中で、再提示することが強く求められている。

そこで本研究では、アメリカ公立図書館モデルが公共図書館の基本モデルであることを前提に、そこにオルタナティヴなモデルを持ち込むことでアメリカ公立図書館モデルの特徴を浮かび上がらせる。具体的には、アメリカ公立図書館モデルの枠組みを広げることによって射程に入る公共図書館を「パブリック・ライブラリー」として設定し、複数のパブリック・ライブラリーの類型を提示する。そしてパブリック・ライブラリーの実態と特徴を検討する。その上でパブリック・ライブラリーの理念を公共図書館サービス理念に逆照射することで、公共図書館の理念を再検討する。

本研究は、公共図書館が新自由主義／市場原理主義への対抗機関となる社会的に公正な文化施設として十全に機能するためには、アメリカ公立図書館モデルの原則である無料、公開、自治体直営という3つの原則を備える必要があることを示すための基礎作業となる。またこの作業を通じて、アメリカ公立図書館モデルとは別の可能的様態を示すオルタナティヴな公共図書館モデルから、21世紀のライブラリアンシップの射程を浮かび上がらせることを目指す。

2　パブリック・ライブラリー・モデル

2.1　パブリック・ライブラリー・モデルの導入

前章では無料制、公開制、自治体直営を基調とするアメリカ公立図書館モデルが公共図書館の代表モデルであり、20世紀半ばまでに公共図書館制度を確立した国においてこのモデルが主流であることを確認した。しかしながら厳密なアメリカ公立図書館モデルの原則とは異なる運営体制によって存立する公共図書館が増加しており、そのことが国際図書館連盟による公共図書館を規定する文言の変化に現れていることは、すでに示した通りである。

本研究では公共図書館の運営原則である無料制、公開制、自治体直営から自治体直営という条件を取り除き、無料制と公開制を基盤に特定の地域に設置された公共図書館をパブリック・ライブラリーと規定する。この条件緩和により特定のコミュニティの構成員に等しく情報・知識・文化へのアクセスを保障す

る社会機関という公共図書館の存在意義に関わる要件を満たす、多様な様態の図書館を公共図書館に包摂することが可能である。つまり公共図書館であることの要件を自治体による統治に厳格化することによって排除されてしまう公共的な性格を帯びる図書館を含めて、公共図書館を議論する場を設定する。

　1994年の「IFLA/UNESCO公共図書館宣言」および2010年の「IFLA公共図書館サービスガイドライン」は、情報、知識、文化へのアクセスの保障を公共図書館の社会的存在意義としている。本章ではアメリカ公立図書館モデルの運営原則の1つである自治体直営という条件は満たさないものの、「特定の共同体の構成員に等しく情報・知識・文化へのアクセスを保障する社会機関」として運営されている公共図書館をパブリック・ライブラリーとして同定する。

　これらのパブリック・ライブラリーに関して(1)モデル1：公立図書館制度に編入されていない公共図書館、(2)モデル2：公立図書館制度の成立途上地域に設置された公共図書館、(3)モデル3：公立図書館制度への編入を目的としない公共図書館の3つのカテゴリーを設定する。以下、3つのカテゴリーについて、その枠組みと実態を描写する。

2.1.1　モデル1：公立図書館制度に編入されていない公共図書館

　このカテゴリーに属するのは、当該公共図書館が設置されている地域に図書館ネットワークがすでに構築されているが、基礎自治体の公立図書館ネットワークには包摂されない公共図書館である。

　アメリカを例に取ると議会図書館や州立図書館が該当する。いずれも全国レベル、州レベルの議会活動を支援する専門情報サービスに携わる専門情報機関であると同時に、一般市民への図書館情報サービスを無料で提供する。また先住民居留区に設置された部族図書館（tribal libraries）は部族共同体の公共図書館であるが、アメリカの基礎自治体の公立図書館制度から切り離されている。

　世界各地に存在する先住民共同体の図書館も部族図書館と同様、基礎自治体の公立図書館制度とは別の制度的枠組みで運営されている。先住民への図書館サービスは、先住民の居住区における情報アクセス保障という観点から、全住民を対象に提供されるべき基本的な公共サービスである。資料提供サービスを

基本として、先住民の教育や生活を支える文化プログラムの実施が先住民図書館の役割となっている[18]。

2.1.2　モデル２：公立図書館制度の成立途上地域の公共図書館

このカテゴリーに属するのは、公立図書館ネットワークが整備されていない地域に設置される公共図書館である。東南アジア、アフリカ、南アメリカなど、途上国に民間組織の主導で設置されるコミュニティ図書館と呼ばれる地域図書館が該当する。コミュニティ図書館は特に非都市地域に設置される住民に無料で公開されている公共図書館であるが、運営の主体は自治体ではなく民間組織である[19]。

公共図書館は情報と文化へのアクセスを住民に保障する制度として、行政機関が設置の義務を負うものである。しかしながら経済的・社会的基盤が弱体なために自治体主導の図書館設置が困難な開発途上地域において、図書館は自治体のインフラ事業、公立学校の建設、医療機関の整備などに比べ、設置の緊急度が相対的に低い施設としてみなされている。

公立図書館の設置条件を待つことは、住民への情報と文化へのアクセスの遅滞を助長するため、自治体以外の運営主体が地域の公共図書館を開始することは、図書館サービスを普及させるための現実的な解決方法の1つとみなされている。具体的には自国にすでに公立図書館制度が整備された国のNGOが、公立図書館制度の未整備地域に図書館を設置し図書館制度を移設する動きで、20世紀後半から21世紀初頭に顕著になった。運営主体は民間非営利組織であることが多いが、地方自治体や住民ボランティア団体が運営に携わる例もある。開発途上地域における図書館支援活動は20世紀初頭から継続的に行なわれてきたが、先進国NGOによる公立図書館の代替施設としてのコミュニティ図書館の設置は、21世紀になって非常に加速している。コミュニティ図書館を設置する支援組織は、情報や文化へのアクセス、生涯学習、デモクラシーなど、近代公共図書館の基本的な理念の移設を、地元の図書館設置のプロセスの中で試みている。

2.1.3 モデル3：公立図書館制度への編入を目的としない公共図書館

このカテゴリーに属するのは、当該公共図書館が設置されている地域に公立図書館ネットワークが構築されている状況において、そうした公的なネットワークとは独立して運営されている公共図書館である。地域住民に無料開放される私設図書館などが該当する。

アメリカやヨーロッパにおいて、公立図書館制度ができるまで公立図書館の代替施設として私設図書館が設置されたが、これらの図書館は公立図書館制度の整備と共に公立図書館に編入された。ただし日本で1960年代から1980年代に設置された地域文庫のように、公立図書館の代替施設として設置されたものの、公立図書館の設置後も活動を存続した私設図書館がある。地域文庫は本来であれば公立図書館が提供すべき読書環境が欠落していたために、住民がやむを得ず設置した読書施設であり、公立図書館の設置によってその役割は終焉するはずであった。しかしながら、公立図書館が整備されてもなお家庭文庫と地域文庫は活動を続け、地域の擬似的な公共図書館として定着し、日本の地域の読書空間に厚みを加えている[20]。

アメリカでは2009年にトッド・ボルが私設の書架を設置するLittle Free Library運動を創始した[21]。この動きは世界中に広がり、マイクロ・ライブラリーと呼ばれる多様な形態の私設図書館の設置が増加している[22]。マイクロ・ライブラリーは公立図書館との連携例もあるものの私設独立系図書館であり、マイクロ・ライブラリー設置運動は、公立図書館への編入を目指す活動ではない。しかしながら公立図書館ネットワークにおいて、マイクロ・ライブラリーに非公式な位置づけを与える例がある。デンマークのオーデンセ図書館はマイクロ・ライブラリーをLittle Libraryとして紹介し、サービス対象地域の公園などに存在するLittle Libraryを分館のページに掲載している[23]。つまりオーデンセ図書館では制度的には公立図書館ネットワークに含まれない私設の図書館を、地域の公共的な情報アクセスのポイントとみなして住民に示している。

2.2 パブリック・ライブラリーの一形態としての先住民図書館

本節ではパブリック・ライブラリーの実態を検討するために、パブリック・

ライブラリー・モデル1としてあげた公立図書館制度に編入されていない公共図書館の事例として先住民図書館を取り上げる。まず先住民図書館の位置付けを明らかにした上で、アメリカの部族図書館を取り上げ、その実態と特徴を明らかにする。

2.2.1 先住民図書館の特徴

公立図書館制度に編制されない公共図書館のカテゴリーに先住民共同体の図書館が該当する理由は、先住民の居住区域と行政制度で定められた居住区域が異なっていることによる[24]。このことは先住民の共同体図書館の公立図書館制度への編入を困難にしている。すなわち公立図書館は通常は国を基点にし、その下位行政制度である自治体の単位で設置される。一方、先住民は国家横断的に居住している。現行の統治単位に基づく図書館サービス対象範囲と先住民の居住区のずれにより、先住民共同体は共同体単位での図書館サービスを受けることができない状況に置かれる。たとえば北極圏地域に居住する先住民族サーミはロシア、フィンランド、ノルウェー、スウェーデンを横断して居住している。国家横断的な共同体に居住するサーミに関しては、国家間連携による図書館サービスが提供されている[25]。しかしながらサービスの実態はブックモビルの運行であり、共同体を単位とする図書館は設置されていない。その結果、図書館サービスはアウトリーチに留まっている。

先住民図書館では共同体の文化資料を中心とした収集、組織化、提供が行なわれている。すなわち通常の図書館資料に加え、先住民共同体の言語で書かれた資料、オーラルヒストリー資料を収集し、工芸品など現物資料を収蔵する図書館もある[26]。通常であれば文書館や博物館の対象とする資料が先住民図書館で扱われるのは、先住民図書館数が先住民文書館や先住民博物館より多いためである。通常の図書館資料に加えて資料の構築と提供によって部族固有の歴史と文化を維持することは、先住民図書館固有の業務となっている。アーカイヴ資料は、先住民が関わる訴訟など法的な問題が生じた際に依拠するエビデンスとして保存が必要とされる[27]。図書館が提供する文化プログラムにおいて先住民共同体文化の保存と継承に資する内容を重視し、文化継承を意図した児童・

若者向けのコレクションやプログラムが企画される。共同体の歴史、独自の文化、伝統的工芸品などがその対象となる[28]。

2.2.2 部族図書館の運営形態・サービス

本項では先住民図書館の具体的な様態を検討するために公立図書館制度が確立したアメリカにおいて、先住民居留区に設置されることによって公立図書館ネットワークから排除されている部族図書館を取り上げる。アメリカの先住民族居留区は連邦政府の直轄の行政地域であり、550を超える先住民の部族が連邦政府から承認を受け300を超える部族居留地がある。居留地は原則として自治権が認められ、居留地内では部族政府が行政、立法、司法を統括する。ただし部族政府は連邦内務省インディアン局の管轄下にあるため、その自治は限定的である。居留区に図書館サービスを行なうのが部族図書館であり「先住民居留地あるいは居留地に隣接して設置され、アメリカン・インディアンによって運営されている図書館」と定義されている。部族図書館は基本的には基礎自治体が構成する公立図書館ネットワークには含まれず、独立的、自律的な運営を行なってきた。

アメリカでは居留地は辺境の隔絶された地域に存在し、部族図書館の多くは地理的に孤立した状態にある。居留地の行政制度における図書館の位置づけは地域ごとに異なる。小規模なために図書館のウェブサイト運営が困難で図書館関係のデータベースや名簿から漏れる部族図書館は、共同体の外からは見えない状況に置かれるため、「アメリカの見えざる公共図書館」となっている。居留地内で図書館ネットワークを形成し、資料、目録などのリソースを部族図書館間で共有しているところもある。また居留地近隣の公立図書館システムのネットワークに参加し、公立図書館サービスを享受する部族図書館もある。だがこれらは例外的で、大部分の部族図書館は地理的にも社会的にも孤立した状態にある。

アメリカの公立図書館が設置自治体の税金と州政府からの補助金を主たる財源としている一方で、部族図書館は部族政府からの運営資金と連邦政府からの補助金を財源とし、人口1人当たりの図書館費は公立図書館のそれに比べ極端

に低い状況にある。部族図書館の運営主体は地方自治体としての部族政府であることが多いが、民間非営利組織や住民ボランティア団体が運営する図書館も存在する。部族民に利用を限定する部族図書館もある。ここに全地域住民を利用者対象とするアメリカ公立図書館の運営原則との差異がみられる。

　資料が整備され充実した施設を持つ図書館がある一方で、独立した施設を持たず部族政府の建物一角に間借りした状態で運営される図書館がある。図書館の規模はさまざまであるが、概して財源や職員配置は貧弱である。司書資格を持たず図書館業務を兼務している職員も多く、また非常勤職員やボランティアなどによる運営形態が常態化している。

　部族図書館の運営形態は多様であり、以下のような形態がある。

（1）文化担当部局統括型モデル：資料は文化部関連部署に分散して配置され、文化担当部局の事業に図書館情報サービスが組み込まれる。

（2）学習センター一体型部族図書館：小規模共同体に見られる事例であり、学習センターと一体化して図書館情報サービスを実施する。

（3）教育施設連携型部族図書館：学校図書館を地域住民の公共図書館として兼用する事例であり、居留地の教育施設に部族図書館が付設される。

（4）部族大学図書館：部族大学は部族構成員の教育機会を担保するために設立される部族民のための高等教育機関である。部族大学は部族政府の税収および州政府の教育予算と連邦の補助金によって運営され、高等教育としてのカリキュラムの他に、先住民の言葉や文化の継承と保存に関わる教育が必須となっている。部族大学には大学付属図書館が設置され、その図書館を地域住民の公共図書館として兼用する事例がある。

　部族図書館で実施されているサービスは基本的には通常の公共図書館サービスと同様で、資料提供、レファレンスおよび読書相談、インターネットとコンピュータへのアクセス提供、そして文化プログラムからなる。居留地は広大な面積を持つ一方で、大部分の部族図書館は分館を持つ経済的余裕はなく、ブックモービルを利用したアウトリーチ・サービスは図書館にアクセスできない利用者への中心的なサービスとなる。

2.3 パブリック・ライブラリーの一形態としてのコミュニティ図書館

本節ではパブリック・ライブラリー・モデル2としてあげた公立図書館制度の成立途上地域に設置された公共図書館の事例としてコミュニティ図書館を取り上げる。まずコミュニティ図書館の実態を明らかにした上で、その運営モデルを検討し、公共図書館理念をコミュニティ図書館に移設することに焦点を当てて議論する。

2.3.1 コミュニティ図書館の実態

途上国における図書館支援活動は20世紀初頭から継続的に行なわれてきたが、先進国NGOによる公立図書館の代替施設としてのコミュニティ図書館の設置は、21世紀に入って加速傾向がみられる。途上国のコミュニティ図書館設置に関わる主たるプロジェクトや設置・運営組織を表1に示す。

表1 コミュニティ図書館プロジェクト

設立年	プロジェクト名・設置組織等（活動地域）
1991	READ Global（Nepal, India）
1997	Bill Gates Foundation（North America, Africa, Asia, Latin America）
1998	Ethiopia Reads（Ethiopia）
1999	Kitengesa Community Library（Uganda）
2000	Room to Read（Nepal, Africa）
2000	Riecken Foundation（Guatemala, Honduras）
2005	The African Library Project（Africa）
2005	Librarians without Borders（Ghana, Guatemala）
2007	Libraries without Borders（Africa, Central Asia, Latin America, India）
2008	Equal Education's Campaign: 1 School, 1 Library, 1 Librarian（South Africa）

READ Globalはネパールでの図書館設置活動のために1991年に設置されたNGOで、ネパール、ブータン、インドを中心に教育事業を展開している[29]。

女性の識字率が低く、貧困ライン以下のレベルで暮らす家庭が多い地域で、「READセンター」と呼ばれるコミュニティ図書館・リソースセンターの設立を行ってきた。「READセンター」は、地元自治体が所有し運営することが原則となっている。センターは図書館、コンピュータ室、女性の活動スペース、児童室、研修スペースを持つ。「READセンター」を拠点に地域社会に適した小規模ビジネスの立ち上げの支援を行なっている[30]。

　ビル・ゲイツ財団は最大規模の財団で、世界規模で情報のアクセスが困難な地域へのインターネットの整備を中心に活動を展開してきた。1997年に設立され2000年に現在のビル・メリンダ・ゲイツ財団に改称した。同財団は保健活動と貧困の撲滅、教育機会と情報アクセスの拡大を慈善活動の目的としている[31]。財団から助成を受けて顕著な活動を行った組織を表彰する「学習へのアクセス賞」（ATLA）を受賞した図書館や組織として、デジタル・リテラシーの向上を目指すスリランカのe-Library Nenasala Program（2014）、南アジアへの図書館設置を手がけるRural Education and Development（READ, 2006）、バングラディシュのブックボートShidhulai Swanirvar Sangstha（2005）、南アフリカケープタウンで公共図書館へのインターネット接続に携わるSmart Cape Access Project（2003）などがある[32]。

　1998年創設のEthiopia Readsは、ミネソタ州ミネアポリスを拠点とする児童や若者のリテラシー向上に関わるNPO団体で、2003年から図書館の設立に関わる。70館を超える図書館を建設したほか、児童への資料の寄贈、教員と司書養成にも取り組む。同団体は児童への母語資料の読書を推進しており、児童にとって適切な資料のリスト作成なども行なっている。また辺境地帯へのアウトリーチを通して、児童およびその家族のリテラシーの向上活動に携わる[33]。

　Kitengesa Community Libraryはウガンダの地域図書館として読書とリテラシー・スキルの向上を目標に1999年に創設された。図書館はインターネットへのアクセスを提供するとともに、リテラシー・プログラムを通じた読書スキルの向上を目指す。主たる利用者は学齢期の児童であるが、入学前の幼児や成人の利用も可能である。子どもを対象としたリテラシー・プログラムだけでなく、司書や医療関係者による保健関係図書の勉強会なども実施されている[34]。

2000年に設立されたRoom to Readは、途上国におけるリテラシーと女性の権利の改善を目指す非営利団体でアメリカを拠点とする。支援過程においてコミュニティ、地元団体、自治体との連携を重視する姿勢を前面に打ち出し、学齢期の児童へのリテラシー・スキル獲得や教育を受ける権利の支援への取り組みを行なっている。ネパールとインドへの図書館設置を活動の中心とし、アフリカへも支援を広げている[35]。

　リーケン財団は2000年に設立されたNGOである。グアテマラとホンジュラスを中心に公共図書館設置活動に携わる[36]。同財団は、外部団体、コミュニティ、住民の担い手で構成される公共図書館の運営をモデル化している[37]。「リーケン・コミュニティ図書館モデル」は、住民が現地運営委員会、現地ボランティア、資金調達を、外部団体が図書館の建設、施設と機器、国際ボランティア、技術的助言と研修を、自治体が図書館職員の給与、土地、図書館運営に係る自治体の認可などを担当する。プログラム計画段階から住民の関与を促し、住民の当事者意識を高める図書館の定着をはかることで、持続可能な共同体図書館運営を目指す。

　The African Library Projectは2005年に活動が開始されたプロジェクトで、拠点はカリフォルニアに置かれている。支援者はアメリカとカナダを中心とし、アフリカのリテラシー、教育、エンパワーメントの向上を目指す。現地のアメリカ平和部隊やアフリカの図書館界やNGOとの協働関係を通して支援を行なう。2017年9月までに2,200以上の図書館をアフリカの12か国に建設するとともに、図書館資料となる図書をアフリカに送るためにアメリカの1,300の組織との連携関係を構築した[38]。

　Librarians without Bordersは2005年にアメリカの司書によって設立されたNGO団体である。ガーナ、グアテマラへの図書館設置を主な活動としてきた。持続可能性のある図書館の設置を使命と定め、現地への図書館の設置活動において、図書館担当職員や司書の養成を重視している。公共図書館未設置地帯で情報アクセスという基本的価値を実現することで、貧困を減じることを図書館活動の目標とする。図書館設置の目的は、情報アクセスを学習とリテラシーに結びつけ、住民のエンパワーメントを促すことでコミュニティを強化すること

に置かれている。また図書館支援活動における住民の固有の文化の尊重を優先課題としてきた[39]。

　1 School, 1 Library, 1 Librarianは南アフリカで、2008年に複数の民間組織により立ち上げられた教育改革プロジェクト（Equal Education）の中で展開された図書館支援活動である。Equal Educationはアフリカにおける学校図書館の停滞を教育上の課題と位置づけ、図書館への集中的なプロジェクトを行うことで学校図書館振興を目指した[40]。図書館プロジェクトはEqual Educationの関連団体（Bookery）によって進められた[41]。Bookeryはボランティアの支援を得ながら、小学校・中学校図書館が図書館としての最低限の機能を果たすために、資料整備と職員配置を目指して活動を展開した[42]。

2.3.2　コミュニティ図書館の運営モデル

　コミュニティ図書館を設置する図書館支援団体は、拠点や支援組織が被支援地域に存在する場合と、被支援地域とは別の場所にある場合とがある。前者の場合は支援活動の主体は現地の支援組織である。この場合、支援組織は主として運動のための活動資金の助成や資料や情報機器などの物資の提供を通じて支援を行なう。被支援地域の外に支援団体がある場合には、支援活動のすべての側面を支援組織が担うことになる。活動の方法は多様であるが、図書館サービスの持続可能性と被支援地域文化の尊重は、すべての組織の支援活動において最も重視される。

　持続可能性に関しては、支援によって設立された図書館あるいは開始された図書館サービスの継続の仕組みを支援活動の中に組み込むことにより、図書館活動の継続を図ることを目指している。具体的には図書館に関わる現地職員の養成と文化制度としての図書館の定着によって進められてきた。既述した「リーケン・コミュニティ図書館モデル」が示すように、図書館設置モデルの中に、物理的施設としての図書館設置とともに、被支援組織による図書館にたいする当事者意識の醸成が組み込まれている。

　地域文化の尊重に関しては、図書館設置活動の全過程において被支援地域の活動作法に従うことによって実現を図る。被支援地域の伝統的な作法は、しば

しば先進国支援組織の文化的作法と不一致を起こすが、異なる文化的作法をめぐる対立・葛藤・調整を経たコミュニティ図書館には、地域の社会・文化・政治的状況の中で地域に根ざす固有の形態が見られるようになり定着にいたる。

2.3.3　コミュニティ図書館への公共図書館理念の移設

　途上国における公立図書館制度の未整備は、経済・社会的基盤のみに原因を求めることはできない。図書館の未設置は、インフォーマル教育や生涯学習への認識と関わっている。公教育以外の学習機会に関わる認識が欠如している地域では、インフォーマル教育施設の設置を促す機運自体が生成されない。ジュヌヴィエーヴ・ハートらは南アフリカの学校図書館の発展の妨げとなる要因を検討する中で、教員の図書館経験の欠如を指摘している[43]。インフォーマル教育への意識が希薄な住民がマジョリティを占める地域では、フォーマル教育施設の設置が地域住民の学習環境の完成形、最終形として認識され、公立図書館の整備は遅滞する。また図書館未設置地域で展開されるリテラシー普及運動や読書推進活動はしばしば図書館設置運動と結びつくが、そこでは公共図書館サービスは公教育の補完的存在として捉えられている。公共図書館それ自体が必要とされるのではなく、図書館は公教育の欠落を補う代替機関として位置づけられるため、読書推進活動が恒久的な図書館制度の整備に接続しない。図書館設置の対象となる被支援地域の多くで、そもそも公共図書館へのニーズ自体が存在しない状況を踏まえ、公共図書館を設置する支援組織は情報や文化へのアクセス、生涯学習、デモクラシーなど、近代公共図書館の基本的な理念の移設を図書館設置のプロセスの中で試みるのである。

　各図書館はコレクションやサービスを通じて近代公共図書館理念を具現化することになるが、そこにもまた支援組織と被支援地域の間に文化様態の差異によって葛藤や対立が生じることがある。エレン・R.ティセらはアフリカでは口承文化の伝統が文化的に優位であることを示唆し、先住民や伝統知識に根ざすアフリカ固有の図書館サービスの構築の可能性を検討している[44]。

2.4 パブリック・ライブラリーの一形態としての私設図書館

本節ではパブリック・ライブラリー・モデル3としてあげた公立図書館制度への編入を目的としない公共図書館の事例として私設図書館を取り上げる。アメリカ、スウェーデン、オランダの民衆図書館、21世紀に生起したマイクロ・ライブラリー・ムーブメントの複数の事例を示す。さらに公共読書空間としての私設図書館の例として、日本の子ども文庫を取り上げ実態と特徴を明らかにする。

2.4.1 私設図書館の史的展開

（a）アメリカ

19世紀後半のアメリカで発展したコミュニティの自助組織である女性クラブは、社会改革を目指し多様な社会活動を展開したが、読書を通じた会員同士の学習会は活動の柱であった[45]。女性クラブのメンバーは図書、雑誌、新聞などのメディアを対象に定期的な読書会を行ない、その成果を文章にして寄稿した[46]。会員による読書会のための資料収集活動は女性クラブの図書室設置に結びつき、その活動はコミュニティにおける公立図書館設立に発展した[47]。1933年時点で公立図書館の75パーセントが、女性クラブに源を持つことが報告されている[48]。図書館設立の契機は女性クラブでの図書の共有が出発点であり、共有レベルが個別のクラブからコミュニティへ発展し、さらに図書にアクセスできない地域に図書を送り届ける巡回文庫へと活動が拡張された[49]。

ポーラ・D.ワトソンは女性クラブと巡回文庫の関わりについて調査し、女性クラブが今日の公立図書館の基盤の1つとして存在していることを明らかにしている[50]。巡回文庫の資料は女性クラブへの配本が優先され、メンバーが巡回文庫の管理運営業務の中枢を担った。すなわち公立図書館揺籃期において、女性クラブの会員は司書の役割を果たしていた[51]。さらに女性クラブの会員は物品販売、バザーなどの催しを通じて、公立図書館設立のための資金調達も担った[52]。巡回文庫をめぐる女性クラブの活動は公立図書館設立の推進力となっただけではなく、州図書館委員会の設立にも影響を与えた。そして州図書館委員会が設立された後も、ロビーイング活動や助成金の拠出によって図書館との

関係性を保持した[53]。アメリカでは大部分の公立図書館で、地域住民による図書館支援組織である図書館友の会や図書館財団が組織化されている。それらは女性クラブに代表されるコミュニティの自主学習組織に源を遡ることができる。

(b) スウェーデン

　地域住民による図書館設置運動は北部ヨーロッパ諸国でもみられた。スウェーデンでは19世紀後半から20世紀にかけて社会改革運動が活発化した。この時期に民衆生活の向上を目指す多様な社会運動が展開され、その1つに民衆図書館運動が含まれていた[54]。ヨーロッパにおいて教会付設の図書館がコミュニティの図書館として存在していたが、教義の伝播を目的に収集された宗教書を中心とするコレクションは、民衆の読書要求とは隔たりがあった。民衆図書館は市民が自らの手で図書館を作り上げるグラスルーツの運動として展開された。民衆図書館の萌芽は学習サークルの内での図書の共有を契機とし、それが学習拠点における図書コーナーや図書室へと展開され公共図書館へと発展した[55]。最初に都市部を中心に読書小屋と呼称された民衆の読書の場が設置されるようになった。1912年に制定された民衆図書館支援法は民衆の自主的な学習に財政支援を国が行うことを定めており、助成対象物には図書が含まれていた[56]。民衆図書館支援法は自治体が設立する図書館に加え、民衆教育に関わる団体や民衆団体が作る図書館に補助金拠出が可能で、支援領域の広い法律として制定された。1939年時点で公立図書館は1,250館、民衆によって作られた学習サークル図書館は3,464館であった[57]。民間図書館数は公立図書館数のほぼ3倍となり、民衆図書館が一般民衆の読書と学習の中心的拠点となっていた。このようにスウェーデンでは民衆図書館が公立図書館の整備に先行して図書館界を先導した。民衆図書館の設置の契機となった学習サークルは、市民が自らの手で学習空間を設計し学習のテーマを選び学ぶ場として、スウェーデンにおいて現在でもインフォーマル教育の代表的な存在である[58]。

(c) オランダ

　オランダでは19世紀の初めに図書室や地域に住む有志のメンバーからなる読書サークルが自主的に読書室を設立した。ドルトレヒト、フローニンゲン、レーワルデン、デン・ハーグ、ロッテルダム、ユトレヒトが初期の読書室の典型であり、19世紀末までに約1,000か所に設立された。読書室は私設施設であり、趣旨に賛同する会員から徴収した会費が運営経費の財源であった。読書室はその後カトリック系公共図書館、プロテスタント系公共図書館、地域の公共図書館の3つの系統に分かれて発展した[59]。その後、政府や自治体の補助を受けつつ、会員制度を基盤にした私的団体の自律的な公共図書館運営は継続され、今日の公共図書館制度を形成した[60]。

　オランダでは、公的サービスと考えられるサービス全般が、民間の非営利団体によって提供されてきた伝統があり、民間非営利団体による公共サービスの提供が基調である。福祉医療サービスにおいてその傾向が顕著で、病院、保険福祉団体、高齢者ケア施設などが、国や自治体の補助金を受けた民間団体の経営となっている。また公共図書館の大多数は基礎自治体の直営ではなく、自治体から運営を委譲された非営利財団によって運営されている[61]。会員から徴収した会費を運営費に充てるオランダの公共図書館の運営方法は、会員制図書館として誕生し発展を遂げた歴史の上に成立している。

(d) マイクロ・ライブラリー・ムーブメント

　北アメリカ、ヨーロッパにおいては20世紀初頭に公立図書館制度がおおむね完成し、自治体単位で公立図書館が設置された。その後は自発的教育施設として有志のメンバーが共同で立ち上げる私設図書館が設置されることはなくなった。私設図書館の設置が再び高まるのは21世紀に入ってである。2009年にトッド・ボルが私設の書架を設置するLittle Free Library運動を創始し、この動きがアメリカ全土に広がった[62]。日本ではマイクロ・ライブラリーと呼ばれる多様な形態の私設図書館の設置が増加している[63]。

　マイクロ・ライブラリーは公立図書館との連携例もあるものの私設の独立した図書館で、マイクロ・ライブラリー設置運動は公立図書館への編入を目指す

活動ではない。しかしながらマイクロ・ライブラリーを公立図書館ネットワークに位置づける例が見られる。デンマークのオーデンセ図書館はマイクロ・ライブラリーをLittle Libraryとして紹介し[64]、サービス対象地域の公園などに存在するLittle Libraryを分館のページに掲載している[65]。分館のページではLittle Libraryの趣旨を説明して各場所を紹介し、住民が自由に利用できると伝えるとともに、Little Libraryで公立図書館から借りた資料の返却ができないことについて注意を喚起している。つまりオーデンセ図書館では制度的には公立図書館ネットワークに含まれない私設の図書館を、地域の公共的な情報アクセスのポイントとみなして住民に示している。

デンマークでは20世紀初頭には国立図書館、中央図書館、地域図書館、コムーネ図書館から構成される現在のデンマーク図書館ネットワークの原型となる図書館制度が提唱され、1920年には最初の図書館法が制定された。1950年には基礎自治体による図書館への補助金を義務づける改正図書館法を経て、1964年にはすべての基礎自治体への図書館設置を義務づける図書館法により、図書館ネットワークが完成している。近年は自治体の財政悪化により分館の閉鎖が問題化しているものの、世界的に見ても最も安定した公立図書館制度を持つ国である。そのような背景を持つにも関わらず、公立図書館ネットワークの枠外にある図書館の存在を公立図書館の公式ページから住民に発信している。

2.4.2　公共読書空間としての私設図書館：日本における子ども文庫運動

日本では図書館行政が遅滞し、公立図書館制度の整備に向けた公立図書館設置運動が1960年代後半から全国規模で展開された。図書館設置運動と同時に設置運動関係者が中心となり、子どもを対象とした私設図書館「子ども文庫」が全国各地に設置された。子ども文庫活動は子どもの読書環境の向上を目指す母親による市民活動であったが、公共図書館設置に関わる住民運動と重なったことにより社会運動として展開された[66]。

この運動の結果、各地に「家庭文庫」や「地域文庫」などが設置された。家庭文庫は「個人の篤志家が自宅を開放し、自己所有の児童図書を貸し出す形態の子ども文庫」、地域文庫は「地域の自治会や町内会、PTA、有志グループな

どが組織的に設置し、運営する子ども文庫」と定義されているが[67]、両者の区別は困難である。竹内悊は多様な形態を持つ文庫を「(1) 親（たち）が地域の構成員という立場で (2) 自分たちの時間、労力、経験、知識、経費を使って (3) 地域の子どもたちのために提供する読書環境」と定義した[68]。子ども文庫の数は1960年代から1970年代に急増して1980年代初頭にピークを迎え、その数は4,400以上に達した[69]。表2は1970年、1974年、1980年の公立図書館数と子ども文庫の数を示している。

表2：公立図書館数と子ども文庫数

年	公立図書館数	子ども文庫数
1970	881	265
1974	989	2,064
1980	1,320	ca. 4,400

出典：『図書館年鑑』(1971, 1975, 1981)；『全国子ども文庫調査報告書』(1995, p. 9).

　表2からは、1970年代半ばには文庫の総数が公立図書館総数の約2倍であったことが読み取れる。その後、文教政策として公立図書館整備が本格的に行なわれる中で、文庫活動は公立図書館設置運動の実質的な推進力となった。そして1980年代には公立図書館ネットワークが急速に整備され、住民の多くが自治体における図書館サービスを享受できる環境が整った。

　文庫活動は本来であれば公立図書館が提供すべき読書環境が欠落していたために住民がやむを得ず着手した市民活動であり、公立図書館の設置によってその役割は終焉するはずであった。しかしながら、公立図書館が整備されても活動を続けている。この理由としては、文庫と図書館が協働的、補完的に機能していること、文庫に独自の機能があり公立図書館はその機能を代替できないことなどがあげられてきた[70]。とりわけ子どもを持つ母親である文庫運営者と利用者である地域の子どもとの濃密な人間関係は、公立図書館では成立しえない文庫の独自性であった。また文庫の運営がすべて主宰者に委ねられていること

による文庫の多様性は、相対的に均質的なサービスが提供される公立図書館とは異なる魅力となり利用者を惹きつけた。

　公立図書館と文庫の関係性は、前者が資料提供を中心に後者を支援する形態が基調である。しかしながら定期的な支援関係を保持するケースから、両者の間にまったく交渉がみられないケースまで、両者の関係性は多様である。文庫運動の初期においては公立図書館の設置が運動の目的であったが、いっそう範囲が狭い地域に根ざす私設図書館は地域の擬似的な公共図書館としてその存在を確立して定着し、日本の地域の読書空間に厚みを加えた。

　文庫設置活動は当初、文化環境に関わる公的支援の遅れを埋めるための活動としての試みであり、公立図書館サービスの代替サービスとして位置づけられていた。しかし文庫活動が公的サービスとは異なる独自性を獲得することによって、代替サービスではなく自律的な活動に深化したことは注目に値する。

　日本の私設文庫の増殖は、文化行政の弱体が公共的な読書空間の醸成を促した事例として把握できる。微視的に検討すると私設文庫設置活動には、自らの私設図書館の公立図書館への編入を目指す路線と公立図書館への編入への意図を持たない路線とがあった。活動初期には前者が多かったが、活動後期に文庫の数が飛躍的に増加するなかで後者が前者を上回るようになった。

　日本における私設図書館設置運動、アメリカの女性クラブの公立図書館活動、そして北部ヨーロッパにおける民衆図書館活動は、社会的背景は異なるものの共通点が見いだせる。地域住民が運営者、支援者、利用者という多重的な役割を果たし活動の主要な担い手であったこと、私的な活動を公的な領域に拡張しようとする営為であったことである[71]。ただし日本における私設図書館はアメリカ、北部ヨーロッパの例と公立図書館との接続に関して異なる性格を持つ。アメリカの女性クラブとスウェーデンやオランダの学習サークルの図書館が各自治体の公共図書館に編入された一方で、日本では大部分の私設図書館は、公立図書館が設置後も組織としての独立を完全に保持したまま活動を維持したのである。

3 考察：公共図書館の位相

3.1 公共図書館運営モデルの検討

本研究では無料制、公開制、自治体直営を運営原則とするアメリカ公立図書館モデルを示し、基本的人権に関わる情報アクセスの公正な保障という観点から、同モデルを公共図書館の中核モデルとして位置づけた。その上でアメリカ公立図書館モデルからの変形が見られる地域の社会的・文化的特性を強く反映した公共図書館の存在を同定した。

国際図書館連盟とUNESCOが1994年に発表した「IFLA/UNESCO公共図書館宣言」では、公共図書館を基礎自治体が設置する公立図書館として規定している[72]。しかしながら、多様な公共図書館が設立されている実態を反映し、2010年の「IFLA公共図書館サービスガイドライン」では、地方自治体による公共図書館の設置と運営を基本としながらも、それ以外の多様な設置方法による公共図書館を認めるに至った。そして公共図書館を「市町村レベル、地域レベル、あるいは全国レベルの政府のいずれか、もしくはなんらかの行政とは異なる形態の地元の組織によって設置され、支援され、資金供給を受ける、コミュニティが運営する組織」と再定義した[73]。

「IFLA公共図書館サービスガイドライン」は直営原則が変化し、公共図書館運営を地方自治体が担うことができない実態があることをガイドラインに反映させた。しかしながら、情報へのアクセスと知識や文化の享受は、公的に保障されるべき基本的人権に関わる市民の権利である。そうした権利を安定的に維持するために、無料制、公開制、自治体直営を運営原則とするアメリカ公立図書館モデルを公共図書館の基本モデルとみなすことができる。

3.2 公共図書館理念の検討

前章では、アメリカ公立図書館モデルの拡張モデルとなるパブリック・ライブラリーの様態を示した。これらの公共図書館モデルとアメリカ公立図書館モデルの差異はどこにあるのだろうか。

マクロなレベルからみると、パブリック・ライブラリーはアメリカ公立図書館モデルが持つ基本的な価値と理念を共有している。アメリカ公立図書館モデ

ルは、地域社会の中で住民への情報と文化への平等なアクセスを担保し、インフォーマル教育のための公共施設としてその役割を果たしてきた。図書館を取り巻く社会的な変化の中で継続的に確認されてきたのは、公共図書館の目的遂行にとって組織運営の安定性が最優先課題であるという理由により、無料制、公開制、自治体直営を運営の原則とした点であった。だが前章で見たようにこの原則は経済的基盤が脆弱な自治体において実現困難となっており、基本的人権を保障するために自治体の公立図書館の位置づけを持つ公共図書館が、民間主導で設置、運営されている。そこでは自治体直営の原則は一時的に留保され、住民の情報へのアクセスの遅滞解消が優先されているのだが、アメリカ公立図書館モデルの理念である「社会的公正」に基づく地域住民への情報と文化へのアクセスに関わる考え方は、パブリック・ライブラリー・モデルにおいても同様に共有されている。

　一方、ミクロなレベルからみると、アメリカ公立図書館モデルが持つ基本的な価値と、コミュニティの固有性に基づき社会的に構築されたパブリック・ライブラリーの価値との間には差異、対立・緊張関係がある。たとえば先住民共同体に設置される図書館には秘匿すべき資料として、共同体の特定の構成員を除き公開できない情報「文化的配慮を必要とする資料」が存在する。秘匿情報には有形文化財と無形文化財があり、有形文化財には動産と不動産がある。具体的には、宗教的な儀式や祭祀のための道具、墓所に関わる物、治療の場所、聖なる場所、聖歌、音楽、宗教的儀式、家系図、オーラルヒストリー、神話、宗教的な場所、治癒のための薬草に関する情報などが該当する[74]。秘匿資料は先住民共同体固有の財産であり、先住民が生活する土地に結びついた文化財である。そうした「文化的配慮を必要とする資料」のなかに含まれる秘技に関する情報や聖なる情報などは非開示／開示禁止であり、共同体の限られた構成員によってのみ継承されていくことが決められている[75]。秘匿資料の取り扱いについては、先住民文化遺産を適正に扱うためのプロトコルが定められている。例えば「ネイティヴ・アメリカン・アーカイヴ資料のためのプロトコル」には、秘匿資料を含め文化的配慮を必要とする資料への対応が記載されている[76]。情報の秘匿は部族のアイデンティティの保持のための条件であり、情報の開示に

関わる図書館の理念に先行する。この場合、共同体の図書館は地域文化を包括的に収集し提供することができないため、住民への情報アクセスを保障する機関としての役割の遂行は不完全なものとなる。この時にパブリック・ライブラリーはアクセスを最優先事項とするアメリカ公立図書館の理念として示された情報提供モデルに対抗している[77]。

　先住民図書館が持つアメリカ公立図書館モデルにたいし、別な対抗的な概念として「多様性」がある。図書館実践における「多様性」は多義的であるが、ここでは利用者グループの多様性を取り上げる。アメリカ公立図書館は社会的包摂のための公共空間として、マイノリティ・グループの利用者としての編入を無条件で認めてきた。その結果、マイノリティ・グループにとっては、公立図書館を通じたコミュニティへの参加というルートが準備され、アメリカ公立図書館は移民のコミュニティの社会的参入のための牽引的な役割を担うこととなった。一方、ネイティヴ・アメリカン居留地では、利用者を部族員に限定している部族図書館があり、マイノリティがマジョリティの利用を拒否する規則が存在する。この事実は多様な文化的背景を持つ利用者へのサービスを、包摂的な図書館サービスの観点からだけではなく、多様な文化を尊重する図書館の理念の現れと位置づけてきたアメリカ公立図書館の文化的多様性に関わる価値への対抗として捉えられる[78]。

　以上の例からパブリック・ライブラリーはアメリカ公立図書館モデルが持つ理念の中核的要素を取り入れながらもすべての価値を包含せず、基本的価値を部分的にはずしたり拡大化することにより、個々の図書館のアイデンティティを形成していることが明らかである。アメリカ公立図書館を公共図書館モデルの完成形とした場合、その成立要件や基本的価値を満たさない公共図書館は発展途上段階にある図書館と位置づけられることになる。しかしながら基点となるアメリカ公立図書館は、普遍的な図書館の価値を備えつつも、アメリカのマジョリティの社会文化制度を前提としている。

　本論文で提示したパブリック・ライブラリーの様態は、アメリカ公立図書館モデルを最終到達段階としない公共図書館モデルを設定する必要性を示している。そうしたモデルは機能的側面に関しては公共図書館の伝統的な基本的要件

を備えつつ、図書館が置かれている社会的・政治的・文化的背景によって構成される固有の価値を持つ。そしてその固有の価値により公立図書館への組み込み／昇格を公共図書館の完成形とみなしてきた20世紀の公立図書館モデルに挑戦している。

　本論文では自治体以外の組織が運営する新たな公共図書館を検討しているが、公共図書館の中核的役割である情報、知識、文化へのアクセスが基本的人権に接続しているという理由により、基礎自治体による直営を原則とするアメリカ公立図書館モデルは公共図書館の基点である。本論で検討対象とした部族図書館、コミュニティ図書館、私設図書館のようなパブリック・ライブラリーは、この基点から外れたところに成立する非主流的公共図書館として位置づけることが適切であろう。一方で、そうした周縁に存在するパブリック・ライブラリーから主流的存在である公立図書館を逆照射することで、公共図書館の本質が浮かび上がる可能性がある。その結果、文化格差を広げる新自由主義／市場原理主義への対抗機関として、公共図書館が社会的公正理念を基盤に適正に機能するためには、無料制、公開制、自治体直営の三原則を備える20世紀アメリカ公立図書館モデルが、公共図書館の構成要素であることを導出するための手がかりを得ることができるだろう。

おわりに

　本論文ではアメリカ公立図書館モデルが公共図書館の基本モデルであることを確認した上で、この基本モデルに該当しない公共図書館の類型を示唆することで、改めて公共図書館の理念を問うことを試みた。そしてアメリカ公立図書館モデルの枠組みを広げることによって射程に入る「パブリック・ライブラリー」の実態を検討し、パブリック・ライブラリーに含まれる特徴的な理念をアメリカ公立図書館モデルの理念に逆照射することで、公共図書館の理念を再検討することができた。

　今後の課題は、アメリカ公立図書館モデルとモデルを構成する基本的価値を基点として、それ以外の公共図書館の基本原則と存在理念を個別に分析し、新たな公共図書館モデルの特徴をより厳密に検討していくことである。具体的に

はアメリカの図書館がアメリカ社会の基盤であることを踏まえて、時代の変化に耐えうる図書館の原則を説明した「図書館：アメリカの価値」や、アメリカ図書館協会の主要文書である「図書館の権利宣言」、「読書の自由」さらにはアメリカ図書館協会ウェブサイトで示されている「図書館サービスの中核的価値」などに示された基本的理念や原則が、パブリック・ライブラリーの理念となりうるのかどうかを精査する必要がある[79]。

　これらの理念や原則はアメリカの社会・政治・文化背景を基盤に成立するアメリカ図書館協会の専門職団体としての基本的価値に基づいて設定されたものである。同時に、アメリカの150年以上にわたる図書館実践を通じて析出された図書館サービスの中核的領域でもある。「図書館：アメリカの価値」では、図書館資源とサービスの利用に際して個人の憲法上の権利、プライヴァシー・秘密性、表現の自由を守ることに加え、アメリカ社会の多様性や民主主義といった価値を図書館の価値と結びつけて示している[80]。アメリカ図書館協会評議会によって2004年に採択された「図書館サービスの中核的価値」において中核的価値として示されているのは、アクセス、秘密性・プライヴァシー、民主主義、多様性、教育と生涯学習、知的自由、文化保存、公益、専門職性、サービス、社会的責任の11項目である[81]。

　本論文で取り上げた先住民図書館のようなパブリック・ライブラリーの場合、その利用者として想定される集団が、主流文化に編制されていないマイノリティであるという事実から、パブリック・ライブラリーを新たな公共図書館モデルとして位置づけ、そうした図書館の利用者に社会的に公正な情報アクセスを保障するための枠組みを構築する必要性を示すものである。この作業は民主主義を体現する文化装置として設定された近代公共図書館を再考する契機ともなる。

注

1) Pamela Richards, Wayne A. Wiegand, and Marija Dalbello, eds., *A History of Modern Librarianship: Constructing the Heritage of Western Cultures*, Santa Barbara, CA, Libraries Unlimited, 2015, p. 69-142.

2）20世紀後半からの公共図書館制度の変化に関しては，イエーガーらが新自由主義と市場原理主義の経営理念を批判的に分析している。ポール・T. イエーガー, ナタリー・グリーン・テイラー, アースラ・ゴーハム『図書館・人権・社会的公正：アクセスを可能にし，包摂を促進する』川崎良孝・高鍬裕樹訳, 京都図書館情報学研究会発行, 日本図書館協会発売, 2017, 207p.
3）川崎良孝・吉田右子「Public Libraryに関する認識の歴史的変遷：アメリカを例にして」相関図書館学方法論研究会編『トポスとしての図書館・読書空間を考える』（シリーズ「図書館・文化・社会」1）松籟社, 2018, p. 3-33.
4）図書館サービス研究グループ（鎌田均・家禰淳一ほか）「能動的図書館サービスモデル，エンベディッド・ライブラリアンをめぐって」『図書館界』vol. 69, no. 2, 2017.7, p. 118-124.
5）Kristian Nagel Delica and Hans Elbeshausen, "The Social Library in Three Contexts: Programmes and Perspectives," *Journal of Librarianship and Information Science*, vol. 49, no. 3, September 2017, p. 237-245.
6）特集号では文化的結節点（Cultural Hubs）としての図書館に焦点を当てている。この中でターナーらは都市部の貧困地域における公共図書館での調査に基づき貧困層住民の情報ニーズと図書館の情報提供について検証している。Deborah Turner and Tim Gorichanaz, "Collaborative Connections: Designing Library Services for the Urban Poor," *Library Quarterly*, vol. 88, no. 3, July 2018, p. 237-255.
7）ポール・T. イエーガー, ナタリー・グリーン・テイラー, アースラ・ゴーハム『図書館・人権・社会的公正』*op.cit.*, p. 36-40; Nathaniel F. Enright, "The Violence of Information Literacy: Neoliberalism and the Human as Capital," Lua Gregory and Shana Higgins, eds., *Information Literacy and Social Justice: Radical Professional Praxis*, Sacramento, CA, Library Juice Press, 2013, p. 15-38; Maura Seale, "The Neoliberal Library," *ibid.*, p. 39-62.
8）Paul T. Jaeger, Ursula Gorham, Natalie G. Taylor, Lindsay C. Sarin, and Karen Kettnich "Aftermath, Part 2: Despite the Way It May Seem, All Is Not Lost for Libraries and Librarianship," *Library Quarterly*, vol. 87, no. 4, October 2017, p. 296, 299.
9）Paul T. Jaeger, Erin Zerhusen, Ursula Gorham, Renee F. Hill, and Natalie Greene Taylor, "Waking Up to Advocacy in a New Political Reality for Libraries," *ibid.*, p. 355.
10）ポール・T. イエーガー, ナタリー・グリーン・テイラー, アースラ・ゴーハム『図書館・人権・社会的公正』*op.cit.*, p. 144-147. 以下の論考は，新自由主義に関わる批判的議論を情報リテラシーに焦点化して展開している。Nathaniel F. Enright, "The Violence of Information Literacy," *op.cit.*, p. 15-38. 図書館の中核的価値である生涯学習への新自由主義化の影響に関しては以下の文献がある。James Elmborg, "Tending the Garden of Learning: Lifelong Learning as Core Library Value," *Library*

  Trends, vol. 64, no. 3, Winter 2016, p. 550-551.
11）Akihiro Ogawa, "Invited by the State: Institutionalizing Volunteer Subjectivity in Contemporary Japan," *Asian Anthropology*, vol. 3, 2004, p. 71-96.
12）社会的公正とは「個人やグループが公平に扱われ、社会における利益を平等に受け取る」ことを意味する。Bharat Mehra, Kevin S. Rioux, and Kendra S. Albright, "Social Justice in Library and Information," John D. McDonald and Michael Levine-Clark, eds., *Encyclopedia of Library and Information Sciences* (4th ed.), New York, Taylor and Francis, 2009, p. 4218. 図書館サービスに関わる社会的公正性の議論は近年活発に行われ、図書館情報学の主力雑誌では情報アクセスを基本的人権との連関から、図書館が体現化する社会的公正を扱う特集テーマが組まれた。以下を参照。*Library Trends* vol. 64, no. 2, Fall 2015 (Social Justice in Library and Information Science and Services, Issue Editor: Bharat Mehra); *Library Quarterly*, vol. 86, no. 1, January 2016（同号にはSocial justiceをテーマとした論文が6本掲載されている。Issue Editor: Paul T. Jaeger, Katie Shilton, and Jes Koepfler）; *Advances in Librarianship* vol. 41 (Perspectives on Libraries as Institutions of Human Rights and Social Justice, 2016, Issue Editor: Ursula Gorham, Natalie Greene Taylor, and Paul T. Jaeger). 社会的に公正な情報のアクセス保障に関してマティーセンはiDistributive justiceという概念を設定し、情報サービスに関わるアクセスの社会的公正性について検討している。Kay Mathiesen, "Informational Justice: A Conceptual Framework for Social Justice in Library and Information Services," *Library Trends*, vol. 64, no. 2, Fall 2015, p. 198-225.
13）「国際図書館連盟／ユネスコ公共図書館宣言」クリスティー・クーンツ，バーバラ・グビン編『IFLA公共図書館サービスガイドライン　第2版－理想の公共図書館サービスのために』山本順一監訳，日本図書館協会, 2016, p. 169. <https://www.ifla.org/files/assets/hq/publications/series/147-ja.pdf>. [Accessed: 2018-09-09]; Christie Koontz and Barbara Gubbin eds., *The Mission and Purposes of the Public Library, IFLA Public Library Service Guidelines*. Berlin/Munich, De Gruyter Saur, 2010.
14）クリスティー・クーンツ，バーバラ・グビン編『IFLA公共図書館サービスガイドライン』*op.cit.*, p. 16.
15）オランダは公共図書館の利用に関して有料会員制度を通じ、課金制度を取っている。オランダでは資料の館内閲覧や館内スペースの利用は無料であるが、館外貸借および資料の取り寄せなどは有料である。ただし18歳以下の利用者への資料提供は館内館外ともに無料である。また所得が低い住民には自己負担率を抑える制度を持つ自治体が多い。吉田右子『オランダ公共図書館の挑戦：サービスを有料にするのはなぜか？』新評論, 2018, p. 46-60.
16）クリスティー・クーンツ，バーバラ・グビン編『IFLA公共図書館サービスガイド

ライン』*op.cit.*, p. 167.
17) *ibid.*, p. 16-17.
18) 先住民図書館サービスについては以下の文献に詳しい。Kathleen Burns, Ann Doyle, Gene Joseph, and Allison Krebs, "Indigenous Librarianship," John D. McDonald, Michael Levine-Clark, eds., *Encyclopedia of Library and Information Sciences* (4th ed.), *op.cit.*, p. 2031-2047.
19) アフリカでは民間組織が運営する公共図書館に「コミュニティ図書館」という名称が使われることが多いが、この名称以外にrural village libraries、rural libraries、community libraries、rural community libraries、village librariesなども使われる。公立図書館との区別は設置主体と運営財源からなされている。Udo Nwokocha and Jonathan Ndubuisi Chimah, "Library and Information Services for Rural Community Development in Africa: Problems and Prospects," Paper presented at: IFLA WLIC 2016 – Columbus, OH – Connections, Collaboration, Community. <http://library.ifla.org/2081/1/S27-2016-nwokocha-en.pdf>. [Accessed: 2018-09-09]
20) 吉田右子「1960年代から1970年代の子ども文庫運動の再検討」『日本図書館情報学会誌』vol. 50, no. 3, 2004.9, p. 103-111.
21) "Little Free Library," <https://littlefreelibrary.org/history/>. [Accessed: 2015-10-01]
22) 日本におけるマイクロ・ライブラリー設置の動向については以下を参照。礒井純充「新時代におけるマイクロ・ライブラリー考察」『カレントアウェアネス』319, 2014.3, p. 2-6.
23) Odense Bibliotekernes, "Biblioteker," <https://www.odensebib.dk/biblioteker>. [Accessed: 2018-09-09]
24) キムリッカ（Will Kymlicka）は先住民を含むナショナル・マイノリティを「既存の国家に編入される前から特定の領土に集住し、自分たち自身の制度や文化、言語によって運営される社会を形成していた集団」であり既存国家への編入が「通常、植民地化、征服、あるいは帝国から別の帝国への割譲の結果として、彼らの同意なく行われた」とする。ウィル・キムリッカ『土着語の政治：ナショナリズム・多文化主義・シティズンシップ』岡﨑晴輝ほか訳, 法政大学出版局, 2012, p. 105.
25) ブックモービルのサービス対象は、先住民の集住地域であるノルウェーのカラショーク（Karasjok）、ポルシャンゲル（Porsanger）およびフィンランドのウツヨキ（Utsjoki）の各自治体となっている。Girjebussekantuvra, "Girjebussii Vuodjináiggit 2017," <https://www.porsanger.kommune.no/getfile.php/3715449.655.vqsserartc/Ruteplan+2017.pdf>. [Accessed: 2018-09-09]
26) Training and Assistance for Indian Library Services, *TRAILS: Tribal Library Procedures Manual* (4th ed.), School of Library and Information Studies, University of Oklahoma Norman, p. 25-28. <http://www.ala.org/aboutala/sites/ala.org.aboutala/files/content/

diversity/TRAILS%20BETA%20MAY%202017.pdf>. [Accessed: 2018-09-09]
27) *ibid.*, p. 37.
28) *ibid.*, p. 32-37.
29) READ Global, "Our Story," <http://www.readglobal.org/about-us/our-story>. [Accessed: 2018-09-09]
30) READ Global, "Our Work," <http://www.readglobal.org/our-work>. [Accessed: 2018-09-09]
31) Bill & Melinda Gates Foundation, "Who-We-Are," <http://www.gatesfoundation.org/Who-We-Are>. [Accessed: 2018-09-09]
32) Bill & Melinda Gates Foundation, "Access to Learning Award (ATLA)," <https://www.gatesfoundation.org/What-We-Do/Global-Development/Global-Libraries/Access-to-Learning-Award-ATLA#AwardRecipients>. [Accessed: 2018-09-09]
33) Ethiopia Reads, "About Ethiopia Reads," <https://www.ethiopiareads.org/about/>. [Accessed: 2018-09-09]
34) Ellen R. Tise and Reggie Raju, "African Librarianship: A Relic, a Fallacy, or an Imperative?," *Library Trends,* vol. 64, no. 1, Summer 2015. p. 13-14; Kitengesa Community Library, <https://www.facebook.com/kitengesacommunitylibrary/>. [Accessed: 2018-09-09]
35) Room to Read, "Our History," <https://www.roomtoread.org/about-us/#Documenting-Our-Milestones-in-Photos>. [Accessed: 2018-09-09]
36) Riecken Community Libraries, "What We Do: Libraries at Work," <https://riecken.org/libraries-at-work/>. [Accessed: 2018-09-09]
37) Riecken Community Libraries, "Riecken Model - Riecken Foundation," <http://riecken.org/riecken-model/>. [Accessed: 2018-09-09]
38) The African Library Project, "About the African Library Project," <https://www.africanlibraryproject.org/about-us/overview>. [Accessed: 2018-09-09]
39) Librarians without Borders, "About Our Organization," <http://lwb-online.org/about-us/>. [Accessed: 2018-09-09]; Librarians without Borders, "Current LWB Programs," <http://lwb-online.org/projects/>. [Accessed: 2018-09-09]
40) Equal Education, "Libraries and the Bookery," <https://equaleducation.org.za/campaigns/libraries-and-the-bookery/>. [Accessed: 2018-09-09]
41) Bookery, "About," <https://equaleducation.org.za/campaigns/libraries-and-the-bookery/>. [Accessed: 2018-09-09]
42) Genevieve Hart and Sandy Zinn, "The Drive for School Libraries in South Africa: Intersections and Connections," *Library Trends*, vol. 64, no. 1, Summer 2015, p. 32-34.
43) *ibid.*, p. 27.

44） Ellen R. Tise and Reggie Raju, "African Librarianship," *op.cit.*, p. 3-18. 図書館サービスの移転に関わる問題については以下の論文で議論されている。Peter Johan Lor, "Understanding Innovation and Policy Transfer: Implications for Libraries and Information Services in Africa," *Library Trends*, vol. 64, no. 1, Summer 2015, p. 84-111.
45） Anne Tuggles Gere, *Intimate Practices: Literacy and Cultural Work in U.S. Women's Clubs, 1880-1920*, University of Illinois Press, 1997, p. 5.
46） *ibid.*, p. 8-9.
47） Paula D. Watson, "Valleys without Sunsets: Women's Clubs and Traveling Libraries," Robert S. Freeman and David M. Hovde, eds., *Libraries to the People: Histories of Outreach*, Jefferson, NC, McFarland & Company, 2003, p. 74.
48） Paula D. Watson, "Valleys without Sunsets," *op.cit.*, p. 74.; Anne Tuggles Gere, *Intimate Practices*, *op.cit.*, p. 122.
49） Paula D. Watson, "Founding Mothers: The Contribution of Women's Organizations to Public Library Development in the United States," *Library Quarterly*, vol. 64, no. 3, July 1994, p. 235.
50） Paula D. Watson, "Valleys without Sunsets," *op.cit.*, p. 74.
51） *ibid.*, p. 82.
52） Paula D. Watson, "Founding Mothers," *op.cit.*, p. 236
53） Paula D. Watson, "Valleys without Sunsets," *op.cit.*, p. 88.
54） 小林ソーデルマン淳子・吉田右子・和気尚美『読書を支えるスウェーデンの公共図書館：文化・情報へのアクセスを保障する空間』新評論, 2012, p. 10, 37.
55） *ibid.*, p. 13.
56） *ibid.*, p. 10-11.
57） 太田美幸『生涯学習社会のポリティクス：スウェーデン成人教育の歴史と構造』新評論, 2011, p. 204.
58） 小林ソーデルマン淳子, 吉田右子, 和気尚美『読書を支えるスウェーデンの公共図書館』*op.cit.*, p. 125-126.
59） Eric Ketelaar, Frank Huysmans, and Peter van Mensch, "Netherlands: Archives, Libraries and Museums," *Encyclopedia of Library and Information Sciences* (3rd ed.), New York, Taylor and Francis, 2009, p. 3886-3887; Marian Koren, "Libraries in the Netherlands," Ravindra N. Sharma and IFLA Headquarters, *Libraries in the Early 21st Century* (Vol. 2), Berlin, De Gruyter Saur, 2012, p. 395; 吉田右子『オランダ公共図書館の挑戦』*op.cit.*, p. 26-27.
60） *ibid.*, p. 46-47.
61） *ibid.*, p. 29, 35, 36.
62） "Little Free Library," <https://littlefreelibrary.org/history/>. [Accessed: 2015-10-01]

63）礒井純充「新時代におけるマイクロ・ライブラリー考察」『カレントアウェアネス』 *op.cit.*, p. 2-6.
64）Odense Bibliotekernes, "Little Library," <https://www.odensebib.dk/biblioteker/littlelibrary/om>. [Accessed: 2018-09-09]
65）Odense Bibliotekernes, "Biblioteker," <https://www.odensebib.dk/biblioteker>. [Accessed: 2018-09-09]
66）吉田右子「1960年代から1970年代の子ども文庫運動の再検討」『日本図書館情報学会誌』vol. 50, no. 3, 2004.9, p. 103-111.
67）日本図書館情報学会用語辞典編集委員会編『図書館情報学用語辞典 第4版』丸善出版, 2013, p. 38, 149.
68）全国子ども文庫調査実行委員会編『子どもの豊かさを求めて：全国子ども文庫調査報告書』日本図書館協会, 1984, p. 6.
69）全国子ども文庫調査実行委員会編『子どもの豊かさを求めて3：全国子ども文庫調査報告書』日本図書館協会, 1995, p. 9.
70）*ibid.*, p. 118.
71）私的な学習空間を公的な学習空間へと転換していく過程については、以下を参照。吉田右子「アメリカ公共図書館史研究におけるジェンダー」*Library and Information Science*, no. 64, 2010, p. 23.
72）クリスティー・クーンツ, バーバラ・グビン編『IFLA公共図書館サービスガイドライン』*op.cit.*, p. 169.
73）*ibid.*, p. 16.
74）"Protocols for Native American Archival Materials," p. 10-12. <http://www2.nau.edu/libnap-p/protocols.html>. [Accessed: 2018-09-09]
75）常本照樹「先住民族の文化と知的財産の国際的保障（特集：遺伝資源と伝統的知識）」『知的財産法政策学研究』8, 2005.8, p. 17.
76）First Archivists Circle, "Protocols for Native American Archival Materials," <http://www2.nau.edu/libnap-p/protocols.html>. [Accessed: 2018-09-09]
77）先住民の文化財に関しては、知的文化財産権（Intellectual and Cultural Property：ICIP）の観点からその保護が検討されてきた。以下を参照。常本照樹「先住民族の文化と知的財産の国際的保障」*op.cit.*, p. 13-36. その中で例えば現在の知的財産権制度が、先進国の文化観や価値観に基づいて構築されているという指摘がある。以下を参照。青柳由香「伝統的知識に関する法整備への先住民及び地域共同体の参加について」『知的財産法政策学研究』8, 2005.8, p. 102-103. また先住民の知的文化財産保護に関して取られる方法が、それ自体西洋的な手続きであることが指摘されている。長谷川晃「先住民の知的財産保護における哲学的文脈」『知的財産法政策学研究』13, 2006.11, p. 42.

78）マジョリティ社会に所属するマイノリティ文化の存立については以下を参照。Will Kymlicka, *Multicultural Odysseys: Navigating the New International Politics of Diversity,* New York, Oxford University Press, 2009, p. 61-86.
79）「図書館の権利宣言」アメリカ図書館協会知的自由部編纂『図書館における知的自由マニュアル第9版』川崎良孝・福井佑介・川崎佳代子訳, 日本図書館協会, 2016, p. 15-16;「読書の自由」*ibid.,* p. 22-27;「図書館：アメリカの価値」*ibid.,* p. 27-29.
80）「図書館：アメリカの価値」*ibid.,* p. 27-29.
81） American Library Association, "Core Values of Librarianship," <http://www.ala.org/advocacy/intfreedom/corevalues>. [Accessed: 2018-09-09]

頂点に立つ読者
公共図書館、楽しみのための読書、そして読書モデル

キャサリン・シェルドリック・ロス 著

山﨑沙織 訳

抄録

本論文は、図書館員が楽しみのための読書に関する言説や運営方針をつくり出す際に用いることが可能な、複数の、競合する読書モデルについて検討を行う。それらの読書モデルの中で「目的を持って読む」と「最良のものだけを読む」は公共図書館員のあるべき姿が論じられる中で発展してきたものだが、この2つ以外の読書モデルは教育学や心理学、マスメディア研究や社会学といった多様な研究領域の中で発展してきたものである。それぞれの読書モデルでは、テクストの力や、読者の役割、そして、読んだものが読者にもたらす影響について、異なる語り方がされてきた。読書活動の鍵を握るのは誰か。読書というのはテクストに書き込まれた意味を読み出していく受動的過程か、それとも、読者が意味の協同創出者として参入していく生産的過程か。読書という駆け引きのただ中で何が起こるのか。読者は力を与えられるのか。それとも、読者はいいように扱われ、向上を妨げられ、沈静化させられ、欺かれるのか。それぞれの読書モデルは覇権を競っており、各読書モデルの主張からは［テクストや読者などについて］様々な見解が派生している。そして、レジャー構造の

Ross, Catherine Sheldrick, "Reader on Top: Public Libraries, Pleasure Reading, and Models of Reading," *Library Trends,* 57: 4 (2009), 632-656. © 2009 The Board of Trustees, University of Illinois. Reprinted with permission of Johns Hopkins University Press.

中でより重用な役割を果たそうと模索する公共図書館員にとって、いくつかの読書モデルは他の読書モデルと比べて、いっそうふさわしいモデルと言える。本論文では具体例として、歴史的にその嗜好が尊重されてこなかった2種類の読者、すなわち、シリーズ本の読者とロマンス小説の読者について検討する。

はじめに

　ひとりの子どもが木の根元に半ばうずもれるようにして、リンゴをかじりながらR.L.スタインの「恐怖街」シリーズを読んでいる。その少年は本に没頭していて周囲のことなど忘れてしまっているような様子である。ひとりの女性が大きな肘掛け椅子に体を丸めてノーラ・ロバーツのロマンス小説を読んでいる。その女性のいる隣の部屋からはテレビの音が聞こえてくるが、小説に夢中になっている彼女の耳にその音は届かない。どちらの場合でも、その読者を見る人がはっきり分かるのは、読者が本に目を釘付けにし、ページをめくる以外の動きはほとんどせずにそこに座っていることだけである。しかし、ページに目を落としながら時に微笑み、時にしかめ面をし、時に笑い声を立てるその読者達は、見る人の目からは見えない別の世界にいるようである。こうした読書の光景は何を意味しているのだろうか。読者達はどんな経験をして何を考えているのだろうか。こうした類の読書の経験は良いものなのだろうか、それとも悪いものなのだろうか。図書館界では、大衆小説を読むことは読者に害をもたらすという懸念が繰り返し主張されてきた。大衆小説を読むことは時間の無駄だし、未熟で周囲からの影響を受けやすい読者に「誤った人生観」を植え付けるというのである。そしてこの意味で、女性と子ども、特に、安価な大衆向け小説や、シリーズ本や、ロマンス小説を読む女性や子どもは、読書を通して「誤った人生観」に侵される危険が非常に高いと目されてきた。読書が強烈な快楽を伴う経験たりうるという事実に肯定的な評価が与えられることはほとんどなかった。というのも、ただ楽しむということは、うさん臭い行為だと見なされてきたためである。図書館員は図書館界の文章において、楽しみのための読書に耽り、こちらの大衆小説を読み終わったらあちらの大衆小説と際限なく読み続けることは、砂糖菓子やドラッグを消費し続けることと似たようなもの

だと論じてきたのである（Carrier 1965; Ross 1987）。

　大衆小説および大衆小説が読者に与える良い影響や悪い影響について様々なことが論じられ、それらの論が未だに一致する結論を持たないのはなぜだろうか。この不一致の原因は、小説を読むことの価値とでも言うものについての私達の信念が、私達の依拠する読書モデルによって異なることにあると推察される。これらの読書モデルは、読書とは何かを論じた文章の中で明示されることはあまりない。読書モデルが姿を現すのは、具体的な読書の経験が記述される時に用いられる競合的で多様なメタファーの中においてである。そのメタファーとは例えば次のようなものである。「読書は中毒性のある行為だ」、「読書することは一段ずつ梯子を上るような行為だ」、「読書することは食べることだ」、「読書することは意味を掘り出そうと試みることだ」、「読書することは密猟することだ」、「読書はエンターテイメントだ」、「読書はあなたを別の世界へ連れていく」、「読書は旅だ」、「読書は人生の設計図をもたらす」、「読書は認識論ゲームだ」など（Ross 1987）。本論文は、私たち公共図書館員の職務と競合してきた読書モデルのうち主要なものについて検討する。そして、どの読書モデルを支持するかによって、公共図書館が［現代社会の］レジャー構造の中で果たすべき役割と見なされるものがどのように異なってくるかを検討する。

　各読書モデルの違いが際立って見える領域として、楽しみのための読書がある。各読書モデルの間には、実用的で進歩をもたらすような読書活動——教科書、参考書、ハウツー本、精神世界や宗教についてのテクスト、歴史や哲学の作品を読むこと——に価値があるという点についての論争はない。しかし、大衆小説を読むことを価値ある活動と見なすことは、今日でもなお、公衆の嗜好の守護者を自認する人びとの警戒を呼び起こす。19世紀末から20世紀初頭にかけて、公共図書館員が自分たちの専門職性を見出して以降、公共図書館員の職務における主要な課題は「フィクション問題」と呼ばれるもの——読者がフィクションを楽しみ、フィクションを繰り返し読みたいと求めるという問題——にどう対応するかということであった。ウィリアム・M.スティーブンソンは、1896年に刊行されたペンシルベニア州アレゲニー・カーネギー図書館の第7年報において、ホレイショ・アルジャー、バーサ・M.クレイ、メイ・ア

グネス・フレミング、E.P. ロー、E.D.E.N. サウスワースといった大衆小説作家の作品を蔵書に入れない決断をしたことについて、次のように正当化した。「かの人びと——十分な教育を受けていない人、忙しい人、怠惰な人——の間にはびこる小説を読むという習慣は精神を脆弱化させるものであって、これを助長することは全くもって公共図書館の機能から外れる行いである。公共図書館の責務は、こうした人びとをより高い思考水準へと持ち上げてやることである」(Quoted in Carrier 1965, 258)。スティーブンソンによれば、「ひとたび(小説を読むという)習慣が形成されてしまうと、その習慣を捨てることは阿片吸引の習慣を捨てるのと同じくらい困難」(Stevenson 1897, 133) なのである。読者の本の好みを歯牙にもかけず、公共図書館員は[読書の]基準を設定し、維持すべき者として自分たちを位置づけていた。公共図書館員の専門職性は、「最上の」書物の何たるかを理解し、それを選び称揚すると同時に、「二流の」安っぽい、俗悪な書物を排除する専門的技術に求められていた。トロント公共図書館管理委員会の委員長は1906年年報で次のように述べた。

　　無料の図書館システムにたいする大論争が激しさを増しているが、これはフィクション作品が図書館で読まれる本の中で大きな割合を占めているという事実による。なるほど、当館でも読まれた本のうちの約47パーセントはフィクションである。とはいえ、当館の有能な主任図書館員はその能力を遺憾なく発揮してひるまず選書を行い、そのかいあって、書棚には最上のフィクションのみが並んでいる。さらに主任図書館員が誇らしげに指摘するところによれば、日を追うごと、年を追うごとに素晴らしい書物が入ってきており、フィクション本にたいする読み応えのある書物 (solid works) の占める割合は上昇している。私は、とるに足らない本を読むことへの耽溺が存在し、それが人びとの精神を蝕んでいることを重々承知して[職務に当たって]いる。

公共図書館は大衆小説をどう扱うべきかという問題に取り組み続けてきた (Carrier 1965; Garrison 1979; Yu and O'Brien 1996; Ross, McKechnie & Rothbauer 2005)。「読み応えのある書物」——例えばノンフィクション、情報資料、教育的な書物——以外を排してふんぞり返っているというのは、公衆の支持を得

ための戦略の初手としては不適当である。公共図書館はレジャー構造の中で、人びとが単に情報を得るために訪れる場所から、仲間（community）や物語を求めて訪れることもできる場所へと自己の位置づけを変化させてきた。公共図書館は今や、楽しむために読む人びとの支持を得ようと努めている。公共図書館は人気のある読書の中心的拠点をつくり上げた。そこでは読書案内サービスも実施されており、読者と読者が楽しんで読める本を結びつけるのをどう援助すれば良いかの調査に基づいて、読者への本の推薦が行われている。大衆受けするジャンルの本を揃え、読者が楽しんで読める本を見つけるのを援助することは図書館の日常業務である。それはこんなふうに行われる。例えば、テーマに応じて、また、子育てとか山登りとかいったように読者を取り巻く状況に応じて、本の紹介コーナーをつくる。例えば本の背にジャンル別に分かりやすいシールを貼る。例えば同じジャンルの本を一箇所に集める。例えば、次のように始まる推薦コメントを本に挟んで栞のように覗かせておく。「ジョン・グリシャム（または、パトリシア・コーンウェルやノーラ・ロバーツ）の作品はみんな読んでしまいましたか。それならきっと、……の作品もお楽しみ頂けます」。『ジャンルフレクティング』（Rosenberg 1982）［フィクションの分類についての手引書］の初版発行を皮切りに、読書案内に役立つツールが次々と世に出てきた。その中には、NoveList（EBSCO）やReader's Advisor Online（Libraries Unlimited）といった電子ツールも含まれている。私たちは1890年代の図書館からは遠く離れた場所にいる。1890年代の図書館は、フィクション本の貸出を抑制するために「2冊貸出方式」（利用者は1回2冊まで借り出せるが、フィクションは1冊に限るというシステム）（Carrier 1965, 172-73）を用いたり、「6か月ルール」（新刊フィクションの蔵書への追加は、刊行後半年を経てその本への需要が低下してからにするというルール）（Putman 1890, 264）を設けたりしていたのである。

しかし、大衆小説の取り扱いを巡るこうした変化にも関わらず、大半の図書館員は葛藤を抱えている。明らかに、大衆受けする資料の利用は増加している。そして私たち図書館員が、読者が大衆的な本と出会うのを援助していることも明らかである——蔵書の中にはシリーズ本やロマンス本さえある——。し

かしながら、私たちはこうした状況を憂慮してもいる。もし、私たちが「ジュニー・B. ジョーンズ」、「スーパーヒーロー・パンツマン」、「スイート・ヴァレー・ハイ」、「恐怖街」、「少女探偵ナンシー」といったシリーズ物を揃えることで、シリーズ本を読みたいという子どもの欲求を煽っているとすれば、底辺へ向かう大衆文化のレースに何らかの形で寄与してしまっているのではないか。もし、私たちがコニー・ブロックウェイの『囚われて』、サンドラ・チャステインの『手紙ひとつで花婿を』、ジェニファー・クルージーの『初めての誘惑』、レイチェル・ギブソンの『真実の告白』、ジェイン・アン・クレンツの『買われた婚約者』、スーザン・エリザベス・フィリップスの『心の行方』、キャシー・マクスウェルの『契約結婚』、バーバラ・ドーソン・スミスの『ならず者の誘惑』といったロマンス本を購入すれば、私たちは未熟で影響されやすい女性読者に家父長的価値観が植え付けられるのを助長してしまわないだろうか。こうした葛藤が生ずるのは、多くの図書館員の心の奥底に、読書には段階があり、その段階の1番下にあるのが大衆小説で、最上階にあるのがいわゆる文学作品と宗教の聖典だという考えがあるためである（Ross 1987）。つい先ごろの2007年になっても、読書案内についてのディレブコとマゴワンによる本では、「読者の欲する本を」（Give 'Em What They Want）という考え方が批判されている。両者によれば、それは信頼に足る導きではなく、読者の楽しみたいという欲望への迎合なのである。

　私たちは、1980年より後の読者への助言サービスは迷走していると論じてきた。そこでは、サービス初期には存在していた有意義な教育的配慮や文化的理性への関心が薄れ、どんな質の書物であれとにかく本を読むことは素晴らしいという考え方が幅をきかせている。こうした考え方の下で、読者任せの読書は商品化され、使い捨ての娯楽として消費されていく。通俗小説、通俗的なノンフィクション、ベストセラー、有名人の書いた本、受賞作などが好例である（Dilevko and Magowan 2007, 5）。

なぜ、ディレブコとマゴワンは読者に読者が欲するものを与えることは間違いだと考えるのだろうか。それはディレブコとマゴワンが読者のことを、生来か弱かったり、その人を食い物にしようとする外からの力に流されやすい性質

であったりするため、自分で適切な選択をする能力を持たない存在と見なしているからである。ディレブコとマゴワン（2007, 13-17）は、読者にたいして商業化や商品化された本を選ぶように仕向ける様々な力について記述する章の副題を「読者をあやし、寝かしつける」としている。その章では、大規模広告が打たれた本や著名な作家による本のバンドワゴン効果［多くの人が選んでいるという理由でさらに選ばれるという効果］、購買欲をかき立てるための文学賞の創設、ナンシー・パールの『もしシアトルのすべての人が同じ本を読んだら』やオフラ・ウィンフリーのブッククラブに代表される「嗜好マネジメント」などが記述されている。このような筋書きの下、ディレブコとマゴワンは読者のことを、か弱く赤ん坊をあやすようなやり方でコントロールされてしまう存在として否定的に見なす。しかしディレブコとマゴワンはそれ以上の強さで図書館員を糾弾する。両者によれば、図書館員は教育者として、また、大衆文化の氾濫に抗する防波堤として、真っ当に機能することを放棄してしまったのである。

1　読者像の構築

　既に見てきた通り、読書モデルは、図書館員が蔵書を構成したり読者にサービスしたりするにあたり、何を考え何を行うべきかが論じられる際の礎石として用いられている。それゆえ、私たちは読書モデルを検討する必要がある。読書モデルというのは仮説をつくる。その仮説はどこにも明示されないが、図書館員の活動の指針を正当化し、また、図書館員による読者への本の推薦を正当化するのに用いられる。読者モデルの働きを理解するため、ルドルフ・ボールド（Rudolph Bold, 1980, 1138）が『ライブラリー・ジャーナル』に執筆した記事の冒頭段落を検討する。その段落でボールドは典型的なロマンス小説の読者を次のように描写した。

　　彼女は200ポンド（約90キロ）はあろうかという体型の、顔色の悪い女性である。彼女の夫は女遊びにうつつを抜かし、子どもは騒いでばかりだ。彼女は結婚のために高校を中退（ドロップアウト）しており、精神科医にかかる余裕もない。そのため、彼女は自分の手で人生を切り開くことができず、彼女以

外の誰かのつくった大して好もしくもない世界に暮らし続けている。彼女にとって読書は逃避であり、彼女の安息の地は、ベストセラーでも大衆的な伝記作品でもなく、スーパーマーケットやバスターミナルで売られているペーパーバックのロマンス小説なのである。そして、彼女以外にも家に縛りつけられた主婦や、結婚しないまま年齢を重ねた女性や、退職後の職業婦人がそうであるように……彼女もまた一日のうち1時間か2時間をはかない世界に逃げ込んで過ごすのだ。そこではロマンスが心を温めてくれ、嫌なものが侵入してきたりしない。

体重200ポンドのドロップアウトした女性とは一体何者で、彼女はどこから出てきたのだろうか。ロマンス小説の読者についての実際のデータから出てきたのではないことは確かである。読者についての統計が一貫して示すところによれば、ロマンス小説の読者は、平均的に見て高めの学歴を有するということを除けば、様々な点でごく一般的なアメリカ人女性であるように見える。この人口統計的数値は、ボールドが論文を執筆した1980年（Mann 1981; Mussell 1984, 11-15）から1992年（Linz 1992, 12）までほとんど変わっていない。「アメリカのロマンス小説作家」のウェブサイトに掲載された「ロマンス文学統計」によれば、2007年に何らかの本を読んだと回答した人のうち5人に1人はロマンス小説を読んでいる。別の言葉で言えば、2007年には6,500万人のアメリカ人が少なくとも1冊のロマンス小説を読んだのである。教育水準に関して言えば、ロマンス小説の読者のうち42パーセントは大学卒業（学士）以上の学歴である。

この体重200ポンドのドロップアウトした女性というのは、まさしく作り話（fiction）の中の存在である。彼女のイメージは、ボールドが先述の記事を書いた当時の、ロマンス小説の読者にたいする否定的見解の寄せ集めであり、これらの否定的見解は『ライブラリー・ジャーナル』の読者にとっても馴染み深いものだった。そのためボールドは、彼が提示するロマンス小説読者像が同誌の読者の思い描く像と合致すると想定して記事を書くことができた。ボールドはその筆先から体重200ポンドのドロップアウト女性を生み、彼女に典型的なロマンス小説読者の代役を命ずる。彼女はロマンス小説にのぼせているが、それ

によって生産的な活動の機会を奪われている。彼女は消極的で、実際の暮らしを変える一歩を踏み出せないために、逃避としての読書をする。彼女の読むロマンス小説は彼女の痛みを麻痺させ、彼女をなだめすかして眠らせるが、彼女に実際の暮らしを変える術を何も教えない。

　ボールドは論を進め、図書館の蔵書からロマンス小説を締め出すという慣行をエリート主義と批判するのは筋違いだと述べる。「もし、その恵まれない人びとに提供するために蔵書の水準が引き下げられたらどうなるだろう。良いことも同時に生ずると言えるかもしれない。ただしその良いことというのは、孤独、悪しき結婚生活、精神的な虚弱に囚われてしまった誰かに本による逃避への道を拓くことである。それは結局、そうした人がセラピストに赴くのを遅らせ、また、そうした人の精神をなだめすかして自らの環境を変えようという気が起こらない状態に留めることにつながる」(Bold 1980, 1139)。ボールドによれば、ロマンス小説は初心な中年女性、オールドミス、家庭に不満のある主婦、退職した職業婦人、精神的に虚弱な女性によって、彼女らの実生活上の不足を埋め合わせるために読まれているということになる。この、空虚な生活仮説とでもいうべきものは、大衆小説のうちロマンス小説が求められる理由を説明する常套手段になっている。ただし、この仮説は、大衆小説の別の人気ジャンルである探偵小説、ホラー小説、SF小説が求められる理由の説明に用いられることは滅多にない。この構造から見えてくるのは、ロマンス小説の読者が批評家にとって「自分とは違う人びと」(Other)だということである。批評家は、ロマンス小説の読者を自分たちと比べてものを知らず、彼女自身の置かれた状況をよく分かっておらず、見聞きした情報にあてられやすく、人生についての誤った見解に惑わされやすい人びとと見なしている。そして批評家は、そんな彼女たちがロマンス小説を読むのを安全な場所から眺めてあれこれ言っている。

　ボールドのような批評家は、ロマンス小説の読者を、ただ単にか弱く「恵まれない」存在と位置づけた。しかし、フェミニストの中にはロマンス小説の読者を、か弱いだけではなくて非難されるべき存在と見なす人もいる。そうしたフェミニストは、ロマンス小説の読者が、目の前にある壁を乗り越え、構造

的、社会的、政治的変化へと向かうべきなのに、安穏としてその壁を温存するようなロマンス小説を読んでいると言って非難する。このことについてまとめたケイ・ミュッセルは、ロマンス小説の批判者は「フェミニズムの政治的視点、すなわち、ロマンス小説は家父長的な構造を持っており、女性にたいして家父長的な社会的・政治的情勢に黙って従うよう奨励するものという視点を共有している」(Mussell 1997, 9) と述べた。ロマンス小説読者についての先駆的なエスノグラフィー研究『ロマンス小説を読む』の著者ジャニス・ラドウェイは研究にあたり、読者の言葉の表に出てくる価値を鵜呑みにしないと述べた。というのも、彼女が依拠するフェミニズムの理論は彼女を「［読者によって：原文］頻繁に感知されてはいるけれども、読者らが家父長制による生物学的・社会的な性のあり方を自然なもの、所与のものとして受容してしまっているために、読者の意識には上がってこない」(Radway 1984, 10) 読者の無意識の欲求を探すことへと向かわせるためである。批評家に評判の悪いロマンス小説の読者の読書感想は、ラドウェイの研究においては、読者の誤った意識の表出として扱われているように見受けられる。ロマンス小説は愛こそがすべてと謳い、ハッピーエンドを用意することで女性読者の大いなる支持を獲得してきたが、このことはボールドやラドウェイのような批評家にとっては面はゆい。

　これにたいして、ロマンス小説の読者や作家たちはロマンス小説の読者を、力を与えられた存在と位置づけるモデルをつくるために結集した。図書館員でありロマンス小説作家でもあるアン・ブーリキアス (Ann Bouricius, 2000, 5) は、「ロマンス小説は女性の勝利の物語です。デボラ・スミスがかつて述べたように「ロマンス小説では女性は最終的に頂点に立つのです」」と述べた。別のロマンス小説作家で元図書館員のジェイン・アン・クレンツはこの見解に同意する。彼女は『危険な男と冒険家の女』と銘打たれたロマンス小説作家達によるロマンス小説アピールのための作品集の巻頭言で次のように述べた。「この本に寄せられたエッセイから見えてくる強力なテーマは女性に力を与えることです。読者はロマンス小説が女性の力を称賛していると理解しています。ロマンス小説においては……女性は常に勝利を収めるのです」(Krentz 1992, 5)。この筋書きによれば、ロマンス小説を読むという経験は読者の心のバッテリーを

充電し、彼女が本を閉じた時、彼女が実際に住む世界ともっと健全な関係を結び直せるよう力を与えるものなのである。ロマンス小説の読者についてのこれらの対照的な2つのモデルは、明らかに異なるイデオロギーとして機能している。これらのモデルは、それぞれの提唱者の頭の奥底に刷り込まれた女性読者についての考え方の現れであるため、経験的データ、学術調査、当事者である読者へのインタビューによってたやすく変えられるものではない（読者からの意見は割り引かれて評価されてしまうだろう。それは、読者の有する誤った意識についてのさらなる裏付けとして扱われてしまうのである）。

　本論文は、図書館員が楽しみのための読書について論じたり、楽しみのための読書についての運営方針を立てたりする際に参照できる読書についての競合的なモデルについて検討する。これらのモデルのうち最初の2つは公共図書館員の職務についての論の中で発展してきたものであり、残りのモデルは教育学、心理学、マスコミ研究、社会学といった多様な分野の中で発展してきたものである。本論が論じる読書モデルとは以下の7つである。

・「目的を持って読む」（Reading with a purpose）
・「最良のものだけを読む」（Only the best）
・読む能力習得に関する「大論争」における読書モデル（The Great Debate）
・ひたすら受動的な読者による読書（The Reader as dupe）
・密猟者としての読者による読書（The Reader as poacher）
・人生の設計図を得るための読書（Blueprints for living）
・ゲームプレーヤーとしての読者による読書（The Reader as game-player）

　驚くに値しないが、これらの7つのモデルが完全に別物というわけではない。それは、フットボール、サッカー、バスケットボールの試合のやり方が見分けのつく程度に異なるものの、相手の守る特定のゾーンにボールを入れると得点になるという共通の特徴を持っているのと同じようなものである。つまり、7つの読書モデルには家族のように似通っている部分がある。それは例えば、読者のことを能動的な（または逆に受動的な）存在と見なすといった部分である。このため、ある1つの論の中に相通ずる部分の多い複数の読書モデルが適用され、一緒くたに用いられることも起こりうる。しかしながら、いくつかの読

書モデルはまったく相容れない関係にある。読者のことを、暗示にかかりやすく、騙されやすく、適切な読み物を選べないと見なす読書モデル群と、読者のことを、能動的に意味をつくり出し、読む経験を通して読み方を学習し、自分の読むものを自分で選ぶことで読書のスキルを向上させていくと考える読書モデル群の間に共通項はほとんどない。

　これらの読書モデルを弁別するため、私たちはこれらが、テクストの力、読者の役回り、読むものが読者に与える影響についてどのように異なった語り方をするかに着目する必要がある。それらの読書についての語りの中で、読書活動は誰によって／何によって方向付けられるとされているのだろうか。読書行為は、能動的な読者、すなわち、彼女自身の人生の状況に応じてテクストの意味を見出していく読者によって方向付けられるのだろうか。それとも、読書行為はテクスト自体の作動によって方向付けられる、すなわち、テクストの意味は固定されていてその意味は損なわれずに読者の頭の中に届くのだろうか。どのように読めばよいかは、どのように話せばよいかと同じように自然に習得されていくものと考えられているのだろうか。それとも、どのように読めばよいかは人為的な働きかけによって学習されるもので、その学習プロセスは科学的知識に基づいて管理されなくてはならないと考えられているのだろうか。読むことは受動的な作業だろうか、それとも創造的な作業、すなわち、読者が意味の共同創出者として関わるような作業だろうか。読書行為のただ中で何が起こるのだろうか。読みながら、読者は力を与えられ、読者の人生はより良い方向へ向かうのだろうか。読みながら、読者は自らのスキルを向上させる思考的活動を行なっているのだろうか。それとも、読みながら読者は騙されたり、翻弄されたり、なだめすかされたり、あざむかれたりしているのだろうか。読者についての解釈には、「彼ら／彼女ら」（しばしば誤った方向へ向かってしまう読者）と、「我われ」（最良のものを知る読書の専門家または批評家）の区分が含まれているのだろうか。もしも読書モデルの中で、楽しみのための読書のゴールにあると長い間考えられてきた2つのもの、すなわち娯楽と教育が関連しているのなら、どのような関係性が想定されているのだろうか。例えば、楽しんで読むことはそれ自体が真っ当なゴールと想定されているのだろうか。それと

も例えば、楽しんで読むことは、最良の場合でも教育という薬にまぶされた砂糖衣であり、最悪の場合には真っ当な教育への集中を途切れさせる困った玩具だと想定されているのだろうか。私は本論において、21世紀のレジャー構造の中で要となる役割を果たそうと願う公共図書館にとって、いくつかの読書モデルは他のものと比べてよりふさわしいことを論じていく。

2　目的を持つ読者による読書

　1920年代の北アメリカの公共図書館の間で好まれていた読書モデルは、読むことで学ぼうとする、目的を持った読者による読書というモデルだった。このモデルは、公共図書館が娯楽施設ではなく学習施設として存在することを正当化した。1925年、アメリカ図書館協会は「目的を持つ読書」プログラムに乗り出したが、これは公共図書館での読書案内サービスの最初の全盛期と重なっている。また、このプログラムは読者を成人の学習者とみなす考え方に立脚していた。アメリカ図書館協会は1925年から1933年までの間に、カーネギー財団からの金銭的援助を受けつつ、図書館利用者向けの読書ガイドを作成し、約85万部を販売した。同ガイドは生物学、経済学、地理学、農学、社会学、心理学、子ども、人種関係、哲学、英国史、ロシア文学、音楽鑑賞、建築学、アメリカの教育、ラテンアメリカ、ジョージ・ワシントン、広告など、全部で66のテーマに分かれていた（Lee 1966, 50 [p. 67-68]; Delevko and Mcgowan 2007, 224）。それぞれのガイドは各分野の専門家によって執筆され、当該テーマについての20ページから30ページの概略説明の後に、専門家によるコメントつきで10冊程度の図書リストが添えられていた。図書リストは、当該テーマについて多様な視点を提供するとともに、読者が入門者向けの本から難解な本まで、順序良く系統立てられた段階を踏んで読み進むように構想されていた。1920年代から1930年代の読者からの報告は、多くの人びとにとって公共図書館がまさしく成人教育のための場所であったことを示唆している。

　このアメリカ図書館協会のプログラムと同時期の読者についてのディスコースは、理想の読者として、余暇を生産的に使い秩序立った自己教育を行う人物像をつくり上げていった。目的をもった読者は、読書の梯子を一段ずつ登り、

着実に進歩していく。図書館員の目指すところは、一般的な読者が文学の批評家や歴史家と同じように読めるようになることを助けることにある。読者の目指すところは、対立する視点のバランスを見出し、それらの視点を、筋の通った、拙速ではない、完全なやり方で統合していくことにある。ジョン・チャンセラー（John Chancellor, 1931, 136）は『ALAブルティン』掲載の記事「目的を持って読む人を助ける」で、「民衆の大学」としての公共図書館の役割を強調し、次のように述べた。

　　私は、私たち図書館員は順序立った読書をすることを強調せねばならない、と信じている。順序立った読書とは、あるテーマについてたった1つの視点ではなく、より多くの視点を持つための読書である。図書館利用者にたった1冊の本や1つの記事だけでなく、もっと多くを読んでもらうよう試みなくてはならない。そして、私たちは、付け焼き刃の知識さえつければいいという風潮――せわしない現代社会の派生物である風潮――に、可能な限り抵抗しなくてはならない。ものごとを透徹する視点を持つことを全力で奨励しようではないか。それは、ものごとの全体を完全に捉えることのできる視点であり、また、多様な相反する場所からものごとを眺められる視点でもある。人びとをただ読むようにと駆り立てる――行き当たりばったりの読書に向かわせる――のではなく、人びとに「目的を持って読む」よう促そう。「目的を持って読む」というのは、私たちにとって何とふさわしいスローガンであることか（Chancellor 1931, 138）。

目的を持って読むと言われるときの目的は単なる楽しみではいけない。この点に留意する必要がある。実際のところ、［読書における］目的とみなされる唯一のもの以外は、楽しみであれ何であれ、目的を見失った行為と見なされた。目的と見なされる唯一のものとは、順序立った学びである。しかしながら多くの場合、現実の図書館利用者が、その理想を十分に体現しているとは言い難い。このことは、図書館関係者が悲しげに記録し報告している。1927年の『ALAブルティン』に掲載された成人教育に関するラウンドテーブルの議事録で、ヴァージニア・クリーヴァー・ベイコン（Virginia Cleaver Bacon, 1927, 317）は、読書案内サービスの初心者が、「実におめでたい理想家によって教育

を求める成人の特性として描き出され、図書館利用者として広まっている像、すなわち実際の図書館利用者と比較して明確な目的、定まった目標、不屈の努力を備えた図書館利用者像を期待しながら」職務に当たるなら、彼女は幻滅に襲われるだろうと警告している。オレゴン州ポートランド公共図書館の成人教育のアドバイザーとして、ベイコンは人間の本性に由来する弱さを目の当たりにしていたのである。

> 図書館に支援を求めてやってくる人が学習について漠然とした、または、つかの間の興味しか持っていないことはしばしばある。彼の学習計画は漠然としており、そのために滞りがちである。彼は、アドバイザーないし彼自身の能力にたいして、またはアドバイザーと彼自身の双方の能力にたいして懐疑的である。そうかと思えば、「簡単に賢くなれる」というような類の広告に踊らされて自分の能力を過大に評価している人もいる。そして、学習の経験に乏しく、大衆雑誌、読みやすいフィクション、活動写真を読んだり見たりすることで、学習した気になってしまう怠惰な精神を持つ人もいる……（Bacon 1927, 317）。

「目的を持つ読者による読書モデル」の下、楽しみのために読む人は糾弾される。すなわち、楽しみのために読む彼や彼女は目的の設定に失敗し、気が散りやすく、怠惰で、大衆文化からの楽な方への誘惑によって学習目標から逸れて行きがちなのである。

3　「最良のものだけを」

　読む価値のある読み物が何かを定義する主戦場の1つは児童書と児童の読書についての領域だった。児童向けサービスを担当する図書館員は専門的な技術をもって活動する場を20世紀初頭に自ら切り拓いていった。そこでは児童の読者は、しっかりとした導きを受け、質の高い本へと強く背を押されるべき存在として位置づけられた。当時、子どもの性情をあるがままに放置すれば、ほとんど抵抗なく「二流」の本に飛びつき、19世紀の三文小説や20世紀のシリーズ本を読み漁るようになると考えられていた。1925年、アメリカ図書館協会の費用負担により、イリノイ州ウィネットカの公立学校の教育長カールトン・

ウォッシュバーンが調査を実施した。この「ウィネットカ調査」は子どもの間でシリーズ本が絶大な人気を集めていることを明らかにしたが、これは図書館関係者にとっては憂鬱な結果であった。きまりの悪い結果をもたらしたのは、子ども自身の好む本と、児童の読書の専門家が子どもが好きであらねばならないと考える本の間の大きなズレであった。ウォッシュバーンは34の市を選び、そこに住む36,750人の生徒に調査への回答を依頼した。調査には、生徒がその年度に読んだすべての本に「投票」するという項目が含まれていた。そして、およそ10万票が集まった。投票の結果、約98パーセントの生徒が「50セント本」との蔑称で知られる安価なシリーズ本を読んでいることが分かった。最高得票数を得たのは「トム・スイフト」シリーズだった。5年生、6年生、7年生の読者からの圧倒的な支持を得たのはエドワード・ストラテメイヤー出版による「ボブシーきょうだい探偵団」や「トム・スイフト」などのシリーズ本で、これらは「図書館員による図書選考委員会では、考える余地すらなく「満場一致で取るに足りない本と評されている」」ものだった（Soderbergh 1974）。児童図書館員は「二流の」本に対抗する運動に乗り出し、子どもに「最良の」本だけを与えようと提唱した。シリーズ本に抵抗する中で、児童サービス担当の図書館員はにわかに活気づいてリーダーシップをとり、いくつもの斬新な仕掛けをつくり出した。それらは児童文学や児童の読書を永続的に支える仕掛けであり、よく知られたものとしては児童読書週間やニューベリー賞などがある。

　ニューヨーク公共図書館の児童サービス部の初代の責任者アン・キャロル・ムーアは、『ザ・ブックマン』に定期的に掲載された児童書のコラムにおいて厳格で一貫した批評を展開し、多くを成し遂げた。ムーアはコラムで、一方に「子どもにへりくだった二流の」児童文学や「安っぽい楽観」による児童文学があり、もう一方に「最良の」児童文学があるとして、両者の間に明確な線引きを試みた（Moore 1920, 1961, 23）。その多くが『子ども時代への道』（1920）、『新・子ども時代への道』（1923）、『子ども時代への岐路』（1926）に収録されている。ムーアはこれらの書評で、レベルの低い作品、「ありふれたテーマ、問題の取り扱い、言葉運び」（Moore 1920/1961, 23）にたいする不死身の敵役であり続けた。ムーアは「シリーズ物のアイディア」と呼ぶものについて批判し、

「[このアイディアの下では]今日の私たちが目にしているように、[児童文学の]発展の足踏み状態が生じるのは当然のこと」(Moore 1920/1961, 92)と述べた。ムーアは影響力の大きい書評を通して、新たに確立された児童図書館員の専門職性を明確に体現した。その専門職性とは、最高の児童書を識別、認定し、文学と呼ぶにふさわしい数少ない児童書を世に知らしめることである。ムーアの考え方は、彼女の弟子のリリアン・H.スミスによって引き継がれた。スミスは版を重ねた『児童文学論』(1953)において、大人向けの文学の文章の良し悪しや文学的卓越性を評する際に用いられる高度な水準が、子ども向けの文学を評価し選ぶ際にも用いられるべきと論じた。図書館員について言えば、蔵書を発展させる鍵となるのは、真に優れた本を見極めることである。スミスはこの点に関して、「暇つぶしの本」、「ありきたりのやり方で書かれた本」、「二流本」に警戒し、それらを「真正な価値を有する本」から区別すべきと述べている(Smith 1953, 189-190)。

　スミスの『児童文学論』や同時代の児童文学のガイド本は、子ども向けの本を論じるにあたり2種類の対照的な語彙のレパートリーとアイディアを使い分けている。一方には「最高の」本についての語彙のレパートリーがある——これらの本は、「誠実で、高潔で、読むものに展望を与えるような本」(Smith 1953/74 13)であり、これらは恒久的かつ世界共通の価値を備えているがために、読者に真の喜び、洞察力、成長を与えることができるとされる。そしてもう一方には「二流の」本についての語彙のレパートリーがある——これらの本は不誠実な書かれ方の、世に出ては消える、商品としての本で、最高の本が備えている肯定的な特質をまったく欠いており、読者に俗悪な喜び、気晴らし、意欲の減退をもたらすばかりである。

　1910年代以降、図書館員はシリーズ本を「最良の」本の敵と見なし、シリーズ本への批判を先導した。シリーズ本は、現実味を欠き、人生への誤った見方を注入する傾向があり、文学的価値は低く、ベルトコンベア式に生産されていて商業市場では成功しているとして非難された。児童サービス担当の図書館員という新たに興りつつあった専門的職業は、その職業が何でないかを示すことで自らの輪郭を明瞭にしていった。児童サービス担当の図書館員は、シリーズ

本、取るに足らない本、二流の本の友人ではなかった。図書館関係文献に掲載された記事のタイトルだけを見ても、この点が繰り返し主張されていることが分かる。そうしたタイトルとは例えば以下である。フランクリン・マシューの「少年の脳みそを吹き飛ばす」(1914)、アイリーン・ボーマンの「なぜアメリカ図書館協会は少年および少女向けのシリーズ本を是認しないか」(1921)、メアリー・E.S.ルートの「貸出すべきではない本」(1929)、ルーシー・キンロックの「シリーズ本の脅迫」(1935)、マーガレット・ベックマンの「『ボブシーきょうだい探偵団』シリーズはなぜいけないか」(1964)、ルー・ウィレット・スタネックの「読者の成長を妨げる」(1986)、そしてジュディス・ソルトマンの「シリーズ本に押しつぶされそうになりながら」(1997)。ソルトマンは、本を購入する権限が本の専門家である図書館員から素人へと移り、素人が学校のブッククラブや書店を通して直接シリーズ本を購入するようになったことを嘆いて次のように述べる。

　　本の売り手が購買層と見なす相手は、知識と情報を備えた大人の本の選別者から、両親や祖父母、叔母や叔父、そして子ども自身といった一般の人へと移ってしまった。前者は文学的価値、人気、慣例の均衡を巧みに斟酌して本を選ぶが、後者は多くの場合、思いつきや商品としての本の生産者がつくり出したブランドに基づいて本を買う（Saltman 1997, 24）。

　このような衝動的に振る舞う子どもの読者像とシリーズ本の「大洪水」について言及した後、ソルトマン（1997, 25）は次のように結論した。子どもを「二流の本を読んでいる状態から……より読み応えがあって心躍る文学を読む経験」へと成長させていく、知識と情報を備えた本のエキスパートが「今日、かつてないほど」求められている。

　図書館員による1世紀におよぶシリーズ本との闘争は、結局のところ失敗に終わった。というのも、その闘争では読者である子どもの経験が見過ごされていたからである。「最良の本」についての語りは、読書についてのテクスト中心的なアプローチであり、その語りにおいて、本は本になった段階で唯一の普遍的な価値基準に当てはめて評価可能だと想定されている。このモデルにおいては、何が最良の本かは絶対的で変化しない。そこには、人びとの読書につい

ての興味関心や能力に多様性が存在することを考慮する余地がない。または、その読者が、その時に、その特定性に基づいて求めている読書経験として、何が最良のもの足りうるかを検討する余地がないのである。

4　読む能力習得に関する大論争における読書モデル

　児童サービス担当の図書館員が、子どもが何を読むべきかについて集中的に検討していた頃、教育学者は教育者らしく子どもがどのように読むことを学ぶか、また、読むという行為はどのように成り立ち、どのように分解できるのかに頭を悩ませていた。児童図書館員は、コールデコット賞やニューベリー賞といった児童文学賞にも支えられつつ、子ども時代というのはとても短く、だからこそ、子ども時代は『かもさんおとおり』、『シャーロットのおくりもの』、『秘密の花園』といった真に優れた文学作品と共に過ごさなくてはならないと論じた。一方、教育者は、読めない、または読もうとしない子どもを案じた。読めるか否かは子どもの将来を左右する。というのも現代社会において読み書き能力は、政治構造や経済構造への完全な参加を遂げるための前提条件となっているからである。親や教師は、[子どもに読み方を教えるために]どの教授法を採用し、どんなカリキュラムを組むかについての覇権争いの只中にあったが、そうした争いがテキスト本の市場を潤すことには注意を向けなかった。その争いの核心にあったのは、子どもはどのように学び、また、その学びに最も大きな影響を与えるのはどの職業の専門家かという問いであった。P. デービッド・パーソン (P. David Person, 2004) は、読み方の教授と読み方の研究を巡るこの争いを「読み方戦争」(reading wars) と呼んだ。

　ジーン・チャルはこの問題についての必読書『読み方を学ぶ：かの大論争について』において、この論争を「言語コード (ないし言語コード解読) 派と意味派の争い」と整理した (Chall 1967/83, 2)。言語コード派の考え方に基づく典型的な調査とは、心理学者が実施し、膨大なサンプルデータを用い、どの調査対象者にどう働きかけるかについて恣意性を排して決定し、研究者のコントロール下で実験を行うというものであった。そうした実験の測定結果が示す典型は、特殊な読み方テスト——例えば被験者の子どもに、pin, win, sit, fin の中か

ら仲間外れを探すように求める頭韻違い探しテスト——におけるスピードや正確性であった（Bradley and Bryant 1983）。一方、意味派の考え方に基づく典型的な調査は、家庭や学校で過ごしている子どもについて、個別具体的な事例研究や文化人類学的な観察を行うというものであった。言語コード派は、読む能力に関する基準の開発と、対象者の読みの能力がどの水準にあるかを測定するための方法の開発を提唱した。それにたいして意味派が提唱したのは、その家族の読み書き能力や寝る前の読書のような、読み方の習得が自然に起こるように見受けられる家庭環境について研究することであった（Heath 1983; Wells 1986）。根底において、言語コード派と意味派は子どもがどのように読むことを学ぶかについてまったく異なった見解を有していた。読み方の習得は、手取り足取り指導されることが必要な人為的過程なのだろうか。それとも、自然の発育過程なのだろうか。読み方を直接的に教えることは可能だろうか。それとも、子どもは適切な環境に置かれていれば自分で読み方を学んでいくのだろうか。読む能力の進展は、標準化された方法に沿ったテストの点数で測定できるのだろうか。それとも子どもが物語を聞いたり自発的に読んだりしようとする時に感じる喜びによって測られるものだろうか。厳然たる事実は、何の指導も受けなくても学校へ上がる前に自分で読むことを習得してしまう子どもがいる一方で、手厚い指導にも関わらず読むことの習得に失敗してしまう子どももいるということである。

　言語コード派にとって、読むことは単語と部分語（文字、音節、接頭辞）から出発する。読むことの鍵を握るのは音声学的認識——単語を音の組成に分解し、また、個別の音を単語へと組み上げる能力——とされた。「読めるようになるための読みもの」（reading readiness）といったコンセプトは1920年代から1930年代に発展し、子どもが本物の本を1冊読むのに先立って、文字と音の対応への認識力を上げるような練習をさせる必要があるという見解が強調された。そのための方法は、読みのプロセスを小さな連続したプロセスに分解するというものだった——最初はアルファベット、次に、「ファン、マン、ラット」（fan, man, rat）のような単語、その次に単語は「ザ タン マン イズ イン ザ バン」（The tan man is in the van）［＝日焼けした男が幌馬車に乗っている］のような単

文へと組み上げられ、さらに、複数の文章が結合し、最後に文書の全体が姿を現す。その人がどの程度の優れた読み手であるかは、スクリーンやフラッシュカードで提示された単語やそれだけでは意味をなさない音節を、適切なやり方で読むのにかかるスピードによって測られた。マリリン・アダムス（Marilyn Adams, 1990, 14）は『子どもはどのように読み始めるか』で広範な研究を総括し、「研究によって、スムーズに読むために不可欠なものは、文字、綴りのパターン、単語の全体を、苦労なく、自動的に、そして視覚的に識別する能力であることが明らかになった」と述べる。アダムスによれば、「文字と音の関係を理解し、それらを組み合わせるスキルを向上させるという明確な意図を持って構想された教育プログラムは、そうでない教育プログラムよりもいっそう優れた読み手を育てる」（Adams 1990, 293）のである。

　言語コード派の教授法は、秩序立ち連続性をもって子どもが習得すべきスキルとサブスキルのヒエラルキーを識別した。1950年代、親は、読み方の教授は専門家に任せるべきで親が干渉すべきではないと警告された。子どもが「自分の都合の良いように」本を選ぶと、子どもが音素や単語に出会うべき順番がめちゃくちゃな、無秩序なものになってしまう。［そのため］言語コード派の教授法は言葉への子どもの接触を統制した。統制に用いられたのは、基礎的読み物、「読み解き易い」文章（例えば、「ダン キャン ファン ナン」（Dan can fan Nan）[＝ダンはおばあちゃんを扇いでやれる]）、語彙の限定、フラッシュカード、言葉の秩序を示すための色分け、レベル分けされた読み方学習用の本であった。読むことや何を読むかを方向づける力は、クラス担任、図書館員、両親、読むことを学ぶ子ども自身から、読み方の教材一式、すなわち、読みのスキルを教え、スキルをテストするように科学的知見に基づいて創出された道具へと移っていった。子どもはまず読むことを学び、そして学ぶために読んだのである。読み方学習の最終段階は、テクストが意味することを探し当てることだった。生徒がテクストの意味をくみ取っているかは、各レベルの理解度測定テストによって測られた。読み方を学び始めたばかりの子どもは、作者が文章の中に「埋め込んだ」と考えられる意味をテクストから抜き出すことができれば、順調に読みの力を身につけているとされた。

この論争はホール・ランゲージ派とホール・テクスト派の論争という側面もあった。子どもへの読書指導の専門家のマーガレット・ミーク（Margaret Meek, 1983, 68）は、「文学は読者を読み方学習用の本には決してできない形につくり上げる」と論じた。意味派は、読むことは話すことと同じように非常に複雑な行為なので、読むことをルールに基づく体系だった行為として直接的に教えることは不可能と主張する。読み始めたばかりの人が必要とするのは、読むためのルールを知ることではなく、話し始めたばかりの人が必要とするのと同じこと、すなわち、テクストと交流し、書くことを練習して、物語がどのように動いていくかを体験できる環境に身を浸すことである。ホール・ランゲージ派は、読み方の学習は、子どもが歩けるようになりたいと思って歩き方を学習し、話せるようになりたいと思って話し方を学習するのに類似した発育のプロセスと主張した。読み始めたばかりの人は読むことを通して読み方を学ぶ、つまり、テクストそのものから物語がどのように動いていくかという大切なことについて教示を得る。発育過程としての読み方や書き方の学習を称してドン・ホーダウェイ（Don Holdaway, 1979, 14）は次のように述べた。「教えれば短時間で済むが、［子どもが］自分で学ぶのには時間がかかる。［しかし］発育というのは大人よりも子どもによってコントロールされるものである。子どもは実生活の中でしたいと思うことをしようとして伸びていく。そして子どもは自然なやり方でスキルを使いこなす手本となる人びとの振る舞いを熱心に見習う」。ホーダウェイは続けて述べる。「読み書きを学ぶことで得られる最も大きな喜びは、子どもの実生活の内側に根差した喜び、子どもの実生活にとって意味があるような喜びである。だからこそ、子ども自らが実生活に即して読み書きを学ぶことは、子どもの実生活の外側から実生活上あまり起こらないようなやり方で読み書きを教えられることよりも——さらに言えば、読み書きについて何らかの教えを受けることよりも——はるかに重要なのである。」(15)

　鍵となる問いは誰にとっての意味が考慮されるかである。ホール・ランゲージ派は、読者の役割は文章（テクスト）にあらかじめ埋め込まれた意味を掘り出すことにあるというモデル、すなわち読書についての情報—伝達（information-transfer）モデルに否を突きつけた。ハーストとミクレッシー

(Harste and Mikulecky, 1984, 72) は以下のように述べる。「［情報―伝達モデルの：原文］問題は、言語や読み書き能力の働き方についての不適切な考え方にある。より有効性が高く強力な見解は、読むことと書くことには多くの共通性があり、両者はいずれも大いに社会的文脈に依拠していると捉える見解である。……読むことと書くことはどちらも、読み書きに参与する人のものの見方、これまでの経験、そして社会的文脈の上に成り立つ創造的なプロセスである」。例えば心理言語学者フランク・スミス (Frank Smith, 1988) といったホール・ランゲージ派の理論家は、読者の構築的活動を強調する。構築的活動には、読者が読むものの意味を推定していくことも含まれる。読者は、今自分が読んでいるテクストと、自分が既に知っている世界や他のテクストについての物事とを結び合わせながら、目の前のテクストを理解する。意味というものは、テクストの中で読者に見出されるのをその場でじっと待っている訳ではない。テクストの意味は、各読者がテクストに出会うごとに新たに生み出される。それゆえ、テクストの読まれ方は各読者で異なるし、たとえ同じ読者が同じテクストを読んだとしても、読者のライフステージが異なれば読まれ方も異なる。このことについてケネス・グッドマン (Kenneth Goodman, 1984, 96-97) は、「読者がテクストに持ち込むものとテクスト自体とは、テクスト理解において同じくらい重要である。……読者はテクストの意味を汲み取る際、テクストが提供しうる情報のうち、読者が既に有する言語の体系や概念の体系との関連づけをするのに必要な、最低限度の情報しか利用しない」と述べている。

『いっしょに読もう』においてリズ・ウォーターランド (Liz Waterland, 1985, 6) は、当初、読むことを特定のスキルの秩序だった積み重ねと見なすアプローチに基づいて読み方を教えていた彼女が、どのようにして教え方を転換させ、見よう見真似モデル (apprenticeship model) に基づく教え方をするようになったかについて述べている。「私は［それまでの考え方の］代わりに、学習者というものは物を知らない雛鳥のように受動的で依存的な存在ではないどころか能動的な存在であり、そして、［読み方を知らない段階でも］既に、読み方を学ぶという課題達成への有能な協働者としての一面を持っているという考え方を受け入れるようになった」。ウォーターランド (1985, 45) は、フラッシュ

カードによる「読む前段階のプログラム」、文法などを教えるために例文を色分けして示すこと、知らない単語を発音するためのスキルを教えることをやめ、読み方の学習のごく初期から本当の本を使うようにした。ウォーターランドはこの点について、「読むことは学習者が「いつか」できるようになることではなく、――どのレベルの学習者であれ――学習者が今まさに行っていることである。読む人は、読み方に熟達していようがなかろうが、自分のことを読者と信じているし、読者らしく振る舞いもする」と述べる。ここで重要とされるのは、読むことに関する選択を読者自身が行えるような環境を提供することである。「この理論を用いる教師は、子どもが自分の本として、自分にとって意味ある本と感じられる1冊を選ぶのに十分な数の本を幅広く取り揃えることに挑まなくてはならない。そうすることで、子どもは自分の読みたい本を読み、読んだ本の意味を自分で見出す」(Waterland 1985, 13)。

　言語コード派と意味派のアプローチを比較すると、児童図書館員にとってよりふさわしいのは、読者による本への意味解釈を重視する読書観であると考えられる。児童図書館が尽力すべきことは、広範な本の選択肢を提供し、そして子どもに選ばせることである。

5　ひたすら受動的な読者による読書

　しかし、読者に選ばせるという考え方にたいしては、幻想に過ぎないのではないかという疑義が呈されてきた。1人の個人が本を読むという光景は、少し後ろに下がって眺めれば［本の］産出と供給という大きな絵の中に位置づけられ、その大きな絵の全体構造を読み解こうとする人もいる。そうした人は、嗜好産業およびベストセラーの創出過程において、ゲートキーパーとしての企業や出版の決定権者、マーケティング・キャンペーン、広告の役割に重点を置いてきた。そして、作家、出版社、書店、読者がやりとりをする回路について、供給とアクセスの結節点を特別に重視してきた。つまり、本の生殺はもっぱら企業の判断に委ねられているというのである。この考え方は、読者は真の意味での判断の機会を奪われており、企業から読むように言い含められた企業の利益にかなうものを読んでいると決めてかかる。従順な読者は、大ヒット映画、

ソープオペラ、トークショー、ロックミュージックのビデオ、テレビゲームについてのメッセージやイメージに晒されているのはもちろん、シリーズ本、ロマンス小説、お色気雑誌、コミック本、低俗小説、自己啓発本に関するメッセージやイメージに、なす術もなく繰り返し晒されている。この読書のモデルは消費者としての読者を、メディア論者ジョン・フィスク (John Fiske, 1989b) が「文化的判断喪失者」と呼んだ人びとと同様の者として描き出した。

この、ひたすら受動的な読者モデル (reader as dupe model) は、大衆的嗜好についての懸念と表裏一体であった。20世紀半ばまでに、マスメディアの批評家は、大衆向けに製造コストを抑えて大量に生産される、本、雑誌、コミック本などの安価な読み物をはじめとするメディアへの懸念を強めた。批評家は、これらメディアが満たすべき品質を充足しなくなったのは、大衆受けのためだと疑った。[批評家によれば] あまりに多くの人が何かを好む場合は、人びとの卑しい嗜好に働きかけているに違いない。論集『マス・カルチャー』(Rosenberg and White, 1957) は、大衆の嗜好が取り沙汰され始めた頃の苦悩を記した古典的な情報源である。その序論でバーナード・ローゼンバーグは自己の立場を次のように明示している。「今日はかつてないほど、畏れ多いものと不敬なもの、真正なものと見かけ倒しのもの、高貴なものと堕落したのもが混沌と混ざり合い見分け難くなっている。」(Rosenberg and White, 1957, 5)。ここでは大衆文化は真正な芸術形態とは見なされず、人びとが共通に持つ性質のうち最下等のものに訴求する、安っぽい、規格化された、工業生産商品と把握されている。大衆文化はその消費者にまがい物の満足感を与え、また、情動に訴えて人を虜にする。大衆文化は人びとを巧みに操り、余暇を侵食し、人びとを現状のままに留め置く。これとは対照的に高尚な芸術は、自律的で批評的な精神を持つ人びとの最後の砦とされた。

このモデルにおいて、最重要の問い、すなわち、「大衆」(mass) と見なされる人にとって読書とは何かという問いが姿を現わす。ひたすら受動的な読者による読書モデルに関するメタファーが、この問いの答えを暗示している。安っぽい、商品化された大衆文化の産物は「豪雨」や「洪水」に例えられ、読者や視聴者は「襲撃され」、「水浸しにされ」、「圧倒され」る。大衆文化の産む作品は、

どれも同じ価値観を体現しているので、商品化された1つ1つの作品を弁別できない。あるロマンス小説は、いつでも愛が勝利するという点で他のロマンス小説と同じである。ある少年冒険小説シリーズは、いつでも犯罪者が逮捕され当初の状態が回復するという点で、他の少年冒険小説シリーズと代替可能である。要するに、「文化産業」の産物にはまったく同じ性質と予測可能性が刻印されているため、一見すると多様な商品が提供されているように見えても、それはまやかしである（Storey, 1999, 19）。

　すなわち、このモデルの場合、大衆文学作品は互いに代替可能で、それゆえ批評家は大衆文学の価値や魅力を評する際にはほんの1冊か2冊の大衆文学を読めば足りる。例えばほどなくして『ウェスタン・キャノン』を記し［西洋古典の］専門家として名を馳せるハロルド・ブルームは、『ヴォーグ』（1985, 322）にダニエル・スティールの『ファミリー・アルバム』の試し刷り版を書評するように突然の依頼を受けた。この時、ブルームは、「スティールおよび彼女の著作物は多くの人びとによって楽しまれているが、彼女も人びとも、もっと良く物を知るべきだ」と結論できた。ブルームによれば、「400ページを超える『ファミリー・アルバム』の中で印象に残ったただ1つの句は、「ジェイソンとジョージはすぐに異議統合した (getting on like a horse afire)」という部分だが、嘆かわしいことに、それが「意気投合した」(getting on like a house afire) と校正されてしまえば、印象に残る箇所はまったく残されていない」のである。ブルームの書評ほど、「彼ら／彼女ら」と「私たち」の2分法を明示しているものはない。ブルームはイエール大学文学部の最高ランクの教授として次のように吐露した。「ダニエル・スティールの『ファミリー・アルバム』を読み進めるのはもはや憂鬱な経験で、文芸批評家として普段は必要としない蛮勇を奮わなければならなかった」。

　［この読書モデルでは］大衆文学の作品が皆似たり寄ったりなのと同じように、大衆文学の読者の読み方も皆似たり寄ったりと考えられた。大衆は皆同じように読む（もちろん、批評家と同じように専門的な読み方もするし、娯楽のためだけに読んでいる訳でもないのだが）。そして、大衆文学の読者はテクストに「内包」(in) されている文化的なメッセージを鵜呑みにするとされている。

大衆文学作品の読者に話を聞けば、読者は［嗜好産業の］被害者として位置づけられることを拒絶するだろう。読者は、自分にとってフィクション作品の中での願望の成就と無秩序な日常生活とを切り離すことは何ら難しいことではないと主張するだろう。そして読者は、大衆文学の作品は1つ1つがまったく別物で、その違いがために読書によって様々な経験ができると反論するだろう。しかし、ひたすら受動的な読者による読書モデルの枠組みの中では、こうした読者の言い分は過少評価される。当該モデルを採用する批評家は、人びとを麻痺させる大量生産による文化製品の力の働きを見出す。すなわち、人びとの無意識に働きかけ、読者をなだめすかして眠らせてしまう力の働きを示す、さらなる証拠と見なされてしまう。ひたすら受動的な読者モデルのおかしな特徴は、このモデルが利益を向上させるべきと主張する階級の人びとの言葉に耳を貸さないところである。

6　密猟者としての読者による読書

近年台頭しつつあるのは、論の重点を社会構造から日常的実践に移行させた読者モデルである。ジョン・フィスク（John Fiske, 1989b, 33）は、社会構造の総体についての知識だけでは物事の半分だけしか説明できないと述べる。私たちは同時に、「しばしば矛盾していて時に補足的に働く日常の実践についての知識、すなわち、社会構造の下位に置かれた人びとが、社会構造と駆け引きしたり、立ち向かったり、越えていこうとしたり、社会構造からのコントロールを回避したり、自分の弱い立場を逆手にとったり、社会構造にちょっかいをかけたり、［いつもは自分を圧迫する］社会構造を反転させて社会構造自体と社会構造の作り手を圧迫する際に活用している知識」についても知るべきなのである。フィスクの「日常的実践」を参照しようとする姿勢は、フランスの日常生活の研究を行う学派の研究者に連なる。フィスクとの関連性が特に強いのは、『日常的実践のポイエティーク』で読者を「テクストの密猟者」に例えたミシェル・ド・セルトーである。フランスの思想家による日常的実践についての学際的研究の全体を、近年になってマイケル・シェリンガムが『エブリディ・ライフ』（2006）でまとめている。そして、シェリンガム（2006, 213）はセルト

ーの「密猟者としての読者」像について次のように述べた。「セルトーは、消費者を従順で操られ易い存在として記述することにたいし、強烈な反論を試みる。セルトーの基本的な仮説は、消費または利用は、実際のところ、能動的で生産的［な行為］というものである。……そして、消費者がイメージを消費するのと同時に何をつくり出して（*make*（fabrique））いるかを問うのは往々にして意味があるというものである」。

　セルトーは、一般の人びとが展開する抵抗の「戦術」を、支配階層のエリートの「戦略」とは対照的なものと見なす。戦術は、か弱く力のない人びとの技で、一般の読者が支配的文化によって産出されたテクストにたいして仕掛けるゲリラ戦である。セルトー（1984, 174［p. 341］）はこれについて、「読者たちは旅人である。他者の土地を駆けめぐるかれらは、自分の書いたのでない領野で密猟をはたらく遊牧民であり、エジプトの財をかっぱらっては好きなように楽しむのだ」と述べる。［テクストの一部を］選択的に我が物とする活動を通して、読者は二次的なテクスト、すなわち、読者が自分の目的——テクストの作者の意図からはおそらく大きく離れているだろう目的——のために用いることのできるテクストの産出を行なっている。セルトー（1984, xix［p. 27］）が着目するのは、テクスト消費者の「戦術」——「うまい手や、離れ業、「狩猟家」の罠、臨機応変のかけひき」——であり、読者はこれらを、テクストの中に反乱の起点となる窪みや裂け目を見つけ、［支配的エリートによって書かれた］テクストから幾ばくかの権力を取り戻すのに用いる。セルトーの言う読者は支配的権力に抗う存在であるが、私たちはセルトーの密猟者としての読者像を楽しみのための読書活動を含み込むように拡張できる。

　意味を産出する密猟者としての読者モデルは、エスノグラフィーの手法や深層インタビューの手法によって、読者が日常生活の文脈の中でテクストを用いて実際に何をしているのかを解明しようとする研究への良い刺激になる。もし読者が意味をつくり出しているのなら、［図書への］アクセスに関する経済学を知り、数百万部も売れた本についてその1冊ずつの行方を追ったとしても、［読者についての理解は］十分とは言えない。私たちは、読者がテクストを読んで何をなしたのかを問わなくてはならない。読者がつくり上げた意味とは何

か。読者は何に注意を向け、何を記憶に留めるのか。人びとの経験に着目する研究は、テクストから解放され、テクストを書き直すことさえある、密猟者としての読者像を支えている。実際の読者についての事例研究で、読者は、［本の中で］今の自分の生活に直接響いてくる部分はしっかりと記憶に留める一方で、自分が意味を見出せない部分は忘れてしまうか読み飛ばすこと、そして、自分が納得できない結末は書きかえてしまう場合もあると語っている。文学批評家は、テクストの根幹をなす部分について、分かりやすく筋の通った説明を与えることを目的にして読むが、読者はいつでも文学批評家のように読んでいる訳ではない。イエン・アングは［メディア研究に］大きな影響を与えた『ウォッチング・ダラス』(1985) で、［各視聴者の］イデオロギーと呼応した多様な意味が視聴者によって産出されることを報じている――例えば、オランダ人のマルクス主義フェミニストの視聴者は、［人気テレビドラマの］『ダラス』を視聴する楽しみは、過剰なまでに描かれる資本主義と性差別主義が［逆に］辛辣な社会批判となっていると感じられることにあると説明する。

『赤毛のアン』の作者で手紙や記録の保存魔L.M.モンゴメリは、生産的密猟の好例になる。エフライム・ウェーバーに宛てた1936年6月22日付の手紙で、モンゴメリは子ども時代にブルワ・リットンの『ザノーニ』――フランス革命時代のことを描いた小説で、最後にはザノーニが愛する女性を救うためにギロチンによる自己犠牲的な死を遂げる――を読んだ時のことを記している。モンゴメリはウェーバーに次のように語る。

　　少女時代の始まりの頃、私はいつでも本の中に生きていました――本の中の一部を私が願う通りにつくりかえながら。私はある時はヴィオラでした――でも、そのヴィオラは、本の通りのヴィオラではありませんでした。描かれたままのヴィオラは、私からすれば愚かなか弱い存在で、まったくザノーニにふさわしくはありませんでしたから。私はヴィオラがザノーニを捨て去ったことを決して許しませんでした。私が描き直したヴィオラは、自分たちのせいではない理由でザノーニと離れ離れになりますけれど――最後にはザノーニと一緒に革命から逃れて自分達の小島へと舞い戻るのです。ヴィオラではなくて私自身として本の中に存在することもあり

ました……私は最重要機密に到達し、「厳しい試練を乗り越えた」初めての女性になりました。……私は小説の中の一部を書き直すこともありました。……ひとりぼっちで世界に、しかも、革命の只中の世界に取り残された可哀想な赤ん坊［ザノーニの子ども：原文］のことを考えると、私はいつだって恐ろしく心配になりました。私はよく、あの海沿いの古い農家のベッドで夜中に目を覚ましては、その可哀想な赤ん坊を助け、その子に素晴らしい人生を用意してやったものです（Tiessen and Tiessen, 2006, 225）。

　モンゴメリの述懐は、読者自身の人生に引きつけて積極的に意味を産出する、密猟者としての読者についての豊かなイメージを提供してくれる。モンゴメリが2歳の時に母親を亡くしていることを思えば、彼女が「ひとりぼっちで世界に取り残された可哀想な赤ん坊」という考えに、とりわけ敏感に反応する理由が分かる。

　実際の読書行為についてのこのような記述は、人の言いなりな読者像、すなわち、他の人が生み出した意味の受け皿としての読者像にたいする強烈な反証である。セルトー（1984, 169-170 ［p. 333-335］）は「読むこと／ある密猟」において、読者は「もろもろのテクストのなかで、作者の「意図」であったものとは別のなにかを制作するのだ。……読者はテクストの断片を組み合わせ、気づかれざるものを創造する。……新聞だろうとプルーストだろうと、テクストはそれを読む者がいなければ意味をなさない。テクストは読み手とともに変化してゆく。テクストは、自分のあずかりしらぬ知覚のコードにしたがって秩序づけられるのである」と論じた。ラドウェイ（2002）は、「物語の落ち穂拾い」について論じているが、それは、読者が収集と選別を繰り返し、手にした様々な素材から選び抜いたものによって自己を作り上げるプロセスに相通じるものがある。ラドウェイによれば、読者は「ふるいにかけて選び取る」（2002, 186）。

7　人生の設計図を得るための読書

　文学批評家の世界においては、真正な芸術とは美学的対象についての熟考を促すものであるというのが常識であった。読者を現実世界での活動へと駆り立てるのは、醜悪な芸術——例えばポルノグラフィティやプロパガンダ——のみ

とされてきた。そして、もしも真正な芸術作品を読むことが読者の現実世界の行動を変えれば（例えば、ゲーテの『若きウェルテルの悩み』には、初期の読者を自殺へ駆り立てたという風聞がある）、それは作品を適切に読まなかった読者の過ちとされてきた。芸術に向き合う時の適切な態度は、［芸術作品と自分の日常生活との間に］美学的距離を置く態度だと考えられてきた。

　［文学批評家の］上記のような見解とは対照的に、本は生き方のモデル、参照すべき事例、人生の設計図の源と述べる読者は珍しくない。読書経験が自分の信条や態度や世界への見方を変え、その本を閉じた後には別の生き方をするようになったという読者もいる。また、自分の生き方のモデルとなる登場人物や、自分の人生の指針を決める際の設計図を提供する本を探し求めているという読者もいる。図書を人生の設計図を提供する資源と把握する見方は、2つの影響力の大きい読書推進団体、すなわち、ブック・オブ・ザ・マンス・クラブとオフラ・ウィンフリー・ブッククラブの活動と呼応している。ラドウェイ（1989, 275）は、ブック・オブ・ザ・マンス・クラブで中流階級の読者のために本を選んでいる編集者たちを評して、編集者は［読者に］「どう生きるかの提案、モデル、方向性」を示す本を探していると述べた。ラドウェイ（1989, 276）によれば、編集者は、ブック・オブ・ザ・マンス・クラブの本として選ばれた物語の読者が、「読書経験から得た知見を自分の人生の地図に落とし込み、進むべき方向を見出す」ように願っているとのことである。この読書モデルで描かれる読者の姿は、楽しみのための読書は時間の無駄という見解への反論となりうる。［この読書モデルによれば］読者は、読んでいて楽しい本を読む喜びを味わうと同時に、自己を教育し、向上させ、人生の教訓を得ることにも成功している。

　オフラ・ウィンフリー・ブッククラブも、楽しみのための読書は心躍る活動であるのと同時に、教育的な活動でもあるという見解を打ち出している。読者は楽しみと学習機会の二者択一を迫られずに、それらを同時に得ることができる。オフラ・ウィンフリーが選んだ本は一躍ベストセラー入りを果たした。というのも、オフラのファンである膨大な数の女性が、自分の日常生活と結びつく楽しい本を選んでくれるオフラの能力を信頼していたためである。オフラの

ブッククラブの第1期（1996-2002）に選ばれた本は、人生の苦境に置かれてもその逆境を乗り越えていく芯の強い女性が描写されていることで有名になった。数百万の女性が自分も親密な読者コミュニティーの一員と感じられることに力を得て、全国で再び読書をというオフラの呼びかけに応えた。呼びかけに応えた女性には、学校を卒業してから初めて小説を読むという人もいた。出版関係者は、いち早くオフラ効果に気づいた。デイジー・マルレス（Daisy Maryles, 1997, 18）が『パブリッシャーズ・ウィークリー』誌に寄せた文によると、ブッククラブの第1冊目に選ばれたジャクリーン・ミチャードの『深く青く沈んで』は、選ばれた後に出版部数を10万部から91万5千部に増やした。2冊目に選ばれたトニ・モリスンの『ソロモンの歌』の部数は、30万部から139万部に増えた。

　オフラは彼女の視聴者に向けて、これらの本は軽い読み物ではないものの、読む価値があり、各自の生き方を変えてくれると請け合った。セシリア・コンカー・ファー（Cecelia Konchar Farr, 2005, 60）は、オフラが2000年に『砂と霧の家』の案内文として執筆した文から次の言葉を引用した。「文学には力があります。人びとを変える力、人びとのものの考え方を変える力です。……本は、あなた自身そして、あなたの住む世界にたいするあなたの視野を広げてくれます」。オフラが繰り返し語るオフラ自身の物語は、読書が人生を変えることの見本になる。オフラはミシシッピ州コスキアスコ市の貧しく孤独な子どもとして人生を開始し、そののちアメリカの顔と言われるまでに成長した。だからこそオフラは、ブッククラブの会員にたいして、読書によって人生を良い方向に変えられると請け合う時、それが自分の人生経験から言えることだと強調する。R.マーク・ホール（R. Mark Hall, 2003, 649-650）は、どのようにしてオフラが、彼女自身のライフストーリーを用いつつ、人間を自由にする図書の力について説明してきたかに関して次のように述べている。「ウィンフリーが彼女の番組や人気のあるメディアで少しずつ自分のライフストーリーを明らかにするにつれて、彼女のファンは、文学がどのようにしてウィンフリーに自由を与え、彼女がはかりしれない名声と幸福とを手にするのに寄与したかについて、繰り返し学ぶことになった。本は教育と、友情と、慰めを与えてくれると」。

全国を再び読書に向かわせるために、オフラは昼間に出演しているテレビ番組の視聴者に、ファー（2005, 41）が言うところの「読書レッスン」を提供した。オフラは、読書の先生として振る舞い、読書が楽しみと真剣に学ぶ喜びとをもたらすことを請け合いながら、読書に不慣れな人に思い切って本を開こうとエールを送った。オフラは視聴者に向けて、『ソロモンの歌』には何より「私たちが、私たち1人1人が、自分が誰で何者であるかを見出す方法が書かれています」（Hall 2003, 658）と語った。トニ・モリスンの『パラダイス』を読むのを投げ出さないようにと読者を鼓舞した際、オフラは次のように述べた。「あなたがこの本を読み切ったら、素晴らしい達成感を得るでしょう。長い旅路を終えたのと同じことですから。……ひとたびこの本を読み終えたら、あなたは真の読書家だと証明されるのです」（Farr 2005, 40-41）。さらにオフラによれば、読書が上手くいっている状態とは、頭と心がかみ合って動いている状態である。「あなたはこの本を頭だけで読むのではありません。本にたいして、あなたのすべてを開くのです。それが、まったく新しい読書と人生とを経験する方法です」（Far 2005, 47）。

　読書のレッスンは、オフラのウェブサイトに掲載された補助教材でも提供された。補助教材はブッククラブが選んだ本のほとんどに添えられていた。この教材には、オンライン上の話し合いの場、その本について話し合う際の質問、書評を書くための手引きも含まれていた。読者は自分自身の生活の文脈で、読書するように奨励されている。バーバラ・キングソルヴァーの『ポイズンウッド・バイブル』に関する補助教材の中の節「自分で書評を書くには」では、書評を書く出発点として、次のような質問に答えることが特に効果的とされている。「この本の物語とあなたの人生はどんな風に重なりますか。この本の物語の中にあなたと関わる部分があるとすれば、どのような関わりですか。作者が読者に伝えようとしているメッセージは何だと思いますか。……この本から何を学びましたか。この本は何をどんな風に教えてくれましたか」。話し合いのためのページに最も早く投稿された2つのコメントは、［自己］変革（「この本は私の人生を変えたのです」）と［自分の置かれた状況の］再認識（「この本は実は私についての本なのではないかしら」）に中心的価値を置くことを明示する

読書であった。

> スザンヌ（Suzanne）：バーバラ・キングソルヴァーの『ポイズンウッド・バイブル』について話し合われると聞いて、書かずにはいられませんでした。この本は私の人生を変えたのです（THIS BOOK CHANGED MY lIFE）。
> シェリー（Sheri）：バーバラ・キングソルヴァーはどうやって私のことを知ったのかしら。『ポイズンウッド・バイブル』を読んでいる間、何度も思いました。レア・プライス（Leah Price）は私だと。

8 ゲームプレーヤー、ルールの学習者としての読者

　この7つ目の読書モデルは、これまでに検討してきた読書モデルで仮定されていることの多くを覆す。スティーブン・ジョンソンは『ダメなものは、タメになる：テレビやゲームは頭を良くしている』（2005）で主要な考えをまとめた。ジョンソンは具体例としてテレビとコンピューターゲームを論じているが、その考えは大衆文学にも適用できる。ジョンソンのモデルで重要なのは、［作品の］内容ではなく、人びとが楽しみながら大衆文化のメディアに没頭すると同時に、高度な認知スキルを習得する練習を行い、そのスキルを伸ばしているという点である。練習は大切である。チェスであれ、音楽演奏であれ、脳外科手術であれ、ホッケーであれ、何かを本当に素晴らしく上手にできるようになるには、1万時間の練習を要するからである（Gladwell 2008）。そして、人びとが熟達に至るまで読書／視聴／演奏やスポーツを続けることを可能にするのは、練習すること自体の喜びである。何十冊ものシリーズ本の読書やコンピューターゲームを繰り返すことで、読者／プレーヤーはゲームのルールを見つけ出す。ストラテメイヤー・シンジケートのシリーズ本の作者の1人キャロル・ビルマン（Carol Billman, 1986, 154-5）は、20年以上前に同じことに言及していた。「練り上げられた構成のミステリー・シリーズを読むことは、散文小説の構成を学ぶ初心者コースに入るのと同じです。読書の初心者はそれを読みながら、未知のフィクション小説の中をどのように歩き回ったらよいかについての教えを受け続けるのです」。このような読書についての見解は、本の「メッセージ」や中身ではなく、読者による見習い修業、つまり、読者が読むこと

や、［読むための］ルールに従うこと、読み解くこと、パターンを見出すことについての認知スキルを獲得していくことに重点を置いている。ジョンソン（2005, 14）は、メディアを「人生の教訓を得るのに役立つのではなく、認知の練習に役立つ」と把握している。そしてジョンソンは、大衆文化への没頭は私たちを賢くすると主張する。

　かつて読書の専門家は、大衆文化への没頭が人間の脳に悪い変化をもたらすのではないか、すなわち、発言力のない読者は、巨大なメディアの商業組織が競って人間が共通してもつ最底辺の性質に訴えようとすれば、その前にうち伏すしかないのではないかと懸念していた。ジェーン・ヒーリーの『滅びゆく思考力』やスヴェン・バーカーツの『グーテンベルクへの挽歌』は、テレビ、ビデオゲーム、ハイパーテキストといったヴィジュアル・メディアへの没頭は、私たちが思考と考えるものそのもの——文や文章を通して思考の鎖を1つ1つ論理的につなぎ合わせ、アイディアを発展させる能力——を危機にさらすと論じていた。ジョンソンは対照的に、視聴者がどのようにストーリーが展開し、どのようにゲームがプレーされるべきかについてのしきたりを学習するにつれて、大衆文化が複雑さを増していくという事例を想定した。ジョンソン（2005, 177）は認知科学や神経学に依りつつ、人間の脳は新しい刺激に注意を払うようにつくられており、脳が学習するのに最適な状態は、非常に易しいと非常に難しいとの間の状態であると述べた。

　ジョンソン（2005, 177 ［p. 194］）はコンピューターゲームのデザイナーはこのことを知っていると述べ、ゲーム研究者ジェイムズ・ポール・ジーの言葉を引用する。ジーによれば、成功したビデオゲームの組み立てられ方は、「技能範囲」（regime of competence）の原理に準じている、すなわち「それぞれのレベルはプレーヤーの技能の上限のあたりで差し招き、あらゆる点でギリギリこなせるくらいの難しさを追求している。……このため、喜びと悔しさが同時にやってくる感じがする」のである。プレーヤーが練習と慣れを通していっそう上手くゲームができるようになるにつれ、ゲームのレベルはいっそう難しい段階に上がる。テレビや映画の場合だと、これはアフターマーケット、すなわち、多メディアでの同時配信、再放送、DVD化に相当する。というのも、これら

によって視聴者は何回も作品を視聴し、その体験を通して作品への興味関心を持ち続ける。「ケーブルでの再配信で人気の出る番組は、5回見ても退屈にならないから人気が出るわけだ。そして5回見ても飽きないということは、複雑性は減らすより増やす必要があるということだ」(Johnson 2005, 159［p. 175］)。クリストファー・ノーラン監督のバットマンシリーズの『ダークナイト』(2008)は興行成績の記録を塗り替えたと報じられたが、それはファンが前に視た時に見逃した謎を解こうとして、何度も映画館に足を運んだためである。

　大衆文化の複雑さは減じるどころか増していると論じるにあたり、ジョンソンは映画コンテストで起こっていることを指摘した。切り裂き魔の映画『ステューデント・ボディーズ』では、1人で留守番をしているティーンエイジャーのベビーシッターが戸外の物音を確認するためにドアを開け、何も見つけることができずドアを閉める。ジョンソンによれば、初期の切り裂き魔の映画『ハロウィーン』などのパロディになっているこのシーンでは、「スクリーンに点滅する矢印が現れるのだ。しかもご丁寧に説明文つきで：「錠が開いているよ！」」(Johnson 2005, 73［p. 85］)。点滅する矢印は、よく知られている映像作品が視聴者に今まさに起こっていることを知らせるために繰り返し用いてきたヒントを誇張した表現である。視聴者が解釈の経験を重ねてものを知るようになり、そのジャンルのルールを習得するにつれ、点滅する矢印は必要なくなる——視ている人は皆、ホラー映画では1人で留守番をしているベビーシッターが最悪の事態に遭遇することを知っている。ジョンソン(2005, 77［p. 90］)の以下の言に留意すべきである。「プレイするにあたってルールの習得を強いるテレビゲームのように、こういった［『ザ・ホワイトハウス』、『ロスト』、『ザ・ソプラノズ：哀愁のマフィア』のような：原文］現代のテレビ番組の喜びの一部は、細部を補完するという押しつけられた認知的作業からきている。もし制作者たちが点滅矢印の山をいきなり持ち込んだら、番組は退屈で単調に思えるだろう」。

　このモデルでは読者の責任は重大である。そして、読者やプレーヤーが、コードやルールを学習するための階段を上り成長を遂げるまで、長期にわたってテクストやゲームに関わり続けるという点で、楽しさは善である。初歩のレベ

ルの課題は単純に見えるかもしれないが、初心者にとっては挑戦を必要とする。そして、このモデルに従えば、例えばシリーズ本は「補助輪」と言えるのではないだろうか。

9　公共図書館と公共図書館の利用者に関する論点のまとめ

　本論文では、私たちが他の読書モデルに勝るものとして1つのモデルを採用する時、［単にモデルを選ぶのみならず］公共図書館に関する多くの物事の方向性を定めているということを示してきた。図書館員は、公共図書館がレジャー構造の中で果たすべき役割を検討するため読書について論じる際、本論文で取り上げた読書モデルのうち1つか2つを用いている場合が多いことに気づくだろう。議論の前提に無自覚なのは危険なので、公共図書館員のあるべき姿に照らして最も有効な読書モデルを検討する出発点としては、どの読書モデルから何が導かれるかを見極めることが役立つ。もし、読者を受動的で、有力なテクストの中の有害なメッセージに影響されやすい存在と見なせば、「読者の欲する本を提供する」という哲学は悪であり、読者による選択は専門家によって精査されなくてはならないという結論が導かれるだろう。もし、読書活動を能動的な読者によってテクストへの意味づけの半分がなされるような、意味の産出をめぐる駆け引きと見なせば、読者自身の選択を信頼し支援することは道理にかなったやり方になる。これまで検討してきた通り、それぞれの読書モデルは覇権を競っており、各読書モデルの主張から様々な見解が派生する。読書モデルの比較にあたって手掛かりになるのは、次のような点について当該モデルが取る立場である。

・読書活動を決するものは何か（読者か、テクストか、政治的経済的構造か）
・読書活動で何がもたらされることが望ましいのか（楽しみか、教訓か）
・読書活動は読者にどんな影響を与えるのか（有益な影響か、有害な影響か）
・読むことはどのような過程を経て習得されるのか（自然な発育の過程で習得されるのか、特別な知識を持つ専門家による指導を経て習得される

のか）

　私たちは、今日の公共図書館がレジャー構造の中で重要な役割を果たす方法を模索していること踏まえつつ、どの読書モデルが最も有効かを問わねばならない。本論文の冒頭で示した、楽しみのためにシリーズ本を読む読者とロマンス小説を読む読者に立ち返ったとき、この2人を理解するのに最も役立つモデルはどれだろうか。私は、公共図書館が能動的な意味としての読者像を進んで受け入れ、読者の選択を信頼する必要があると考える。図書館員は、楽しみのための読書に何かしら害があるのではないかとか、時間の無駄ではないかといった懐疑を払拭する必要がある。そして、読者を信頼に足る存在と把握するなら、公共図書館員は読書案内サービスの技術、つまり、読者が図書館員に伝えた嗜好（preference）に合う本を選び出す技術を磨く必要がある。公共図書館のゴールは、依然として図書館利用者に「最良の本」を勧めることにある。ただし、ここで言う最良とは、他でもないその読者が、その時に読むのにふさわしいという意味での最良である。

参考文献

Adams, M. (1990). *Beginning to read: Thinking and learning about print, a summary.* University of Illinois at Urbana-Champaign: Center for the Study of Reading.

Ang, I. (1985). *Watching Dallas: Soap opera and the melodramatic imagination.* London: Methuen.

Bacon, V. C. (1927). Possibilities of informal education under library guidance. *A.L.A. Bulletin 21*: 317-319.

Beckman, M. (1964). Why not the Bobbsey Twins? *Library Journal, 89* (20), 4612-4613, 4627.

Billman, C. (1986). *The secret of the Stratemeyer Syndicate: Nancy Drew, The Hardy Boys, and the million dollar fiction factory.* New York: Ungar.

Birkerts, S. (1994). *The Gutenberg elegies: The fate of reading in an electronic age.* Boston and London: Faber and Faber.

Bloom, H. (1985, March). Venus envy [Review of *Family Album* by Danielle Steel] *Vogue*, 322.

Bold, R. (1980, May 15). Trash in the library. *Library Journal*, 1138-1139.

Bouricius, A. (2000). *The romance readers' advisory: The librarian's guide to love in the stacks*. Chicago and London: American Library Association.

Bradley, L. & Bryant, P.E. (1983). Categorizing sounds and learning to read: A causal connection. *Nature*, 301, 419-421.

Carrier, E.J. (1965). *Fiction in public libraries 1876-1900*. New York and London: Scarecrow Press.

Certeau, M. de. (1984). The Practice of Everyday Life. Steven F. Rendall (Trans.). Berkeley: University of California Press［ミシェル・ド・セルトー『日常的実践のポイエティーク』山田登世子訳, 国文社, 1987］.

Chall, J.S. (1967; updated edition 1983). *Learning to read: The great debate*. New York: McGraw Hill.

Chancellor, J. (1931). Helping readers with a purpose. *A.L.A. Bulletin 25*, 136-139.

Dilevko, J., & Magowan, C.F.C. (2007). *Readers' advisory service in North American public libraries: 1870-2005: A history and critical analysis*. Jefferson, NC: McFarland & Co.

Farr, C.K. (2005). *Reading Oprah: How Oprah's Book Club changed the way America reads*. Albany: State University of New York.

Fasick, A. (2003). Anne Carroll Moore: 1871-1961. In Marilyn Miller (Ed.). *Pioneers and leaders in library services to youth: A biographical dictionary.* (pp. 166-169). Westport, CT: Libraries Unlimited.

Fiske, J. (1989). *Understanding popular culture*. Boston, MA: Unwin Hyman.

Garrison, D. (1979). Apostles of culture: The public librarian and American society, 1876-1920. New York: Free Press［ディー・ギャリソン『文化の使徒：公共図書館・女性・アメリカ社会、1876-1920年』田口瑛子訳, 日本図書館研究会, 1996］.

Gladwell, M. 2008. *Outliers: The story of success*. London: Allen Lane.

Goodman, K.S. (1984). Unity in reading. In Purves, Alan C. and Olive Niles (Eds.), *Becoming readers in a complex society*: Eighty-third Yearbook of the National Society for the Study of Education, Part 1. (pp. 79-114). Chicago: NSSE.

Hall, R.M. (2003). The "Oprahfication" of literacy: Reading Oprah's Book Club. *College English, 65* (6): 646-667.

Harste, J.C., & Mikulecky, L.J. (1984). The context of literacy in our society. In A.C. Purves & O. Niles (Eds.). *Becoming readers in a complex society*: Eighty-third Yearbook of the National Society for the Study of Education, Part 1. (pp. 47-78). Chicago: NSSE.

Healy, J.M. (1990). *Endangered minds: Why our children don't think*. New York: Simon & Shuster［『滅びゆく思考力：子どもたちの脳が変わる』西村辨作・新美明夫編訳, 大修館書房, 1992］.

Heath, S.B. (1983). *Ways with words: Language, life and work in communities and classrooms*. New York: Cambridge University Press.

Holdaway, D. (1979). *The foundations of literacy*. Sydney, Australia: Ashton Scholastic.

Johnson, S. (2005). *Everything bad is good for you: How today's popular culture is actually making us smarter.* New York: Riverhead Books［スティーブン・ジョンソン『ダメなものは、タメになる：テレビやゲームは頭を良くしている』山形浩生・守岡桜訳, 東京, 翔泳社, 2006］.

Krentz, J.A. (Ed.) (1992). *Dangerous men and adventurous woman: Writers on the appeal of the romance.* Philadelphia: University of Pennsylvania Press.

Lee, R.E. (1966). *Continuing education for adults through the American public library, 1833-1964*. Chicago: American Library Association［ロバート・エリス・リー『アメリカ公立図書館と成人継続教育：1833-1964年』川崎良孝・鎹純香・久野和子訳, 京都図書館情報学研究会発行, 日本図書館協会発売, 2014］.

Linz, C. (1992). Setting the stage. In J.A. Krentz (Ed.), *Dangerous men and adventurous women*. (pp. 12-13). Philadelphia: University of Pennsylvania Press.

Mann, P.H. (1981). The romantic novel and its readers. *Journal of Popular Culture, 15* (1), 9-18.

Maryles, Daisy. (1997, April). Behind the bestsellers: The Oprah scorecard. *Publishers Weekly, 21*, 18. (Quoted in Hall 2003, 647.)

Mathiews, F.K. (1914, November 18). Blowing out the boy's brains. *Outlook*, 653.

Meek, M. with S. Armstrong, V. Austerfield, J. Graham, & E. Plackett. (1983). *Achieving literacy: Longitudinal studies of adolescents learning to read*. London, Boston and Henley: Routledge & Kegan Paul.

Moore, A.C. (1920/1961). *My roads to childhood: Views and reviews of children's books*. Boston: Horn Book.

Mussell, K. (1984). *Fantasy and reconciliation: Contemporary formulas of women's romance fiction*. Westport, CT: Greenwood Press.

Mussell, K. (1997). Where's love gone? Transformations in romance fiction and scholarship. *Where's love gone?: Transformations in the romance genre*, special issue of *Para-Doxa, 3*, nos. 1-2, 9.

Oprah Book Club. (2008). Retrieved August 14, 2008, from www.oprah.com/article/oprahsbookclub/pastselections.obc_letters_200000823

Pearson, P. D. (2004). The reading wars. *Educational Policy, 18* (1) (January and March), 216-252.

Putnam, H. (1890, September). Fiction in libraries: Minneapolis (Minn) Public Library. *Library Journal, 15* (9), 263-264.

Radway, J.A. (1984). *Reading the romance: Women, patriarchy and popular literature*. Chapel

Hill: University of North Carolina Press.

Radway, J.A. (1989). "The Book-of-the-Month Club and the general reader: The uses of 'serious fiction.' In C.N. Davidson (Ed.), *Reading in America* (pp. 259-284). Baltimore and London: Johns Hopkins University Press.

Radway, J.A. (2002). Girls, reading and narrative gleaning: Crafting repertoires for self-fashioning within everyday life. In M.C. Green et al. (Eds.), *Narrative impact: Social and cognitive foundations* (pp. 183-204). Mahwah, NJ: Lawrence Erlbaum.

Romance Writers of America. Romance Literature Statistics Overview. Retrieved March 25, 2009, from http://www.rwanational.org/cs/the_romance_genre/romance_literature_statistics.

Root, M.E.S. (1929). Not to be circulated. *Wilson Bulletin, 3* (17), 446.

Rosenberg, B. (1982). *Genreflecting: A guide to reading interests*. Littleton, CO: Libraries Unlimited.

Rosenberg, B., & White, D M. (Eds) (1957). *Mass culture: The popular arts in America*. New York: Free Press［B.ローゼンバーグ, D.M.ホワイト編『マス・カルチャー』南博監修, 紀伊国屋書店, 1963］.

Ross, C.S. (1987). Metaphors of reading *The Journal of Library History, Philosophy, and Comparative Librarianship, 22* (2), 147-163.

Ross, C.S. (1995). "If they read Nancy Drew, so what?": Series Book Readers Talk Back. *LISR*, 17 (3), 201-236.

Ross, C.S., McKechnie, L., and Rothbauer, P. (2005). *Reading matters: What the research reveals about reading, libraries, and communities*. Westport, CT: Libraries Unlimited［キャサリン・シェルドリック・ロス, リン (E.F.) マッケクニー, ポーレット・M.ロスバウアー『読書と読者：読書, 図書館, コミュニティについての研究成果』川崎佳代子・川崎良孝訳, 京都大学図書館情報学研究会発行, 日本図書館協会発売, 2009］.

Saltman, J. (1997). Groaning under the weight of series books. *Emergency Librarian, 24* (5), 23-25.

Sheringham, M. (2006). *Everyday life: Theories and practices from surrealism to the present.* Oxford: Oxford University Press.

Smith, F. (1988). *Understanding Reading* (4th ed.). Hillsdale, N.J.: Lawrence Erlbaum Associates.

Smith, L.H. ([1953] 1976). *The unreluctant years: A critical approach to children's literature*. New York: Penguin［リリアン・H.スミス『児童文学論』石井桃子・瀬田貞二・渡辺茂男訳, 岩波書店, 2016］.

Soderbergh, P.A. (1974). The Stratemeyer strain: Educators and the juvenile series book,

1900-1973. *The Journal of Popular Culture, 7* (4), 864-872.

Stanek, L.W. (1986). Stunting readers' growth. *School Library Journal, 33* (3), 46-47.

Stevenson, W.M. (1897). Weeding out fiction in the Carnegie Free Library of Allegheny, Pa. *Library Journal, 22* (March), 133-135.

Storey, J. (1999). *Cultural consumption and everyday life.* London: Arnold.

Tiessen, H.F., & Tiessen, P.G. (Eds.) (2006). *After Green Gables: L.M. Montgomery's letters to Ephraim Weber, 1916-1941.* Toronto: University of Toronto Press.

Waterland, L. (1985). *Read with me: An apprenticeship approach to reading.* South Woodchester, Stroud, Glos.: Thimble Press.

Wells, G. (1986). *The meaning makers: Children learning language and using language to learn.* London and Portsmouth, NH: Heinemann.

Yu, L., & O'Brien, A. (1996). Domain of adult fiction librarianship. *Advances in Librarianship 20.* Academic Press. pp. 151-189.

訳者あとがき

1 論文の意図と背景

　本論文は *Library Trends* の57巻4号（2009年）に掲載された、キャサリン・シェルドリック・ロス（Catherine Sheldrick Ross）による "Reader on Top: Public Libraries, Pleasure-Reading and Models of Reading" の全訳である。57巻4号のテーマは「楽しい営み：レジャーと図書館情報学研究」（Pleasurable Pursuits: Leisure and LIS Research）であった。このテーマ設定は、人びとの暮らしの中でレジャーの占める重要性が高まっているものの、従来の図書館情報学の領域では「楽しみ」が研究課題とされることが少なかったという現状認識を受けている。

　ロスは西オンタリオ大学の情報メディア学部の教授で、レファレンス、読書案内サービス、読書論、研究手法を教えている。読書やレファレンス業務についての論文に加え、『アリス・マンロー：2つの人生』（作家マンローの伝記）[1]、『レファレンス・インタビューのしかた』[2]、『読書と読者：読書、図書館、コミュニティについての研究成果』[3]、児童向け小説などの著作がある。

　ロスはこのテーマに寄稿するにあたり、公共図書館員が今日の社会のレジャー構造の中でいっそう重要な役割を果たそうと試みると同時に、利用者の「楽しみのための読書」（例えばシリーズ本やロマンス小説の読書）を支援することが利用者に悪影響を与えるのではないかと懸念しているという矛盾した現状を指摘する。そして、その懸念は図書館界で共有されている読書モデルに由来すると説明する。すなわち、19世紀末以降、成人教育や児童文学の水準向上に取り組んできた図書館界では、読書は本に書かれていることを（そのまま）受け取る活動だと考えられる傾向があり、読者による意味解釈の余地が考慮されづらい。それゆえ、公共図書館員は利用者の読む本に敏感である一方、その読者がその本（純文学か大衆文学かを問わない）を読者の人生と結びつけながら

読み、人生をより良い方向へ向けていく有様に十分な注意を向けていないというのである。

ロスはこのような公共図書館界の読書モデルの転換を提案する。それは、読者が考慮されづらいテクスト中心の読書モデルから、論文のタイトルが示唆する通り、読者を頂点に据える読書モデルへの転換である。またこの転換は、いわゆる「良書」の提供を職務の中心とする公共図書館員像から、読者の選択を尊重し、その読者のその時の状況に合った本を提供することを職務の中心とする公共図書館員像への転換と表裏をなす。これにあたりロスは、図書館情報学はもちろん、教育学、心理学、マスコミ研究、社会学など諸研究領域で蓄積されてきた読書モデルを検討している。そして他分野の読書モデルの知見を得ることが、図書館員による楽しみのための読書（を行う利用者）への見方をどのように変えうるかを論じている。

ロスの議論の背景には、1970年代以降に展開されてきたアメリカ公共図書館における蔵書構成と読書案内サービスの転換がある。それは、ごく大まかにまとめれば、図書館員が「良書」と見なす資料を重視する蔵書構成から利用者に求められる資料を重視する蔵書構成への転換[4)5)]である。また、成人教育支援を目的としたノンフィクション（科学技術、人文社会科学、伝記など）中心の読書案内から、利用者の楽しみのための読書（pleasure reading）支援を目的としたフィクション（純文学はもとより、いわゆる大衆小説なども含む）中心の読書案内への転換[6)]である。前者のメルクマールは、1977年にボルチモア・カウンティ図書館が図書館マネジメントの長期計画「要求にこたえるために」に着手して、地域住民に利用される資料であるか否かを最大の指標とする選書へ舵を切ったことにある。後者のメルクマールは、1984年にイリノイ州北部の図書館員を中心に、楽しみのための読書を支援するための読書案内の方法を検討し共有するための全国組織「成人読書ラウンドテーブル」[7)]が設立されたことにある。

この転換は図書館や図書館員の使命やそれを実現するための方法について大きな議論を呼んだ。そして2000年代になっても、「読者の欲する本を」（Give 'Em What They Want）方式の選書や楽しみのための読書を支援する読書案内に

たいして、否定的な見解が示されることもある。例えば、2007年にジュリス・ディレブコとキャンディス・マゴワン[8]は、それらを教育者や「文化」の守護者としての図書館員の義務の放棄と述べている。

しかし、ロスはディレブコとマゴワンに代表される見解に反対する[9][10]。そして本論文において、図書館情報学分野以外の知見も引きつつ多様な読書モデルを示し、図書館界では教育や情報の受動的な受け手と見なされがちな読者や図書館利用者が、実は（本に書かれた）情報から能動的に意味を見出していく存在であると確認する。その上で、図書館員は自分が「良書」と見なすものではなく、各利用者が自分の人生にひきつけながら楽しんで読み、意味を見出しうる本を提供すべきこと、そして、楽しみのための読書の提供は同時に読者が自ら学び人生について考える機会の提供でもあることを主張する。この背景を踏まえれば、本論文の意義としてまず挙げるべきは、現場での実践が先行しがちだった利用者志向の選書や読書案内サービスに、理論的な基盤を与えようと試みたことである。

2　論文の構成と要点

ロスは本論文で読書と読者についてのあらゆる論に触れる。ロスは従来から図書館情報学領域の議論を超えて読書や読者のあり方を検討してきており[11]、そうしたロスらしい意欲的な姿勢である。しかし、本論文でロスが「読書モデル」として紹介するものには、これまでの議論で読書モデルとして意識されていたものもあれば、ロスがそうした議論の中の読書に関係する部分を集約し、読書モデルとして整理したものもある。そして、各読書モデルに含まれる要素が何で、それらがどのような関係性にあり、他のモデルと比較した際の特徴がどういったものなのかが明示されていない部分もある。そのため、議論の筋道が追いにくいきらいがあるものの、本論文の要点をまとめると以下のようになる。

第2章と第3章では図書館界での読書モデルとそれらが成立する過程を検討している。1つは、人びとは書物から知識を得て「対立する視点のバランスを見出し、それらの視点を、筋の通った、拙速ではない、完全なやり方で統合」

(p. 54)するという「目的を持って読む」モデル（第2章）である。いま1つは、人びとは「二流」の本に飛びつきがちだが図書館員などの専門家によって、特に幼少期に「真正な」文学に触れる経験をしなくてはならないという「最良のものだけを読む」モデル（第3章）である。ロスによれば、これらは多様な視点を網羅するようにも配慮しつつ、入門書から難解な本までを秩序立てて提供し（第2章）、また、読む価値のある読み物を見出しそれらが読まれる体制をつくる（第3章）という公共図書館および公共図書館員の専門性の確立と同時に現れたモデルである。両モデルに共通する特徴は、「テクストの意味は固定されていてその意味は損なわれずに読者の頭の中に届く」（p. 52）という点にある。ロスはこれらのモデルのもとで公共図書館が行った成人教育や児童文学の涵養に一定の評価を与えつつも、次のように批判する。これらのモデルにおいては「何が最良の本かは絶対的で変化しない。そこには、人びとの読書についての興味関心や能力に多様性が存在することを考慮する余地がない。または、その読者が、その時に、その特定性に基づいて求めている読書経験として、何が最良のもの足りうるかを検討する余地がない」（p. 58-59）。

　次の第4章でロスは、教育学分野で子どもがどのように読むことを習得するかについて論じる際、競合的に用いられてきた2つの読書モデルを紹介する。その2つのモデルとは言語コード派と意味派のモデルである。前者は、読むことは普遍的なルールを順序立てて教えていく（アルファベット、アルファベットの発音の仕方、単語の発音の仕方、単純な文章の構造の理解……というように学習を促す）ことによって、段階的に習得させ得るというモデルである。後者は、読むことをその子どもの日常から離れた参考書に沿って教えるのには無理があり、子どもが実生活や興味に即した本から自分なりに意味を見出す経験を重ねることが、読むことの習得につながるというモデルである。そしてロスは1950年代半ばには言語コード派のモデルが隆盛したものの、次第に意味派のモデルが受け入れられるようになったと指摘する。この説明によりロスは、読むことを学ぶごく初期の段階から、読むという行為にテクスト内容以外のものが含まれており、そのことに留意するように促している。

　続く第5章でロスは、（楽しみのための）読書モデルに関して、テクストと読

者以外にもう1つ考慮されるべき要素、すなわち、文化産業による嗜好マネジメントがあると指摘する。そして、マスメディアや大衆文化のあり方に否定的な論客が、文化産業について「人びとが共通に持つ性質のうち最下等のもの」(p. 65)に訴求すると批判してきたこと、「真正な」芸術とは対照的な読み物を作り出していると批判してきたことを紹介する。ロスによれば、このようなマススメディア批判や大衆文化批判においては、読み物は文化産業によって安価、大量、同質的に生産され、批判的に読むことを忘れた読者によって受動的に消費されているという読書モデルが用いられてきたという。しかし、ロスはこの文化産業批判における読書モデルが図書館界のテクスト中心的な読書モデルと同じく、「テクストに「内包」(in)されている文化的なメッセージを鵜呑みにする」(p. 66)読者、すなわち、「ひたすら受動的な」存在として読者を位置づけていることに疑義を呈する。

ロスは次の第6章において、ミシェル・ド・セルトーや人びとが日常生活で行う実際の読書に関する事例研究を引用しつつ、読者がテクストを用いて能動的な活動を行っていると指摘する。そして、他者が書いたテクストを「自分の目的——テクストの作者の意図からはおそらく大きく離れているだろう目的——のために用いる」(p. 68)「意味を産出する密猟者」(p. 68)の読書モデルを紹介する。このモデルでは、読者は、「自分の生活に直接響いてくる部分はしっかりと記憶に留める一方で、自分が意味を見出せない部分は忘れてしまうか読み飛ば」し、「自分が納得できない結末は書きかえてしまう」(p. 69)場合すらある。ロスはこうした能動的な読者の姿が明らかにされたことを肯定的に論じている。

第7章は、能動的な読者像を前提に活動する読書推進団体であるブック・オブ・ザ・マンス・クラブとオプラ・ウィンフリー・ブッククラブの活動を紹介している。ここで言われるブッククラブとは、参加者が同じ本を読んで語り合うもので、日本での読書会に相当する[12]。ロスによれば、両団体は読者の日常生活や人生との結びつきを見出せるような本を提示し、読者が自分の経験と本に書かれたことを結びつけつつ読むことを推奨している。そして、「楽しい本を読む喜びを味わう」(p. 71)ことと、「自己を教育し、向上させ、人生の教訓

を得る」(p. 71) ことを同時に行えるという読書モデルを共有しているという。オフラ・ウィンフリー・ブッククラブは、有名司会者のTVショーと連動していることも相まって、文化産業による嗜好マネジメントの事例として批判されたりする (p. 47)。ロスはこうしたオフラ・ウィンフリー・ブッククラブをあえて取り上げる。そして、オフラ・ウィンフリー・ブッククラブがメンバーに紹介した本の販売部数が急増し成功する要因について、上から嗜好を押しつけるのではなく、読者が各自の生活に即したやり方で読み、それぞれに本の意味を見出すことを肯定したことにあると説明する。この説明によって、ロスはオフラ・ウィンフリー・ブッククラブの位置づけを文化産業の1つの集団から、今後の公共図書館の果たすべき役割のモデルとなる集団へと転換させているように思える。

8章では、ロスはこれまでの読書モデルとは少し毛色の違う読書モデルを紹介する。科学ジャーナリストや脳科学者は、メディアに習熟するための（楽しみを伴う）学習というモデルを論じてきた。ロスはこのモデルを土台に、本というメディアを学ぶための読書とでもいうべきモデルを展開した。ロスによれば、読者は読書活動を通して本に書かれたことを知ったり意味づけたりするだけでなく、物語の構成のされ方やものごとを文章で表現する技法も学ぶ。そしてロスは、読者がそれらを学習する最も良い方法は、コンピューターゲームのプレーヤーが少しずつレベルアップした画面に進むのを楽しんでいるうちにゲームのやり方を身につけて行くのと同じく、その時どきの習熟度で楽しめる本を楽しみながら繰り返し読むことだと述べる。

ロスは最終第9章でこれまでの読書モデルを整理する。そして、公共図書館員が現代のレジャー構造の中でいっそう重要な役割を果たすには、読者自身による文章解釈の余地と、その余地があることで読者が感じる楽しさを肯定するような読書モデルが前提になるという。その上で、「読者が図書館員に伝えた嗜好 (preference) に合う本を選び出す」「読書案内サービスの技術」(p. 78) を磨き、利用者に楽しさと学習の機会を同時に提供する場を築いていくことが大切という提案を行って結んでいる。

3　論文の課題とそれがどのように引き継がれるべきか

　最後に訳者から見た本論文の課題と、それがどのように継承、発展させられるべきかについて述べる。

　本論文は、アメリカの公共図書員が「楽しみのための読書」支援をためらう要因を、図書館界で無意識のうちに共有されてきた読書モデルを明らかにすることで説明し、そのためらいを払拭する新たな読書モデルを提示することに成功している。とはいえ、その読書モデルに沿って読書案内の技術を磨くべきとされる図書館員が、自己の立場をどのように位置づければ良いかについては十分な議論がなされておらず、これが1つ目の課題となる。

　ロスには本論とは別に読書案内についての論文[13]がある。そこでは「仲介者」(intermediary)や「ファシリテーター」という語が、楽しみのための読書案内を行う図書館員の立場についてのキーワードであるように見受けられる。しかし、仲介者やファシリテーターとして利用者に接する際の具体的方法を論じてはいるものの、その立場がどのように正当化されるかの検討は不十分である。また、前述の成人読書ラウンドテーブル（楽しみのための読書案内を志す図書館員の団体）のホームページ[14]を見ても、読書案内に必要な技術として、大衆小説を細かなジャンルに分けて理解することや、読書会（読者が読後感想を語り合う場）への支援が挙げられ、そのためのツールが掲載されている。しかしながら、自分達がどのような立場でそうした活動を行えば良いかについての明確な記述はない。このような現象は、アメリカでは（案内する本がノンフィクション中心であったとはいえ）1920年代までに、図書館員が利用者の読書相談に乗ることが職務の一部として確立していることと関係している可能性がある。すなわち、アメリカの公共図書館においては、楽しみのための読書が読者に与える（教育的）効用を示すことさえできれば、大衆小説などの楽しんで読める本を案内することも図書館員の職務の一環として受容される傾向があるのではないか。

　しかし、図書館や図書館員が「楽しみのための読書」を支援することに理論的基盤を与えるには、その活動が読者にもたらす（教育効果を含めた）効用を述べるだけでは不十分である。「良書」の提供を志していた時代の図書館員と

は異な部分を多分に含む「楽しみのための読書」支援の時代の図書館員の立場を明確にした上で、楽しみのための読書支援がまさしくそのような立場の図書館員によってなされるべき活動ということを述べる必要がある。なお日本の場合、読書案内サービスを含むレファレンスサービスは、図書館員の職務として認識されにくい状況にある。そうした状況ではあるものの（そうした状況であるからこそ）、読書案内サービスを行ったごく少数の図書館員によって自分の立場の位置づけに関する語りがされており、そうした語りが研究され分析されている[15)16)]。今後はこうした日本の状況との比較も踏まえつつ、楽しみのための読書を支援する図書館員が何者であるかを論じることが望ましい。

　本論文は、能動性を備えた存在としての読者が何を読んでいるかというよりも、どう読んでいるかに着目すべきと主張し、近年の図書館研究の変化[17)]を導く[18)]指摘を行っている。とはいえ、能動的な読者が行う活動のうち分かりやすい「向上」（あるいは「変革」と「自己の再認識」(p. 73)）の物語に焦点化しすぎるきらいがあり、これが2つ目の課題となる。この点については、本論文が、楽しみの読書は読者を向上させないという批判への反論を念頭に書かれているという点からしてやむを得ない側面もある。

　しかし、近年の日本でも活発な読者研究[19)20)21)]の場合、オフラ・ウィンフリーのアメリカンドリーム達成（貧しく孤独な少女時代を経て全米的ブッククラブのリーダーへ）に比べれば実に慎ましやかではあるが、オフラと同じような人生を生き抜く力に裏打ちされた読者による能動的な読み方が明らかになりつつある。それは例えば、女子中学生が現在の自分への周囲の見方をある程度引き受けつつ、自分が肯定感をもって引き受けられる部分を強調するような読書感想を表明し合うこと[22)]や、PTAの母親が読書グループの仲間と「読めない」という言葉を交わし合いつつ活動することで、子どもの養育者でも農家の主婦でもなくいられる立場を模索すること[23)]である。

　今後の読書や読者の研究においては、読者自身がどう読んでいるかに着目するというロスの視座を受け継ぐとともに、読者が読書によって人生を支える有様を、いっそう読者自身の理解に近い形で探求する研究が必要であろう。そして、こうした研究は図書館員による楽しみのための読書活動支援にいっそうの

意義を与える。と同時に、そうした活動をより良い形で利用者に提供していく途を拓くことにつながる。

　なお、翻訳に際しては原則として次のようにした。""は「　」、（　）は（　）で示した。イタリックの普通名詞には傍点を付した。また訳者の敷衍や注は［　］内に示した。

注

1）Catherine Sheldrick Ross, *Alice Munro: A Double Life*, Toronto, ECW Press, 1992.
2）Catherine Sheldrick Ross, Kirst Nilsen, and Patricia Dewdney, *Conducting Reference Interview: A How-to-Do-It Manual for Librarians*, New York, Neal-Shuman Press, 2002; 2nd ed., 2009.
3）Catherine Sheldrick Ross, Lynne（E.F.）McKechnie and Paulette M. Rothbauer, *Reading Matters: What the Research Reveals about Reading, Libraries, and Communities*, Westport, CT, Libraries Unlimited, 2005［キャサリン・シェルドリック・ロス, リン（E.F.）マッケクニー, ポーレット・M.ロスバウアー『読書と読者：読書、図書館、コミュニティについての研究成果』川崎佳代子・川崎良孝訳, 京都大学図書館情報学研究会発行, 日本図書館協会発売, 2009］. さらに2018年には以下の図書が刊行された。Catherine Sheldrick Ross, Lynne（E.F.）McKechnie and Paulette M. Rothbauer, *Reading Still Matters: What the Research Reveals about Reading, Libraries, and Communities*, Santa Barbara, CA, Libraries Unlimited, 2018.
4）山本昭和「ボルチモア郡立図書館の蔵書構成（2）：どのような問題を提起したか」『図書館界』vol. 50, no. 6, March 1999, p. 278-299; Blue Ribbon Committee, Baltimore County Public Library, *Give 'Em What They Want!*, Chicago American Library Association, 1992［ボルチモア郡立図書館ブルーリボン委員会『望みのものを提供する：住民のための図書館経営』山本昭和・井上靖代訳, 日本図書館協会, 1999］.
5）根本彰「公共図書館のサービス戦略：ボルチモア・カウンティ公共図書館」根本彰『情報基盤としての図書館』勁草書房, 2002, p. 198-226.
6）Bill Crowley, "Rediscovering the History of Readers Advisory Service," *Public Libraries,* vol. 44, no. 1, January/February 2005, p. 37-41.
7）"About ARRT," Adult Reading Round Table, <http://03c8e5a.netsolhost.com/wordpress1/about/>.［Accessed: 2018-12-19］.
8）Juris Dilevko and Candice F.C. Magowan, *Readers" Advisory Service in North American Public Libraries: 1870-2005: A History and Critical Analysis*, Jeffeson, NC, McFarland & Co., 2007.

9）Catherine Sheldrick Ross, "[Reviews] Juris Dilevko and Candice F.C. Magowan, *Readers' Advisory Service in North American Public Libraries: 1870-2005; A History and Critical Analysis*," Library Quarterly, vol. 78, no. 4, October 2008, p. 490-493.
10）Catherine Sheldrick Ross, "Readers' Advisory Service: New Directions," *RQ*, vol. 30, no. 4, Summer 1991, p. 503-518.
11）Catherine Sheldrick Ross, Lynne（E.F.）McKechnie and Paulette M. Rothbauer, *Reading Matters, op.cit.*［『読書と読者』*op.cit.*］.
12）オフラ・ブッククラブの活動は次の文献に詳しい。Elizabeth Long, *Book Clubs: Women and the Uses of Reading in Everyday Life*, University of Chicago Press, 2003［エリザベス・ロング『ブッククラブ：アメリカ女性と読書』田口瑛子訳, 京都大学図書館情報学研究会発行, 日本図書館協会発売, 2006］.
13）Catherine Sheldrick Ross, "Reader's Advisory Service: New Directions," *op.cit.*
14）Adult Reading Round Table, <http://03c8e5a.netsolhost.com/wordpress1/>.［Accessed: 2018-12-19］.
15）山梨あや『近代日本における読書と社会教育：図書館を中心とした教育活動の成立と展開』法政大学出版局, 2011.
16）山﨑沙織「『本を読む母親たち』は誰と読んでいたのか：『創作グループ』の長野県PTA母親文庫からの離脱をめぐって」『Library and Information Science』no. 77, 2017, p. 117-148.
17）川崎良孝「ウェイン・A.ウィーガンドと文化調整論：図書館史研究の第4世代」『図書館界』vol. 68, no. 3, September 2016, p. 200-214.
18）ロスの指摘と呼応する研究としては以下がある。Wayne A. Wiegand, *Part of Our Lives: A People's History of the American Public Library*, Oxford University Press, 2015［ウェイン・A.ウィーガンド『生活の中の図書館：民衆のアメリカ公立図書館史』川崎良孝訳, 京都図書館情報学研究会, 2017］; Christine Pawley and Louise S. Robbins, eds., *Libraries and the Reading Public in Twentieth-Century America*, University of Wisconsin Press, 2013［クリスティン・ポーリー，ルイーズ・S・ロビンズ編『20世紀アメリカの図書館と読者像』川崎良孝・嶋崎さや香・福井佑介訳, 京都図書館情報学研究会, 日本図書館協会発売, 2014］。これらの研究は図書館を運営する側ではなく利用者自らが記した資料を追求し,「図書館の生活の中における利用者」ではなく「利用者の生活の中における図書館」を描こうとするものである。
19）木村直恵『「青年」の誕生：明治日本における政治的実践の転換』新曜社, 1998.
20）團康晃「学校の中のケータイ小説：ケータイ小説をめぐる活動と成員カテゴリー化装置」『マス・コミュニケーション研究』no. 82, 2013, p. 173-191.
21）山﨑沙織「『読めない母親』として集うことの分析：長野県PTA母親文庫の1960

年代から」『社会学評論』vol. 66, no. 1, June 2015, p. 105-122.
22) 團康晃「学校の中のケータイ小説」*op.cit.*
23) 山﨑沙織「『読めない母親』として集うことの分析」*op.cit.*

戦後占領期におけるアメリカ図書館像
CIE 図書館のサービスを中心に

三浦太郎

はじめに

　戦後占領期（1945-52年）日本では、アメリカを中心とした連合国軍最高司令官総司令部（GHQ/SCAP）の影響下にさまざまな改革が進められた。図書館制度においても、図書館法制定（1950年）をはじめとして、国立国会図書館の創設（1948年）や慶應義塾大学における専門職養成機関ジャパン・ライブラリースクールの設置（1951年）、戦後新教育に資する学校図書館の役割を定めた『学校図書館の手引き』（1948年）作成などは、その賜物であった。

　制度改革に加え、図書館を活用した民主主義思想の流入やアメリカの生活様式の紹介も進められた。その拠点として活用されたのが、占領期全国23か所に展開された民間情報教育局（CIE）図書館（CIEインフォメーション・センター）であり、アメリカで一般的であった開架式のもとで、洋雑誌を中心とする資料提供やレファレンス・サービスの実践などが見られた。また、開放的な図書館像の提示は、CIEのメディア政策の中におけるCIE映画の紹介にも見られている。

　本稿では、戦後占領期にアメリカによって日本にもたらされた図書館像について、CIE図書館で実施されたサービスを中心に、CIE映画に表れた図書館も含めて考察する。

1 CIE 図書館

　CIE 図書館は「占領軍によって運営され、アメリカに関しての情報機関として日本人に役立つように意図され」た図書館であり[1]、1945年11月に東京CIE図書館が設立されたのを皮切りに、1948年10月までに、京都、名古屋、大阪、福岡、新潟、札幌、仙台、金沢、神戸、長崎、静岡、高松、横浜、函館、熊本、広島の17館が設置された。さらに1950-51年に、新宿、長野、松山、岡山、秋田、北九州の6館が追加され、合わせて23館が設けられた。1952年4月のサンフランシスコ講和条約発効にともなって、陸軍省の所管から国務省へと移ったが、このときアメリカ文化センター（ACC）と改称され、アメリカの国際広報戦略の拠点として活動を続けることとなった。1953年からはアメリカ広報・文化交流庁（USIA）の所管となり、ベトナム戦争以後は徐々に活動が縮小されていった。現在はアメリカ大使館の管轄下にアメリカンセンター（AC）として、札幌・東京・名古屋・大阪・福岡の5都市と那覇を加えた6都市で広報活動を展開している。

　CIE 図書館に関する先行研究としては、まず1990年代から今まど子による一連の研究があり、その成果は2013年に発表された「CIEインフォメーション・センターの活動」に集大成されたと言える[2]。CIE 図書館で働いた職員の声や実態について、2003年に元職員らの証言を記録した『CIE図書館を回顧して』が発行され[3]、その後、とくに女性図書館長を取り上げた大島真理の研究[4]や、自ら長崎と大阪のCIE図書館で働いた経験を活字化した豊後レイコの記録[5][6]が公表されている。また、仙台、横浜、松山のCIE図書館サービスに関する研究が発表された[7][8][9]ほか、CIE図書館からACCに引き継がれた蔵書に焦点をあてた石原眞理の論考なども出ている[10][11]。筆者も占領期図書館史研究を進める中で、東京CIE図書館開設経緯に関して、館長であったポール・J.バーネットやCIE情報課長ドナルド・B.ブラウン（ドン・ブラウン）の関与を論じたことがある[12][13]。

　「CIE図書館」の名称については、当時新聞報道でこの語が用いられたもので、アメリカの公式文書などで正式には「CIEインフォメーション・センター」の呼称が使われている。豊後は長崎CIE図書館開館（1948年）を回顧する中で、

「七月二七日の開館日を前に、「情報提供所」でどうでしょうか、と副館長の岩［義則］さんが頭をかかえていた。「インフォメーション・センター」の訳である。彼がひっかかったのは、今ではごくふつうに使われる「情報」という言葉が、戦争の記憶が新しい当時の人々に「諜報」を連想させることを案じたからだろう。新聞報道では「CIE図書館」となっていた」と記している[14]。また、『神奈川県図書館史』（1966年）でも、川崎市立高津図書館などで勤務した小野善良の言を引用しながら、次のように指摘している。

> 元来（カマボコ図書館［軍政部図書室・読書室］）は、従来の図書館が持つ図書館機能と、視聴覚教育と各種ミーティング、研究会の開催との2本立てをもって行なう社会教育機関である。ただ軍政部時代にあっては、後者に圧倒的比重がおかれて、図書館ではないとまで断言されていた。SCAPになってからはより図書館の傾向が濃厚に加えられてきたことは事実であるが、なおライブラリーとは言わない。アメリカ文化の前進基地であるという鉄則は、軍政部以来終始一貫して指令書の中にうたわれている文句である[15]。

ライブラリーと情報センターで捉え方は分かれるが、図書館情報学分野の基本用語を収載した『図書館情報学用語辞典』第4版（2013年）では「CIE図書館」を採っており[16]、図書館機能の多様性も鑑みて、本稿では当時人びとの間で一般に知られていたCIE図書館の語を用いることとする。

1.1 メディアの活用を通じた日本の民主化

CIE図書館はGHQ/SCAPの占領政策の中に位置づけられている。占領政策の柱は日本の民主化、非軍国主義化であり、その際、最高司令官の教育方針の実施に必要な計画策定および情報収集にあたる役割を担ったのがCIEであった。CIEは教育課と情報課からなったが、教育課で六・三・三制や教育の分権化を柱とする戦後教育改革を進めるとともに、情報課でメディアにおける民主的思想の定着や、一般人にたいする占領目的の周知、非民主的思想の排除が進められていった。

アメリカでは戦時中すでに日本の戦後占領についての検討が開始され、武装

解除から軍事施設の破壊、そして軍事占領に至るプロセスが国務省や陸軍省・海軍省で議論された。日本の国際社会復帰までの過程を見通す中で、文民政府の樹立や民主主義思想の普及が強調され、メディアの活用に関する政策も議論されるようになった。1944年1月に戦後対外政策を決めるため国務省に設置された戦後計画委員会（PWC）では、3月に報告「合衆国の対日戦後目的」（PWC-108）がまとめられ、翌4月にこれを全面改定したPWC-108bが出されると、「出版、ラジオ、映画、学校を通じて民主主義的な考えを奨励」し、積極的に政治・社会改革を行うことが明記された[17]。さらに5月には、軍事占領から政治改革までの手順を示した「軍国主義の廃止と民主化過程の強化」（PWC-152）がまとめられ、ここでも、自由主義的な思考および民主主義的な手続きを強化するため、「出版、ラジオ、映画を通じて民主主義における個人の自由の意味を説明する」ことが挙げられた[18]。

　1944年12月に国務・陸軍・海軍3省の議論を統合する調整委員会（SWNCC、スウィンク）が創設されると、1945年7月、SWNCCでは「日本人の再教育のための積極的政策」（SWNCC-162/D）を作成し、「日本人の再教育の過程は……日本人全体の再教育を目的としなければならないし、利用可能なすべての経路を通じて日本人の心に注入されなくてはならない」ことが主張された[19]。ここで言われる再教育とは、軍国主義的な価値観を一掃し、日本人が民主主義思想を理解することを指したが、そのために「すべての経路」、すなわち図書・教科書・雑誌・映画・ラジオ・講演・討論グループ・学校組織を活用し、日本人が自ら考える契機とすることが述べられた。9月に作成されたSWNCC-162/Series報告では、日本人の再教育にもっとも効果的な要素として、「日本の外側の世界に関する情報を提供すること、特に、平和な世界の構築に向けて全人類が努力している中でアメリカの果たしている指導的な地位」に関する情報提供が明記された[20]。

　このように戦時期のアメリカ政府文書には、「民主主義、自由主義思想の普及手段」としてのメディアの活用が主張されており、ここには再教育のメディアとしての図書館への言及こそ見られないものの、図書・雑誌や映画・ラジオなどの活用が繰り返し出されている。

一方、図書館の活用は戦時情報局（OWI）の議論に見られる。1942年に発足したOWIでは、戦時情報の分析やニュースの配信、戦時情報に関わるパブリック・リレーション全般が担われた。活動の柱のひとつは国外における「アメリカ図書館」の設立であり、イギリス、オーストラリア、ニュージーランド、南アフリカ、インド、エジプトの各都市にアメリカ図書館を設立し、図書1,000冊、雑誌130種、政府刊行物、パンフレットなど約4,000点の「基本コレクション」を供給して、アメリカの情報を提供する役割を担った[21]。1944年以降は欧州のナチ解放地域にも設置され、戦後ドイツでは「アメリカ・ハウス」として展開された[22]。ほかにも「アウト・ポスト」と呼ばれる小規模な図書室を世界8か所に開設している。OWIでは民主主義社会の実現とそれを支える事実情報の提供に主眼が置かれたが、ニュース機関、出版流通機関、娯楽施設（映画館・劇場）とならび、図書館が情報伝達の柱として重視された。

　アメリカで図書館界と戦争との結びつきは決して弱くない。第1次世界大戦の時期から、アメリカ図書館協会（ALA）では軍隊向けのポケット版図書の提供を行っており、第2次大戦期には、政府と出版産業の協力を受けて「軍事サービス版」（ASE）と呼ばれる数百万冊のペーパーバックを、世界中で展開する米軍に向けて送った。軍隊の中に軍人たちに文化的な娯楽を提供する「特別サービス部門」が設けられ、その一環として図書館サービスも存在した。

　戦後日本で、1947年4月からGHQ第720憲兵大隊の図書室で働いた浜田敏郎（のち慶應義塾大学教授）は、「スペシャル・サービス・ディビジョンには、ライブラリーあり、ホールあり、スナックあり、バンドが週何回か来て演奏してダンスをしたり、その隣に玉突き場があったり各種のレクリエーションの場がありました」と、図書を含む娯楽的・文化的活動が提供されていたことを回顧している[23]。また、「アメリカ軍図書館の日本人ライブラリアン第一号」として第8軍図書室に勤務した金子量重も、「それはもう貸出率は多かったんですよ。何しろ彼等にとって駐留先における楽しみなんて限られていましたから……」と述べている[24]。金沢文庫長を務めた熊原政男も、1947年秋に横浜軍政部図書室を神奈川県下の図書館員20名と見学に訪れた際、次のような感想を述べている。

レコード室があり、ピアノ室などもあり、絵書さんがゐて図書案内のポスターを描いてゐる部屋もあった。こんなわけで、この図書館は、読書のためばかりではなく、心の安息所として、中々よい施設をもってゐる。図書館は、だれでもが楽しめて、いつでも立寄ってみたい所であらねばならないが、この方面に大きな努力が払はれてゐるのはうれしい[25]。

1.2　CIE図書館の設置

1945年11月、東京千代田区内幸町の旧放送会館（RTB）108号室にレファレンス・ライブラリーが開館した。CIE情報課の管轄下に設置された最初のCIE図書館（東京CIE図書館）であった。1946年3月には日比谷の日東紅茶ビルが軍事接収されるのにともない、その喫茶室へと移転した（日比谷センターとも呼ばれる）。初代館長は、1941年からイリノイ州モートン・ハイスクールの図書館長に就くとともに空軍予備役に編入されたバーネットであった。彼はのちに占領期第2代図書館担当官（1947-49年）として着任している。

CIE図書館は日本人の利用に開かれた図書館であり、この点でアメリカ兵を対象とした軍政部図書室・読書室とは性格を異にしていた。1946年3月のアメリカ対日教育使節団員来日を前にCIEで作成された『日本の教育』では、「日本の文筆家・学者・官僚・政治家・諸団体ならびに一般人を対象に、国際関係や第2次世界大戦についての参考資料や書物を提供し、アメリカの慣習・法律・社会・政治機構に根ざす活動や政策の実体を知らせようとするもの」とその意図が明記されている[26]。1946年夏のプレスリリースでも、「日本の近代史上はじめて、検閲を受けていない自由な情報が東京CIE図書館で日本の人びとに提供されている。いまや毎月およそ8,000人の日本人が図書館に置かれた英語の参考資料や書物を利用している」と紹介された[27]。

『東京都公立図書館略史 1872 – 1968』（1969年）によれば、「連合軍は昭和20（1945）年11月早くも三井物産ビルにCIE（民間情報教育部（ママ））図書館を開設した。CIE図書館はアメリカ式経営の見本を提供して図書館運営に新風を吹き込んだが、この図書館は、昭和23（1948）年8月以降都で運営することとなった。しかし、一般の都立図書館と異なり、管理に口をさしはさむことはでき

なかった」と記しており[28]、運営はアメリカの意向であったことが分かる。東京CIE図書館で働いた経験をもつ福田利春は、日本人を対象とした図書館の設置意図について、「日本というのは、向うの連中が来てみて日本の図書館をあちこち見たと思うんですが、ひどく閉鎖的な図書館だったものですからね。アメリカの占領軍が日本に入って来て、占領政策を巧くやるためには、やはりアメリカのことを日本によく知ってもらうという、そういう必要性があって、その意味で図書館活動を背景にアメリカのいろいろな本や資料を持ち込んで、日本の人たちに出来るだけ簡単に利用してもらうことによって、アメリカの事情を、よく理解してもらいながら占領政策を含めて、すべてが巧くゆくようにという配慮があったのではないか」と述べている[29]。

1945年12月、CIE情報課長としてドン・ブラウンが着任した。ドン・ブラウンは、戦前1930-40年に『ジャパン・アドヴァタイザー』紙記者として、また、ボストンの有力紙である『クリスチャン・サイエンス・モニター』の通信員として活動した経歴をもち、1941年の日米開戦後はアメリカ本国でUP通信社、そして新設のOWIニューヨーク支部で働くようになった。OWIでは極東地域専門官として、主に宣伝ビラ作成を主導し対日心理戦に重要な役割を果たした。再来日後、1945年末にニューヨーク公共図書館（NYPL）に勤める友人に宛てた手紙の中では、「映画問題が解決したら、その次にはCIE図書館に何を保管し、どう利用していくかについて、管理計画を練らなければならない。学生の閲覧者でいっぱいにならないように、利用者を編集者や、作家、大学教授、官吏などに制限しなくてはならないであろう」と書き送っており[30]、メディアを知悉するとともに図書館の活用にも意欲を示していたことがわかる。

1946年9月、バーネットが帰国し、その後任として統計・資料局の図書館長であったローランド・A.マルハウザーが着任した。彼は占領終結までCIE情報係長の地位にあった。翌47年6月、マルハウザーは京都、名古屋、福岡を視察したのち、8月に京都と名古屋にCIE図書館の設置を命じた（SCAPIN4401-A）。そして9月に名古屋、10月に京都に開設後、12月には福岡など5都市への設置への指示と、1948年6月までに大阪など9都市に施設を確保することを命じた（SCAPIN5083-A）。施設、設備、日本人アシスタントの人件費は自治体が支

戦後占領期におけるアメリカ図書館像　***101***

出し、図書・雑誌等の資料とアメリカ人館長の人件費は占領軍の負担であった[31]。

マルハウザーはRTB404号室に本部を置きCIE図書館を統括した。本部では、図書・雑誌などの資料発注、受入、目録、分類などの整理業務を集中的に行い、各館への資料発送や相互貸借に対応した。福田は、本部では「アメリカ人は恐らく、女性のカタロガーが2人くらいいたように思います。その指導のもとに、日本人職員が5、6人おりまして、受け入れから整理などいたしまして各地の図書館に発送をしていました」と回想している[32]。CIE図書館の設立が軌道にのると、係長補佐として、エリオット・ハーダウェー、フレデリック・F.マルホランドの2人が着任し、これを支えた。年に1-2回、全館長を招いての総会を開催したほか、1948年1月以降は月に2回、『ブランチ・ライブラリー・ブルティン』を発行し、各地のCIE図書館の連絡伝達や、各支部の優れた活動の紹介などを行った。

1948年10月、広島にCIE図書館が設置され、17館の整備が完了した。しかし設置はこれにとどまらなかった。この時期、米ソ間の東西冷戦の深まりとともに、いわゆる「逆コース」が明確化となり、日本の占領期間も長引くことが予想された。また一方、同年1月に米本国で「スミス・ムント法」(「アメリカにたいするより良い理解を世界の人びととの間で推進し、協力的な国際関係を強化するための法律」)が施行され、国務省主導のもと、アメリカの国際広報戦略の重視が明らかとなった。こうした動向が日本の民主化政策にも影響したものと考えられる。1949年9月には、CIE局長のドナルド・R.ニュージェントがワシントンの陸軍次官に宛てて、「CIE情報センターの計画」と題する覚書を提出した。覚書ではCIE図書館の増設が提言され、(1)日本人が自由に利用できる地域奉仕型施設のモデルをつくる、(2)アメリカの書籍、雑誌、新聞、パンフレットの総合目録を提供し、日本人がアメリカの理念などを学ぶことができるようにする、(3)ドキュメンタリーフィルム、展示、音楽レコードの鑑賞、討論会、英会話クラスなど、多様な文化活動を提供することが明記された[33]。この提言が容れられ、1950年8月から新宿、長野など6か所に新たにCIE図書館が設置された。新宿以外は自治体からの陳情書の提出を受け、設置される手

続きが踏まれた。

　それぞれのCIE図書館は無料で利用公開され、図書や雑誌の排架には開架式が採用された。アメリカ人のライブラリアンが館長として運営管理に当たり、日本人職員がこれを補佐した。館長の3分の2は女性であり[34]、館務のほかに地域で開かれる図書館員の集会や研修会での講演にも招かれている。

　開設の際は本部が設営に関与した。はじめ長崎、後に大阪と2つのCIE図書館で働いた豊後は、長崎CIE図書館（全国11番目、1948年7月開設）の初出勤日に、「図書閲覧室には、すでに空の本棚が並べられ、たくさんのダンボール箱が積んであった。開館準備の総指揮をとるのは、東京から来たマルホランドさんである。最初のお目見えというので一張羅を着てかしこまっている私たちの前に現れた彼は、手拭いを首に巻き、草履姿である。彼はおもむろにダンボールに箱詰めされた本を取り出し、「この棚に番号順に並べてください。同じ番号があれば著者記号のアルファベット順に並べてください」と指示した」と回顧している[35]。日本人職員のほとんどは図書館サービスの知識や経験をもたなかったが、CIE図書館で経験を積み、のちに占領後になって日本の図書館で働いたり、図書館職員養成機関の教員となったりする者も出るようになった。

　占領後期になると、分室の設置も多く見られた。これは、占領初期から諸地方に軍政部が駐留したが、そこで設置された図書室・読書室が縮小・撤退することとなり、その一部が移管されたものである。1.1節で触れたように、軍政部で注力されたのは文化活動であった。岐阜軍政部で働いた経験をもつ小川トキ子は、1947年に開設された民間情報部岐阜公民読書室のサービスについて取り上げ、図書（洋書が7割に上った）の提供や県内図書館へのアメリカ雑誌の配布、さらにレコード・コンサート、英語・独語・仏語の語学講座、展覧会、読書会が実施されたと述べている[36]。今は、軍政部で全般に「資料としてはウェスタン物などの読物のほかに、カラフルでポピュラーな雑誌が多く、センターの館長たちの目から見れば価値のあるコレクションではなかったようだ」と指摘する[37]。ただし、軍政部の図書室・読書室もまたアメリカの生活様式を伝えるメディアのひとつであり、占領後期に一部がCIE図書館の分室に移管されるなどしたのも、そうした親和性があったためと思われる。

CIE 図書館のサービスの特色については2節で述べる。

CIE 図書館の利用状況について、『神奈川県図書館史』では「GHQ、CIE 図書館は、豊富な図書資料と経費をもって近代的な図書館経営ぶりをみせたので、直接関係の図書館界は無論のこと、広く海外事情を知ろうとする一部のインテリ層には、たしかに裨益（ひえき）するところが大きかったと思われる」と述べているが[38]、必ずしもインテリ層の利用に偏していたわけではない。山本礼子は東京 CIE 図書館に関して、1947年7月25日から31日間の利用者数が17,520人（1日あたり565人）、翌48年7月25日からの28日間で25,416人（同908人）に上ったことや、1948年12月に CIE 図書館専門員として ALA のフローラ・B. ラディントンが来日した折には、開設以来の東京 CIE 図書館の利用者数が64万人、その時期までに開設された他の CIE 図書館の利用者数が合わせて13万人と報告されたことを記している[39]。1948年8月に横浜 CIE 図書館が開設されたときは、最初の5日間で利用者数が13,131人となり、開設時の記録を更新したという。

山本は CIE 図書館の果たした民主化政策の成果として、
　（1）日本人の利用状況、読書傾向の調査を通じて、占領目的である「民主主義」の啓蒙を推進すること
　（2）終戦直後に知識・情報を渇望していた日本人に対し、とくに技術系の図書や雑誌を中心として、活字に接する機会を与えたこと
　（3）音楽、ファッション、討論、英語学習、スクエアダンス、フィルムなどの文化活動を通じて、開かれた世界を体験できる機会を提供していたこと

の3点を挙げている[40]。こうしたサービスの状況を次に見る。

2　CIE 図書館のサービス

CIE 図書館で行われたサービスは、戦前期日本で一般的であった利用像——閉架式で館内閲覧のみ許される有料制図書館——を一変させた。今は、CIE 図書館全23館の館長の略歴、蔵書、利用者、貸出状況、児童サービス、文化活動、分室の状況などについて網羅的にまとめ、CIE 図書館のサービスの特徴を

13ほど挙げている。その特色を大別すれば「資料提供」と「文化活動」の2つに収斂されると言えよう。以下、近年のオーラル・ヒストリーの知見なども踏まえながら、日本人にCIE図書館のサービスがどう捉えられたかという点を意識しつつ、その特徴について述べる。

2.1 資料提供（職員・利用者の声から）

　CIE図書館の資料提供活動としては、開架式の閲覧室が設置され、図書・雑誌をはじめとして、視聴覚資料（レコード、映画フィルム、スライドなど）を収集し、館外貸出が行われている。とくに科学技術、医学、薬学分野の新刊情報は、学者、研究者、医師らの常連利用者に利用された。女性解放は占領政策の焦点のひとつであり、女性の関心を惹くような家庭、料理、ファッションの図書や雑誌も揃えられた。児童サービスも熱心に行われ、本の読み聞かせやブック・トーク、紙芝居などのプログラムが組まれた。百科事典、辞書類、年鑑、統計書などの参考図書も充実し、レファレンス・サービスで用いられた。また、資料の不足を補うため、CIE図書館相互の間で図書館間相互貸借（ILL）を実施した[41]。

　いくつか関係者の声を拾ってみると、まず長崎CIE図書館に勤務した川上繁治は、高校3年生のときにはじめて同館を訪れたときの印象を、「ここは"アメリカ！？"と思うほど、館内は整然とし、書架には新しい本や雑誌類が一杯でした。夏には扇風機、冬には電気ストーブまで完備し、夜は10時まで開館していたと思います。原子爆弾の洗礼を受けた長崎には、瓦礫のほか何も無かった時代に、唯一文化の香りに満ちた市民のオアシスでした」と記している[42]。

　大阪CIE図書館（全国4番目、1948年1月開設）で働いた岡本昌雄は、「とくに大阪は、日本の商工業の中心だけに、海外のビジネス情報に対する需要が高かったのです。そのために、SCAP図書館の利用者のなかでは、企業の調査関係のスタッフや学者といった人が数多くみえていました」と回顧している[43]。福田は、CIE図書館の「利用者で一番多かったのは、知ってる範囲では、大学の先生、それから研究者の方が一番多かったようですね。それから会社員ではエンジニアでしょうかね。技術関係の本にしても雑誌にしてもすごく読まれた

のをはっきり覚えています。また日比谷の方［東京CIE図書館］ですが、医学関係の雑誌、図書を非常に沢山揃えていまして、その医学雑誌、内科、外科、泌尿器科それぞれすごく読まれましたから、恐らく医者が大勢おられたと思います」と述べ、具体的な雑誌として『ケミカルアブストラクト』や『インデックスメディカス』などを挙げている[44]。

　岡本と同じく大阪CIE図書館で働いた田中嘉子も、「雑誌は利用者が多く、主に大学の理、医学部の教授等や学生等（当時は、アメリカ学会誌の購入は国内ではむづかしかった）やジャーナリスト、会社員も多く、ライフ、タイム、ニューズ・ウィーク、ボーグ等の週刊誌やファッション誌がよく読まれました」と、同様の傾向を指摘している[45]。『中之島百年』（2004年）には、大阪CIE図書館が「海外の情報に飢えていた日本人に大いに歓迎され、府立図書館の職員も頻繁に出入りしていた」ことが記される[46]。

　図書館職員の利用に関しては、国立国会図書館で長年洋書整理に携わった大内直之が、東京CIE図書館で目録規則を利用したことを記している。

> 軽快なふんいきに魅了されながら階上にかけのぼって、図書館及び目録法関係の本のある書架を眺め、胸をときめかしたものである。問題のA・L・A目録規則のところには代板が入ってゐて、"Shelved in Cataloging Section"となってゐる。D・Cの十四版や、Mann女史の「目録法と分類法階梯」の再版や、A・L・Aの目録カード排列規則等々がズラリとならんでゐる。……メモをとってゐるとはからずも、議院図書館のRules for Descriptive Cataloging; Preliminary edition, 1947.と同じくL.C. Proceeding Dept.のStudies of Descriptive Cataloging, 1946.のことを知り、……肝心の一九四七年刊、「記述目録規則」の正体を見たいので、又々先輩の岡崎さんを煩はし、二、三の同僚と一緒に日比谷を訪れ、色々と聞いてみると、目録係のJ. Sactjen嬢（元、L.C.におられた由）が個人的に持っておられるといふ。早速、借覧をお願ひしたところ快よく承知された[47]。

アメリカにおける目録法の議論を追う際は、「最近のA・L・Aビュレッティン」に目を通したという。

　学術雑誌の利用ニーズが高い点に関して、豊後は『福岡アメリカ・センタ

―40年』(1993年)を引きながら、福岡CIE図書館(全国5番目、1948年4月開館)において、「若い研究者はCIE図書館で専門雑誌をむさぼり読んだ。欧米の文献を読みたくても大学の図書館には1930年代末までのものしかなかった。洋書店を通じて海外から取り寄せるには3か月から半年かかった。CIE図書館は新しい科学の動向を知る唯一の窓口だった」ことを紹介している[48]。また、豊後自身、長崎と大阪で働いたが、大阪CIE図書館で勤務した際の印象でも、「特に雑誌部門は阪大の医学部をはじめ研究者の利用が多く、若いスタッフが資料請求用紙を片手に、棚によじ登ってバックナンバーを探す姿が印象に残っている。脚立にのぼる手間を惜しんだのである。マスコミからのレファレンス質問が多いのも特徴的で、各社の新聞記者の出入りも多」かったと記している[49]。

中川正人は、仙台CIE図書館(全国8番目、1948年5月開設)の元職員である木村民雄の手記「"わが青春の回顧録"CIE図書館とアメリカ文化センター」を手がかりに、「雑誌室の雑誌は、日本人にはポピュラーな『ライフ』『タイム』から、新刊の『マッコール』、『マドモアゼル』、『ヴォーグ』など婦人ファッション誌まで含まれていた。しかし半数近くは、日本国内の各国立大学の専門分野を中心に選定された文献図書・研究論文集をはじめ、政治・経済・教育・物理・化学・生物・電気・機械・医学などの専門誌であり、最も新しい研究論文を吸収しようとする大学生をはじめ、教授たちに利用された」と述べている[50]。石原眞理も同じ手記から、木村がタイトルを挙げた主な雑誌の中に、「『アナトミー』『アーキテクチャフォーラム』『アプライドフィジックス』『バイオケミカル』『ケミカルアブストラクト』『シビルエンジニア』といった専門的な雑誌」のあったことを紹介している[51]。

ファッション誌の利用も多かったことについては、福田が「日本人は戦後ファッションの方に飢えておりまして、私どもには雑誌が30数種類あったんですが、それを毎日のように読みに来られた婦人、特にファッションを勉強する人も結構多かった」と述べているほか、金子も「一番すごかったのがファッションブックですよ。日比谷なんかは……みんなオニオンスキンくらいの薄い紙を持って一所懸命写していました。恐らく今の一流デザイナーの中には日比谷

だの新宿［新宿CIE図書館（全国18番目、1950年8月開設）］でファッションブックを写した人が有名になったと思います……あれは何しろ毎日盛況でしたよ。そのうちに複写するのも面倒だという人はカミソリを持ってきて切り取って持って行ってしまうんですよ」と、コピーのできなかった時代の利用状況も合わせて回顧している[52]。

　郡司良夫は、愛媛新聞に載せられた記事「子供部屋も繁昌　親しまれるCIE図書館」（1950年10月26日）をもとに、松山CIE図書館（全国20番目、1950年10月開設）における大学生や大学教員の利用、貸出しの状況を紹介している。「利用者の6割が愛大、語専、高校等の学生や先生、女性は約3割。貸出状況を見ると、雑誌は一日平均3冊から4冊、書籍は一日平均20冊。貸出の傾向を見ると、「若い人たちにはスポーツ書が多く、学生が多いので語学の研究書、参考書がよく出る、このほか大学の先生たちはそれぞれ専門書を利用しているが一般社会人にはラジオ、土木関係の書物がよく利用されており小説類も出ている、哲学、宗教書類はほとんど出ない……衣・食・住や家政方面の書物がほとんど婦人に利用されないのは洋書を利用し得るだけの能力がないからでもあろう　子供の部屋では美しい挿絵入りの"お菓子の家""白雪姫""赤ずきん"など一日平均八冊ぐらいの貸出しがある」」という[53]。記事ではそれほど児童サービスに言及していないが、見出しで児童室のことを強調しているのは、当時、それだけ日本人にとって目を惹く取り組みと捉えられたからであろうか。

　中川も児童サービスについて、仙台CIE図書館では「［マチルダ・A.］ローデル初代館長は就任後間もなく、当時の日本の図書館にはなかった行事を始めた。「童話の時間」を設け、週一回彼女が選んだ英語の子供向け読み聞かせ図書を日本人職員が交替で翻訳して聴かせ、集まった子どもたちにキャンディが一個ずつ手渡された。その頃、県北の疎開先にいた『熊のプーさん』の翻訳者である石井桃子が子供向けの本を持って来館し、子供たちに話をしてくれたことがあった」と、エピソードを含めて紹介している[54]。

　豊後は大阪CIE図書館で児童サービスを主担当としており、読み聞かせの仕方などを具体的に書き残している。

　　　　毎週木曜日の10～11時にストーリーアワーを開いた。近所の子どもの

ほか、市教育委員会とアドバイザーの大高啓三郎さんの手配で、小学校や幼稚園（集英小学校、愛日小学校、愛珠小学校など）の児童がクラスごとに先生が引率されてきていた。……児童書の朗読。彼女［ジュネビエーブ・L.フライデイ館長］が英語で読み、私が通訳、を交互に繰り返した。「ロンドンブリッジ」などゲームや歌も教えた。やがて私一人でやることになり、館長かヘレン・中川副館長の前で英語朗読の予行演習をさせられる羽目になった[55]。

児童書の所蔵については、石原が神奈川県立図書館に所蔵される横浜ACCの資料を検討し、1951年以前に刊行されたグループ（「横浜CIE図書館時代資料」）において、全蔵書の1割以上に上ったことを指摘している[56]。

児童サービスと関わり、CIE図書館では紙芝居の製作も行われた。豊後は、大阪CIE図書館で「ディズニーの絵本から『タグボート』や『白雪姫』、『3匹の子豚』などを選び、アーティストの松井さんに製作してもらった。松井さんの腕がよかったので、きれいに出来上がった。台も彼が作ったと思う。紙芝居は、想像以上に子どもたちに受けた。……館内だけではなく、紙芝居や本をジープに積みこみ、弘済院、博愛社、四恩学園など遠い児童施設まで出前公演もやった」と述べている[57]。

金子も新宿CIE図書館で紙芝居を製作したことを回顧しているが、上演時はカセットテープを使ったという。「紙芝居は、実は厚生省から頼まれて、裏の新宿御苑でやりました。厚生省が"子供の日"のプログラムを御苑でやるからCIE図書館に協力してくれないかと依頼して来たんですよ。……新宿［新宿CIE図書館］には絵を描けるのもいるし、脚本を書ける人、写真撮れる人、詩を書くことの巧い人もいるといった具合で、たいがいのことはできたわけです。だから紙芝居を作るのもお手のものでした。ウォルト・ディズニーの漫画をネタにして「三匹の子ぶた」とか「ピーターと狼」とそっくりの絵を描いて紙芝居を作り、手持ちのレコードでバック・ミュージックを入れて、それに話を入れるということで、……5、6人で集まりまして、コンテこしらえて、お互いにマイクロフォンの前でしゃべって、テープの中に吹き込んで、それを新宿御苑へもっていったんです。やってみたらそれがたいへん評判がよくて、やり

がいがありました」[58]。素材としてはやはりディズニーの話が用いられている。ただし、製作は職員の残業で行われ、謝礼も微々たるもので絵本代も出なかったため、3回ほどでやめてしまったという。

　このほか、豊後ははじめて図書館での仕事と関わりをもった長崎時代を振り返って、当初はまったく整理業務の知識はなかったが、「書籍室に配置された。利用者には主題別分類番号リストや図書目録を使って応対したが、難しい質問は館長に振り向けた。彼女［ドリス・E.トロンソン館長］は参考資料を使い、ILL（他館から貸借）を利用し、利用者が納得ゆくまで丁寧に答えていた」ことを回想している[59]。資料の不足しがちであった当時、相互貸借を通じて限られた図書・雑誌を活用することに配慮がなされていたようである。長崎CIE図書館は諫早と佐世保に分室をもつが、『諫早図書館創立百年記念誌』（2004年）によれば、1948年に諫早町に開設された新図書館（諫早分館）において、「C・I・E図書館との連絡もありアメリカ雑誌数十種の回付を常時得て若い年代の人達に喜ばれてい」たという[60]。

2.2　資料提供（館史の記述から）

　個人の職務経験や利用体験のほか、県史・市史や一館史がまとめられる際、CIE図書館のサービス状況に触れられることがある。『高松百年史』（1989年）は下巻で高松CIE図書館開設（全国13番目、1948年8月）について言及し、「映写機・フィルムのほかアメリカの図書約三、〇〇〇冊と、ニューヨーク・ロンドンの一流新聞・雑誌を入れて無料で公開・貸与し、広く市民の文化、教養を高める図書館として利用された」ことを紹介している[61]。また、同館では1950年から徳島、高知、坂出に分室をもったが、このうち高知分室については『高知県立図書館100年の歩み』（1981年）に言及がある。1950年の高知軍政部廃止にともない県が図書館運営を引き受けることになり、1953年にこれが松山ACC高知分館へと改組されたが、「［昭和］28年の移転時には洋書3,500冊、雑誌300種、児童用書1,000冊、係員2名」の状態であった[62]。

　金沢CIE図書館（全国9番目、1948年6月開設）について『石川県立図書館七十年のあゆみ』（1983年）では、「これは軍の施設ではあるが純粋な文化事業

のためのものであり、アメリカの公共図書館のモデルとして啓蒙されることが多かった。初代館長クレイ女史（Mrs. Maude O. Clay）の下に日本人職員6名がいて、火曜は午後1時から5時まで、水曜から土曜までは午前9時から午後5時まで開かれた。当時国内図書館ではほとんど見られなかった自由接架方式で、図書約7,000冊、雑誌約250点が備付けられていた。当時、新しい時代に即した国内図書の入手がむつかしく、ましてや外国図書の輸入が困難な時であったので、県内各地から利用するものが多かった」と、アメリカ公共図書館のモデルであったことを指摘しつつ、サービスの状況を紹介している[63]。

『新潟市立図書館の歩み』（1995年）によれば、新潟CIE図書館（全国6番目、1948年5月開設）では、「図書3,000冊、雑誌500冊、新聞24種の他、楽譜やレコードなどの視聴覚資料も揃え、また女性や子ども向けの資料もたくさん用意されていた。成人だけでなく少年少女たちも大勢詰めかけ、英語の辞書と首っ引きで、目の覚めるような色刷りの本を眺めていたという」という[64]。ちなみに同館について、それより古く編纂された『新潟県立新潟図書館50年史』（1965年）には、「備付け図書は公衆用3,200冊、定期各種雑誌400冊、新聞24種、参考資料1,600種で、ほかに楽譜アルバム52冊、レコード約100枚をも備付け、団体貸出しは勿論、個人にもレコードの貸出しを許した」とある[65]。

秋田県立図書館開館100年を記念して発行された『100年のあゆみ』（2000年）では、秋田CIE図書館（全国22番目、1951年5月開設）について、次のように言及している。

> 昭和26年［1951年］5月17日秋田CIE図書館が独立館となって、秋田市駅前旧秋田連隊兵舎跡地にオープンした。着工してから一ヵ月半の突貫工事と当時の経費としては1,150万円という莫大な工事費をかけて完成した。アメリカ式の設備、サービス全てが最新式であった。開架による自由閲覧方式、登録制による館外貸出を行い、雑誌も最新号から3ヵ月以前のバックナンバーは貸出可能、図書、雑誌とも貸出期間は2週間、しかも、全国CIE図書館間の相互貸借ができるという現代の方式とほとんど変わらないものであった。この図書館がオープンしたことによって、アメリカ方式の図書館サービスに直接出会ったことは県内公共図書館、ひいては

秋田県民全体に大きな刺激と感動を与え、国際感覚を啓発した[66]。

ここでは、開放的図書館サービスが享受されたことを、現代の視点で評価しつつ特記している。

ほかに、アメリカ人館長から見た日本人利用者について、中川の紹介がある。仙台CIE図書館初代館長であったローデル女史が帰国後、『ライブラリー・ジャーナル』に寄稿した記事の一部が、1950年1月15日の朝日新聞（宮城版）に掲載された。「日本人は英語を話すことや聞くことは不得手だが、読むには事欠かない。ポケット英和辞典を取出しみんな盛んに読んでいる。（略）四時間も汽車に乗り、英字新聞を読むためにわざわざ一週間に三回も来る七十二歳の医者の未亡人もあれば科学者や医者、家庭婦人もあり、家庭婦人は台所改善や流行服の絵を見てほほえんでいるのをしばしば見受けた」と記され、「あの軍国主義に代り日本人は平和を愛し、私たちのすすめる民主々義を喜んで受け入れている」と、占領政策にたいする肯定的な評価で結ばれているという[67]。

2.3 文化活動

CIE図書館では、レコード・コンサート、映画上映、講演会、英会話教室などの文化活動も盛んであった。レコード・コンサートでは当初は短いSP盤が使われ、1950年頃からLP盤が使用された。映画は教育映画、短編映画が主なプログラムで、15-20分のフィルムが1回に3-4本上映されている。講演会は「アメリカの民主主義」、「アメリカの家庭生活」といったテーマで実施され、講演会や子どものプログラムの補助として、スライド・ショウやフィルム・ストリップ・ショウが行われることもあった。英会話教室はニーズが高く、館長だけでなく、占領軍の将校、将校夫人、宣教師などが教壇に立った。日本の中高生・大学生とアメリカの学生・生徒が手紙のやりとりをするペンパル・クラブや、男女が組になって軽快な音楽に合わせて踊るスクエア・ダンスも行われた[68]。

利用者の声としては、大阪CIE図書館を利用した佐々木敏弘が、「今ひとつの思い出は「レコード・コンサート」です。……このコンサートで驚いたのはLPレコードでした。幻想的に見える透明なピンクがかった赤色だったのです。

戦前のレコードはまっ黒で、演奏時間が三分程度のものでした。だから長い曲の場合は「お好み焼き」のようにひっくり返すのが忙しかったものですが、このLPレコードでは至極のんびりと聴いておれました」と述べている[69]。佐々木は、後日センターのスタッフから優待券をもらって、アメリカのオーケストラの演奏を聴きに行く機会を得たことも併記している。

　レコード・コンサートについて、同じく大阪CIE図書館の利用者であった遠藤トモも、「レコード・コンサートは大空襲ですべてを失った者にとって、新鮮に心に響いてきました。既にEP、LPの時代に入っていて、高価なレコードが居ながらに聴けるのですから、ゆめのような世界でした」と回想している[70]。(ちなみに、遠藤はその後、梅花短期大学図書館（現在の梅花女子大学図書館）で働くことになったが、このとき、「初めて図書館の仕事をする側になりました。其のとき、頭によぎったのはCIEの図書館でした。…最初に手を付けたのは、閉架式書架から開架式書架へ切り替えることから、はじめました」と、アメリカ式の図書館利用の経験が、その後、図書館を運営する側になって大いに役立ったことを述べている)。

　中川は、仙台CIE図書館第2代館長のエメット・K.ケナーがレコード・コンサートを始めたことに触れ、「終戦直後のレコード・コンサートは、解禁された欧米の映画と並んで、文化的にも飢餓状態を強いられていた日本の若者にとっては心の糧だった。彼［ケナー館長］は着任後まもなく、本国へ発注した自分の自動レコードチェンジャー付きポータブル電気蓄音機を使って、図書部の行事としてレコード・コンサートを始めた。彼のレコードコレクションと図書館のSPレコードの中からクラシック音楽とアメリカ音楽を組み合わせてプログラムを編成し、またアルバムの解説文から概略を翻訳し、短い解説を付けて実施した」と記している[71]。1949年6月に館長室で第1回のレコード・コンサートが開かれ、その後、多いときには100名の参加者を集めたという。夏の野外コンサートも企画された。

　福田も、東京CIE図書館でレコード・コンサートが盛況であり、大学生の手を借りて運営していたと語っている。「一週間に1、2回のペースで夕方、音楽同好会、一般にオープンにしましてね、2、3人慶応［慶應義塾大学］からボラ

戦後占領期におけるアメリカ図書館像　　***113***

ンタリーで来て、解説をしましてね。これはやはり非常にお客に受けましたね。毎回やる度に100人以上来たんじゃないでしょうかね。椅子を並べると満席になっていましたよ」という[72]。

一方、映画について、中川は1950年6月に仙台CIE図書館で映画部が発足したことにともない、「アメリカ大使館からベルハウエル六二一型映写機三台とCIEフィルム五〇本を送付され、CIEフィルムと映写機貸出の業務が始められた。また、二階ホールで毎週土曜日に映画会を開いていたが、当初はフィルムが少ないので、宮城県図書館や配給部から借りることもしばしばであった」と記している[73]。

福田も次のように回顧している。

> 映画は16ミリの映画、一つの大きなコレクションがありましてね。やはりレコード・コンサートの合い間を縫いましてね。閉館後です。あそこで映画観賞用の場所を作りまして、スクリーンも段々と新しいスクリーンに変えていったんですけれども、16ミリの映画をやると、専門家が1人つくようになりまして、1週間に1度位のペースでやりました。その頃は外国の映画に飢えていましたんでね、もうやる度にもの凄い人で、場所もよかったせいもあるんですけれども、夜になると、無料で入れたものですから会場は立錐の余地もなく沢山入りまして大変な人気でした[74]。

福田はCIE映画の『知識の宝庫』(CIE 204)の製作が東京CIE図書館で行われたことについても話しているが、この点は3.2.2節で改めて取り上げる。

一館史の記述などでは、CIE図書館の活動の時期よりもACC時代になってからの特徴的サービスとして、文化活動が記述されることも少なくなかった。

2.4　モデル図書館

CIE図書館で行われたサービスを評して今は、「これらの図書館サービスは、日本の図書館員にとっても利用者にとっても新しいサービスで、お手本となるインフォメーション・センターが手近にあったことが、日本が比較的早く図書館サービスを近代化することができた理由ではないかと考えている」と積極的に評価している[75]。

神戸CIE図書館（全国10番目、1948年6月開設）で働いた三田美代子は、長沢雅男『参考調査法』（1969年）の次の記述を引きながら、CIE図書館が日本のモデル図書館として機能した点を指摘している。「戦後の公共図書館の模範としたのは、いうまでもなくアメリカ公共図書館におけるサービス様式であった。ことに、身近に手本を示した総司令部情報局［民間情報教育局情報課］のもとにあったCIE図書館の影響力は無視しえないものであった。……これらの図書館は、その頃極度に読書資料に飢えていた人びとの需要を満たすとともに、日本の図書館からはこれまで求められなかったようなサービスを積極的に提供した。……CIE図書館が示したサービスの実際は、極めてすぐれた手本であったことは否めない」[76]。

　『北海道立図書館50年史』（1977年）でも、道内2か所のCIE図書館――札幌CIE図書館（全国7番目、1948年5月開設）と函館CIE図書館（全国15番目、1948年9月開設）――に言及し、「本堂では札幌と函館の2市にCIE図書館の設置が予定され、札幌市には昭和23年［1948］5月16日に市内北1条西4丁目の駅通りに面した東邦生命ビル内に開設された。このCIE図書館は道立図書館の近くでもあり、アメリカの公共図書館のモデルとして大いに啓発されることが多かった。殊に図書館活動の後進地域である本道にとっては、当時道内で活動している図書館が僅か十数館に過ぎなかったので、この図書館の果たした役割は非常に大きなもので、理想的な公共図書館の活動方式を具体的に示しつつ本道の公共図書館活動に大きな影響を与えた」と評する[77]。やはり日本の図書館の手本となったという認識が示されている。

　神奈川県では、1948年8月に横浜CIE図書館が設置されると、11月に図書館研究会として横浜CIE図書館の見学会が実施されている[78]。開架制や貸出、さまざまな文化活動を実地に見学することで、日本人図書館関係者に開放的なサービスの一端が了解されたものと思われる。

　豊後は、1952年の講和条約発効とともに大阪CIE図書館がACCに改組された当時を振り返り、次のように述べている。

　　［1952年］5月1日から13の都市のCIE図書館は名称をアメリカ文化センターと改め、アメリカ陸軍省より国務省に移管され、アメリカ政府の海

戦後占領期におけるアメリカ図書館像　　**115**

外広報活動の最先端として、映画会、展覧会、英会話、講演会、人物交流事業が重視されるようになった。…［7月28日、センターの移転作業が終了した際、アメリカ大使館のパトリシア・ウェルデン女史が］職員に機構改革に関するスピーチをした。「これまで民主化推進のため、アメリカ公共図書館のモデルとしてのCIE図書館を運営してきたが、その任務は終了した。国務省に移管されるので、アメリカの外交方針を理解してもらうのが目的となる」と述べた。何だかアメリカの植民地化のような響きに、昔の日本軍の宣撫班を思い出してちょっとひっかかった[79]。

モデル図書館としての役割には終止符が打たれ、その後ACCは「アメリカのことを調べるための専門図書館」へと展開されることとなった。

石原も、「CIE図書館からACCへの移行時には、たとえ施設や館長などが同じであっても、何らかの運営方針の転換があったと考えられる。CIE図書館の設置目的は、「民主主義の普及」「公共図書館のモデル」であった。一方ACCは、「外国の国民にアメリカの事情を学ばせ、アメリカを理解する手助けをする情報図書館」、即ちアメリカの広報・宣伝のための施設であったからである」と述べる[80]。横浜の蔵書傾向を見ても、アメリカについて書かれた資料がCIE図書館、ACCともに多いという共通点はあるものの、ACCへの移行にともない、「①文学・小説や歴史・伝記、児童書の割合の減少、②社会科学分野の資料の増加、③レファレンス・ブックの割合の増加という変化」のあったことを指摘している。

CIE図書館の意義について、今は、

> 占領軍が図書館サービスを広めることに熱心だったのは、日本の軍国主義や国粋主義を排除し、民主化することが占領の目的であったからだ。市民ひとりひとりが主体的に物を考え自分自身の考えを持って行動することが民主主義の根本である。そのためには市民が広い知識と情報に接する必要があり、そのための場所が図書館であるから、民主化のためには精選された蔵書をもつ図書館を日本に広めることが、日本の民主化の力になると考えられていたのである[81]

と、民主主義思想を普及する上で図書館が不可欠であったとの認識を示してい

る。金子も、占領初期に軍政部の中核を担ったニューディーラーたちの考え——民主化の理想の実現——を基盤にCIE図書館は成立しており、「その恩恵を享受したたくさんの日本人が企業や大学や研究機関、立法行政の面で、幅広い情報を図書館利用することによって学び、それがその後の日本発展の原動力の一翼を担ったことは見逃せない」と述べている[82]。

3　CIE映画

2節で見たCIE図書館のほかにも、占領期には映画を通じたアメリカ式図書館サービスの紹介があった。筆者は1950年公開の『格子なき図書館』(CIE 194)の成立について論じたことがあるが[83]、その後の調査でさらに明らかになった点もある。まずはCIEの映画政策の展開から述べる。

3.1　CIEの映画政策

アメリカ本国では終戦とともにOWIは閉鎖となり、1945年8月に国務省に国際広報文化局（OIC）が設置され、戦後アメリカの広報・宣伝政策を担うこととなった（OICはその後USIAへ改組され、冷戦期の広報・宣伝政策を推進していった）。OICでは、海外のアメリカ図書館の維持・整備や、学生・研究者・技術者の国際交換、アメリカに関するドキュメンタリーやニュース映画の製作、世界に向けた短波放送プログラムなどを活動の柱とした。1946年1月に国際映画部（IMP）が設置され、半年間で9本の短編ドキュメンタリー映画が日本に輸出された。アメリカ情報宣伝政策の研究を進める土屋由香が論じたように、これらの作品は「理想（架空）のアメリカ」を描き[84]、同年3月以降日本で公開されるCIE映画の最初となった。

占領期を通じてCIE映画は400本以上を数えたが、これら最初期の9本を除き、そのほとんどは冷戦対立の深まりを受けた1948年5月以降に製作された。「スミス・ムント法」の成立後、CIE情報課では映画・演劇係の下に教育映画配給部（EFU）が設けられ、映画に関する政策を担うこととなった。EFUはドナルド・W.デューク（ドン・デューク）の主導のもとで、陸軍省再教育部ニューヨーク事務局（CANDY）から送付されてくる映画の受け入れ窓口となり、日

本の再教育に役立ちそうな内容をCIE映画として選定する役割を担った。金子は、「当時CIEの映画を管理していたのは、銀座の服部時計店の4階にあったモーション・ピクチャー・ブランチでした。そこにフィルムを借りに行くんです。そこから各々日比谷なり、新宿なり地方のCIEの図書館に配布されたんです」と回想している[85]。16ミリフィルムの複製は現地で行われ、東洋現像所があたった。

　1948年3月には、CIEから文部省に対して16ミリ映写機、通称「ナトコ」(シカゴの映写機製造会社National Companyの略称)を1,300台、35ミリ幻灯機を650台、無償で貸与することが内達された。翌4月からは全国14か所で視聴覚教育の講習会が開かれ、映写技術の普及が図られたほか、10月には各都道府県教育委員会に視覚教育係が新設され、受入場所として視聴覚ライブラリーの設置が指示された(文部次官通牒・発社第103号)。CIEでは視聴覚教育課(フランク・ジャドソン課長)が普及に積極的に関与した。1949年になるとアメリカからナトコ映写機が送られてくるようになり、CIEの製作した短編ドキュメンタリー映画が各市町村で上映されるようになった。日本各地を回る移動映写スタイルのもと、映画館がきわめて少なかった当時、とくに農山漁村地域で上映会は近隣諸村を挙げて歓待されたと伝えられている。子どもも大人も一時間余かかる山道を越えて観覧し、「アメリカさん」からの得難い娯楽の記憶が人びとの胸に刻まれたという[86]。

　上映の場となったのは戦後社会教育施設として新設された公民館や、1947年4月から六三制へ移行した小中学校、そして図書館などであった。文部省の指示で創設された視聴覚ライブラリーは、原則として県立図書館内に設置された。CIE映画の観覧者数は、1948年に約9,200万人(うち移動映写が20%)であったが、1951年には約5倍となる総数4億7,200万人(同74%)に上った。国民1人あたりの視聴回数は、じつに5.5回超に及んだ。CIE映画は、アメリカによる日本の非軍国主義化、民主化政策の中で製作され、戦後の価値観形成に影響を及ぼしたと考えられる。占領終結後はアメリカ広報・文化交流局(USIS)に引き継がれた(USIS映画と呼ばれる)。

3.2　CIE映画の内容と討論

　CIE映画の内容は、アメリカの生活様式を紹介したり、日本人に民主主義、生活改善を啓蒙するものが主流で、1950年に朝鮮戦争が勃発して以降は一部、反共をテーマとする作品も公開された。全体として、アメリカという国の姿を伝える映画が圧倒的に多く、文化・地理・民主主義的な政治・教育制度、産業・国民生活などが扱われた。金子も、「CIEの図書館の映画を大きく分けますとね、二つの傾向があったんです。一つは非常に政策的な、特に米ソの冷戦構造を反映したような作品が多かったんです。……もう一方は文化的にすぐれた音楽作品、美術作品とかいったものでした」と述べている[87]。日米の映画史研究で知られる谷川健司によれば、戦時中、OWI局長のエルマー・デイヴィスは、「人びとの心の中にプロパガンダ的な考え方を注入するもっとも簡単な方法というのは、彼らがプロパガンダに曝されていると気がつかないうちに娯楽映画という媒体を通して広めることである」との考えを示したというが[88]、CIE映画もまたプロパガンダ色を薄めながら、アメリカの価値観を理想として戦前の規範との決別を図るものであった。

　タイトル総数は約400本に上り、その上位は「日本製CIE映画」（54本）、「アメリカの風物・地方文化」（47本）、「国連・国際関係」（37本）、「教育・図書館」（38本）、「民主主義と市民権」（38本）などであった。日本製が最多を占めているが、これはアメリカ製映画の対象がしばしば日本の実情とかけ離れていたため、もっと日本の課題に則した映画、とくに日本人の俳優の出演する映画が必要視されるようになり、日本人の手で製作されたものである[89]。1950年春以降に増加していった。こうした日本製CIE映画の製作過程では、CIE映画・演劇係がシナリオ（もしくは大まかな筋書き）を作り、日本の映画会社に依頼して製作させ、途中確認しながら適宜、修正する方法がとられた。

　CIE映画の中には図書館を扱うものもあり、とくに図書館法制定時期に製作された『格子なき図書館』は、2014年にDVD化されるなど現代の館界においても知られるが[90]、これについては3.3節で述べる。

　多くのCIE映画には作品ごとに「研究と討論の栞」（Study-Discussion Guide）が添付され、そこに、内容梗概、ねらいと解説、映画会の企画、実施方法、展

示品の指示や、討論の進め方と討論課題の例示がなされていた[91]。上映の主目的は、CIE映画を用いた討論会の実施、成人教育の実現にあり、単に娯楽のみを意図したものではなかった。

　日本図書館協会資料室に所蔵される『CIE映画利用手引書　第一集』は、「CIE映画の要点を明記し、利用上の参考に致したいと思い作製したもの」で、CIE映画101点について、タイトル、梗概、指導を記載している[92]。この中にアメリカ議会図書館（LC）を扱った『アメリカの国立図書館』（CIE 10）も含まれる。その「梗概」として、「山のように本を積んだ一台の自動車が、小さな田舎町を訪れる。大人も子供も競ってこの車から本を借りて読む。／×　×／ワシントン州の国立図書館／ぼう大な書籍、教育映画のフィルム、名画、レコード等。／×　×／人々は都会でも村でも、自由に自分達の知識と情操を拡張することが出来る」と記されている。また、指導すべき論点として、「①田舎ではなぜ文化的なものを提供する機関が要るのだろうか。／②公民館をもっと役立つようにする工夫。／③日本の図書館運営に就て話合う。／④図書室（館）経営の理想的方法」と列記されている。

　この『アメリカの国立図書館』の上映に関して、戦後、文部省事務嘱託、国立図書館長などを歴任した加藤宗厚は、1947年11月に別府市で開催された文部省主催西日本図書館講習会の場で、「第二日（十一月二十二日）……日本語版「米国議院図書館」の映画、進駐軍文庫の見学、大分地方舞踊コンクールの観覧をした」旨を記している[93]。講習会には県立図書館関係者や小学校教員など70名が参加した。また、今は、金沢CIE図書館で映画会があった際、「［19］50年12月にスキャップ図書館は旧海軍館に移転し、2階にホールがあったので早速12月16日に映画会が夜7時から8時半まで開かれ122名が参加した。「アメリカの国立図書館」、「アメリカの国立公園」他2本が上映された」ことを指摘している[94]。

　石川敬史ら日本図書館研究会のオーラル・ヒストリー研究グループは、1949年9月から千葉県で移動図書館サービスを始めた「ひかり号」に関する継続的研究を進めているが、その中で、開設前月に、第3代CIE図書館担当官ジェーン・フェアウェザーや日本図書館協会事務局長有山崧らの同席のもとで開設祝

勝会が開かれ、『アメリカの国立図書館』を含むCIE映画4本が上映されたことを明らかにしている[95]。

このほど日本図書館協会資料室を再調査したところ、1951年3月に封切られ、NYPLを扱った『余暇を生かして』(CIE 257)の「研究と討論の栞」[96]のコピーと、1953年時点のUSIS映画のリスト『USISフィルム・カタログ 1953年版』[97]が所蔵されていることが分かった。いずれも図書館を描いたCIE映画の内容を知る上で貴重な資料であり、ここで取り上げておきたい。

3.2.1 「研究と討論の栞　CIE 257　余暇を生かして」

『余暇を生かして』はニューヨークのアメリカ人の生活を描写した映画であるが、「研究と討論の栞」における図書館の記述は『アメリカの国立図書館』に付された栞の内容よりも詳細かつ具体的である。まず「1. 梗概」では、

> アメリカの人々は日々の勤労の後の暇な時間を、それぞれ自分の好きな道に、有効に過ごす。アメリカの人々が自分たちの余暇を利用して行う文化的研究の、幾つかを描写するために、この映画は、先ず我々をニューヨークの公共図書館へ連れて行く。そこでは、労働者、歯科医、そして幾人かの子供が、熱心に本を読んでいる[98]

と書き起こされ、その後、博物館やカーネギーホールに言及されている。そして映画の「3. 目的」を、「a. 観客にアメリカ文化生活の或る面を紹介する」こと、「b. アメリカ人が多種多様の文化的研究面を持っていて、その中から自分の好きなものを選ぶすがたを示す」ことなどとしている。アメリカについて知らしめるという国際広報戦略の理念に沿った内容である。

続いて「5. 予備知識」において「b. アメリカの図書館」と「c. ニューヨーク公共図書館」の項目が立てられ、説明されている。とくに「b. アメリカの図書館」では、

> 今から50年前には、アメリカの図書館は主に、学者や、道楽半分に文化を研究しようとする金持などに利用される、いかめしい読書室というにすぎなかった。然し乍ら現今は、図書館はすべての人々のために活動しており、教育、娯楽、休養又は訓練の源として、正式の学校教育が終

ったのちの役をひきうけている。アメリカの最初の図書館は、民間人の個人経営で創められたが、今日では、大部分の図書館が地方政府によって所有され、経営されている。いい換えれば、国民自身によって経営されている。というのは、図書館の財政管理並びに維持は、国民の納めた税金でまかなわれているからである[99]

と、図書館展開の概略と20世紀公共図書館の運営理念を簡潔に説明している。さらにこれに続けて、図書館における特徴的サービスとして、児童サービス、読書相談（レファレンス）、自動車図書館（BM）、盲人図書館、本・絵画・映画などの貸出、成人教育の6点を挙げ、このうち成人教育では、「アメリカの図書館は、昔「人民の大学」とよばれたことがあるが、それは同時に「人民のインスピレーション」とよんでもいいように思われる」と付記している。

「c. ニューヨーク公共図書館」の記述はそれより短いが、400万冊の蔵書数、58の地方図書館［分館］の存在、夜間・日曜開館に触れた上で、「学生、家庭の主婦、研究にたずさわっている人々や、又偶々訪れた市民らで絶えず一杯になっている」と結んでいる。「5. 予備知識」では、このあと「d. 博物館」から「k. アメリカ舞踊祭」まで、文化生活の具体的な事例――交響楽団、合唱団、演劇など――を記述しているが、その上位に図書館を挙げている点は特徴的と言えよう。

「6. 討論について」では、討論問題を7題設定する。図書館に関するテーマとしては、「d. アメリカの図書館や博物館はどういうやり方で、社会の人々と近ずいて（ママ）いますか？　そして、アメリカの図書館や博物館の活動の中、日本の図書館や博物館がとりあげていい活動はどういうものでしょう」との問いを示している。そして「7. 参考資料」として、CIE映画のうち「CIE10　アメリカの国立図書館……〃88　イギリス点描（CIEフィルムスケッチ第3号）……〃169　SCAP・CIE図書館……〃194　格子なき図書館……〃204　知識の宝庫……〃221　書物だけでなく……〃313　アメリカの公共図書館」など図書館関連の映画を列記するほか、フィルムストリップの中に「0―1181　無料公共図書館」のあることや、パンフレットの中に「全国図書館名簿　文部省社会教育局発行」、「図書館ハンドブック　図書館協会発行／図書館便覧　京

都市日本図書館研究会発行／（以上の二書は近日発行の予定であり、一般書店でも入手できる事になろう）」といった文献のあることを挙げ、日本人が図書館について理解を深める手がかりを示している[100]。『図書館ハンドブック』は1952年に日本図書館協会から刊行された初版を指す。

以上、『余暇を生かして』を観る上で作成された「研究と討論の栞」の記載は具体的であり、この映画を見た人びとが話し合っていく際に、アメリカの図書館史の概略や公共図書館の運営状況を理解したり、余暇生活の中に図書館が確固として位置づけられていることに気づくことができる内容となっている[101]。聴衆がさらに知識を深めようとする際の日本側参考資料が示されている点には、日本の館界関係者の協力が窺える。

3.2.2 『USISフィルム・カタログ1953年版』

一方、『USISフィルム・カタログ1953年版』は、CIE映画を引き継いだUSIS映画の1953年時点のリストである。前半（130ページまで）の英語版と後半の日本語版（英語版の日本語訳）で構成される。個々のタイトルの記載は、リール数、上映時間、音声やカラーの有無、封切り日、概要が記され、ほかに「研究と討論の栞」が用意されている作品には、その旨が付記される。巻末に索引が付されるが、そのうち図書館の主題に分類されるものは以下の9本である。

・アメリカの国立図書館　USIS 10　〔研究と討論・有〕
  2巻21分　サウンド　テレビ使用可　1948年5月15日封切
  16ミリ・35ミリ日本語版、16ミリ英語版
  この図書館はもともと国会議員のためにワシントンに建てられたアメリカ最大の図書館ですが、今では一般に公開されていて、世界中の図書・雑誌・新聞その他の刊行物ばかりか、フィルムやレコードのためのライブラリーもあります。またここには独立宣言や米国憲法の原本も保存されています。

・アメリカのトピックス（USISフィルム・スケッチ　第11号）USIS 125
  1巻11分　サウンド　1949年6月24日封切
  16ミリ・35ミリ日本語版、16ミリ英語版

1. ニューヨーク市公共図書館——アメリカの大図書館の紹介

　2. 野球——ワールド・シリーズとそれに熱狂する観衆

・格子なき図書館　USIS 194　〔研究と討論・有〕

　2巻22分　サウンド　国内製作　1950年12月5日封切

　16ミリ・35ミリ日本語版、16ミリ・35ミリ英語版

　新しい図書館法によって、日本の図書館も一般に解放されました。自由接架法、視聴覚機材その他新しいものが紹介されています。

・知識の宝庫　USIS 204　〔研究と討論・有〕

　2巻15分　サウンド　天然色　1951年3月30日封切

　16ミリ日本語版、16ミリ・35ミリ英語版

　公共図書館とその支部図書館、移動図書館などの働きを説明します。

・ぼくらのゆめ　USIS 212　〔研究と討論・有〕

　2巻22分　サウンド　国内製作　1950年6月2日封切

　16ミリ・35ミリ日本語版

　低級な遊びにふける子供たちを善導するために、子供専用図書館がほしいものです。この映画は、その一つの現れとして、移動図書館を紹介します。

・書物だけでなく　USIS 221

　2巻21分　天然色　1951年10月26日封切

　16ミリ・35ミリ日本語版、16ミリ英語版

　色々な趣味や要求をもっている成人や子供に図書館が与えられる色々なサービスがありますが、これはそういう近代的公共図書館の一例です。

・アメリカの公共図書館　USIS 313

　2巻22分　サウンド　天然色　1951年11月2日封切

　16ミリ日本語版、16ミリ英語版

　多くのアメリカ公共図書館とその機構、図書館行事とその活動などが示されます。

・町の図書館　USIS 383　〔研究と討論・有〕

　1巻10分　サウンド　テレビ使用可　1952年6月6日封切

16ミリ・35ミリ日本語版、16ミリ・35ミリ英語版

支部図書館制度ができてから小さな町の図書館が蒙った便益と、本を見せるばかりでなく町の人の談合の場所として、娯楽、文化、教養に役立っている地方図書館のありがたさを示しています。

・図書館員　USIS 389

1巻10分　サウンド　1952年4月18日封切

16ミリ日本語版、16ミリ英語版

図書館学の手引。この映画では図書館員の仕事の概要が説明されています。

　図書館の扱われるCIE映画は、現在所蔵状況が分からなくなっているものも多い。上記概説であらましを知ることができる点は有用である。また、『格子なき図書館』ほか5本に「研究と討論の栞」が作成されていたことが分かるが、『アメリカの国立図書館』を除く4作品について未見である。『余暇を生かして』は学校、社会生活、成人講座の3主題に分類されており、図書館の主題には分類されていない。同種のリストとして、島根県立図書館に『CIE映画の目録（附・梗概及類別索引）』（1951年）が所蔵されるが[102]、本資料はそれを補完・増補する内容と言える。

　『知識の宝庫』については、福田の次の証言を見逃せない。

　　新しい図書館で［映画が］人気があるんだから、CIEの図書館について、一体どういう図書館ということかを英語を通じて教えたらよいのではないかという声がありまして、CIEの活動状況を16ミリ映画に取っておこうということで題名は確か「知識の宝庫」だという風に覚えているんですけれど……当時館長だったミス・ウッド［ヘレン・M.ウッド］が館長役になりまして、私が主に主役を演じましてね。先ずお客が入ってきて、どういう風に図書館員が応待するか、特にアメリカのことを聞かれた時は、アメリカ人館長に聞きに行きまして、館長から返事をもらって、そして回答すると……図書館ではこういう風に資料を作って、こういう風に案内しているというような映画30分位を作りまして、それがその後いろいろテレビで紹介されました[103]。

フィルム・カタログに記された概要からでは不明だが、東京CIE図書館で行われたサービスの記録として、『知識の宝庫』は製作されたというのである。

ただし、福田は続けて、「16ミリのフィルムで図書館のことを紹介したのはそれがはじめてであったと思いますね。そういうことでCIE図書館のことは映画を通じても一般に知られるようになったということになると思いますね」と述べているが、『知識の宝庫』は1951年3月の公開であり、それ以前すでに『アメリカの国立図書館』や『格子なき図書館』は上映されていた。アメリカ式の図書館サービスに日々触れているCIE図書館関係者であったからこそむしろ、『格子なき図書館』などについて知る機会に恵まれなかったのであろうか。

3.3 『格子なき図書館』

『格子なき図書館』は日本映画社が製作した、日本製CIE映画である。暗く閉鎖的な戦前の日本の図書館風景と開放的な戦後を対比的に描いており、日本人自身の手による再教育を重視するアメリカ側の姿勢が反映されている。簡単にあらすじを追うと、冒頭で旧来の日本の図書館——利用に際して閲覧料を支払い、金網ごしにしか書架が見えず、利用者の資料ニーズに迅速に応えられない図書館——が否定的に描かれたのち、背景音楽の曲調が一転し、無料で開放的で、多様な資料を提供する占領下の図書館・視聴覚ライブラリーが明るく映し出される。人びとは利用者として図書館に来館して自由に資料を使うことができるほか、地域代表で構成される協議会に参加して図書館サービスに関する意見を述べ合うこともできるし、また、巡回文庫の実施によって、図書館未設置の地域の人びとでも図書を手に取ることができる。

この映画のシナリオは、新潟県立図書館に「格子なき図書（仮題）」と草稿段階のものが所蔵されることが分かっていたが[104]、このほかに日本図書館協会から発行された『読書相談』（1950年9月号）に「CIE映画　格子なき図書館シナリオ」の完成版が掲載されていることが明らかとなった[105]。制作陣として「製作　藤本修一郎、脚本　吉見泰、演出　下村健二、撮影　柳惠藏、照明　坂本英一、録音　松崎新一、作曲　鈴木林蔵、演奏　大映株式会社、解説　宮田輝」の名前が見える。

このシナリオによれば、冒頭で探しものに訪れた「竹田さん」が、目録の引きにくさや閉架式書庫から出納されてくる時間の遅さなどに辟易しながら、「39　竹田さん考える　竹田さんモノローグ（ダブルイクスポージャー）開架式書庫、幻想消えて竹田さん立上り去る」というカットが入り、その解説として「(モノローグ)「書庫の中へ自由にはいれて、読みたい本を探せるのだったら、どんなに素晴らしいだろう。そういう気持のいい図書館はないものか」」と感じる様子が記される。そしてフェードアウト後、「41　仙台図書館全景」として「ここにちょうど新しく建てられた明るい図書館があります」という解説が付される。この図書館（戦時中に建物焼失後、1949年11月に新館落成式を行った宮城県図書館）の閲覧室、映写室、児童室が紹介されたのち、再びフェードアウトして「62　新潟の町俯瞰パン」から「65　図書館全景」が映される。
　ここで新潟県立図書館に切り替わり、社会科勉強室、普通閲覧室、カード目録、会議室、レコード、ラジオ、児童室、フィルム・ライブラリー、公民館への巡回文庫など、多彩なサービスが紹介され、最後は海岸を走るBMが映される。カット「122　事務室移動前進」には、「図書館はその地域の文化の宝庫です。この宝庫が出来るだけ沢山の人々に利用されるよう、館長と視聴覚係長はいつも新しい計画をたててゆきます」と解説が付され、最後に近いカット「146　他の道から集る人々」の解説では、「暗く古く単に書物倉庫に過ぎなかった日本の図書館も[、]書棚の自由に開放された明るい図書館へと徐々にとは云え着実に変りつつあるのです」と、「格子のない図書館」への展開が進んでいることを伝える内容となっている。
　『格子なき図書館』の主な撮影舞台は、東京、宮城県図書館と新潟県立図書館、および千葉県であった。とくに新潟の撮影に比重が置かれているが、『新潟県教育月報』（1950年5月号）は次のように撮影経緯を伝えている。図書館法が近く公布されることとなり、「従来の静的な図書館から「動く図書館」として積極的に国民に奉仕する図書館であるためには、その経営法に於ても、全く従来の観念と変ったものでなければなりません。たとえば、「出納式」から「接架式」に転換すること」と挙げた上で、次のように記される。
　　新しい図書館はかくあらねばならない。古い図書館でも内容の改装工

夫によって新しい図書館としての使命を充分果しうるということを、広く図書館界に示すために、今回G・H・Qで日本映画社に命じて「格子なき図書（ママ）」の撮影を計画したのであります。此の映画のシナリオによりますと、書庫と索引カードによる出納式の閲覧方法が如何に不便であるかを、東京の某図書館で撮影し、次に新しい図書館として仙台の宮城県立図書館（ママ）の外観と新しい児童室の運営がうつされ、次に「自由な新しい図書館は新築しなくとも、古いものを改善しても充分出来る」ということで、お濠と柳の街新潟市の一角に立つ私共の県立図書館がうつされるのです。そして館内の社会科勉強室、特別研究室、一般閲覧室、会議室、音楽室、廊下、児童室、フィルム・ライブラリー、事務室、玄関等がうつされ、更にオート三輪に積まれた巡回文庫が横越村公民館に貸出され、その利用状況が同公民館を中心としてうつされて行きます[106]。

新潟県立図書館では、1948年10月にフィルム・ライブラリーが設置され、翌49年9月に就任した渡邊正亥館長の下で、1950年1月に自由接架を導入するなど、積極的に活動していた[107]。『新潟県教育月報』は続けて、

　　次が千葉県のブック・モビール（巡回自動車）の状況がうつされ、「こういう新しい図書館が、金沢、高知、鹿児島、京都にも見られます。」と日本の地図に仙台、新潟と順に記入され、入場料もいらず、自由に出入りできる図書館が現われ、最後に「解放された書庫で自由に本をえらぶ人たち」「熱心に本の相談に応じている係の人」「明るい席で熱心に調べものをしている学生」「農業の本を書棚の中からえらんでいる百姓」「明るい日射しをうけて洋裁のデザインのノートをとっている女性」「読書にふける学生」「楽しそうに一冊の本を見合っている二人の子供の明るい顔」等がクローズアップされて終るのであります

と、映画の内容を具体的に描写している。千葉県では、1949年9月に千葉県立図書館の移動図書館「ひかり号」（巡回開始当時は「訪問図書館ひかり」）の巡回が始められており、GHQ/SCAPの払い下げトラックを改造して、県内約10か所のステーションを回っていた。16ミリ映写機も搭載され、主に夜間に映画会を開催したほか、個人貸出も行うなど、BMサービスが先進的に進められ

た[108]。

　さらに、「二巻約八〇〇呎、上映時間二十分の此の映画の大半を県立図書館で撮影したのでありますが、そのため日本映画社からは、プロデューサー藤本修一郎……外十名の撮影班が約二週間滞在して此の文化映画に心血をそそいでおり、G・H・Qからも特にジャズソン氏（ママ）が直接監督指導に来られ、万全を期して撮影を完了したのであります。撮影のためのエキストラとしては、岡田［正平］知事はじめ県の首脳、教育委員の方々や事務局の職員、市内の学校及び各社会教育関係団体の代表者も、よろこんで協力下されましたし、一般閲覧者も心よくカメラに収まってくださいました。又横越村では、村及び公民館当局をはじめ全村の協力をいただいて、撮影班の方々も「実に気持ちよく作業が進められた」とよろこんでいました。猶この映画は五月下旬京都市に於ける全国図書館大会に封切られ、以後C・I・E映画として全国のナトコ映写機で上映され、勿論アメリカにも紹介されるのであります」とし、「本映画が私共の県立図書館を中心に製作された光栄を感じ、県内各読書施設今後の発展に寄与することを期待するものであります」と結んでいる。

　新潟県視聴覚教育係長を務めた佐藤嘉市が書き残した「視聴覚ライブラリーの回顧・10年」（1998年）によれば、撮影は1950年6月に行われ、12月に完成発表会が開かれたというが[109]、上記の月報記事の内容から、4月には撮影は完了したと判断される。佐藤は、「県視聴覚ライブラリーの内装完成後、来訪視察したCIE視覚教育課長フランク・ジャドソンが、この映画の製作を企画し、CIE映画として日映に委託した」と書くほか、余話として「ジャドソンは撮影現場にも立ち会い、細かい心配りをしていた」とも記している。

　後年、渡邊正亥の追悼記事に小野正夫は、「第二期［新潟県立図書館長時代（1949-62年）］であるが、昭和二四年九月新潟県立図書館長に就任されるや、当時日本では殆ど例のなかったという自由接架による閲覧方式を採用、模範的な図書館経営をいち早く実践された。このことは当時のGHQ民間情報部（ママ）でも注目し、昭和二五年秋には「格子なき図書館」のタイトルの下にCIEフィルムの作成となって津々浦々で上映され、広く近代公共図書館の在り方について多大の啓示を与えたことは余りにも有名である」と、渡邊の業績とからめな

がら、『格子なき図書館』にたいする館界の評価を述べている[110]。

　また、全国図書館大会で封切られたという点に関わり、東京都立日比谷図書館［現在の千代田区立日比谷図書文化館］に勤務した石田清一は、先の『読書相談』に『格子なき図書館』のシナリオとともに載せられた「このシナリオを読んで」の欄に、

　　この映画［『格子なき図書館』］は全国図書館大会3日目［京都．1950年5月26日］の午前未完成ではあったが上映された。終ったときには溜息のさざめきがあった。この事実から1人1人の出席者の夢も亦、もっと晴々とした図書館にあることを痛く知った。併しこの溜息は複雑である。社会への憤懣と自らの努力への嘲笑と、しかもこの映画は日本の図書館を材料に作られたのであることは記憶されていてよい。夢は夢である。併も夢の一部分一部分は無残に引裂かれてはいるが現に存在している。夢は実現する見通しのある夢である［。］そしてこの夢には社会の無理解と、後進性と戦った図書館界60年の歴史が裏打ちされているのである。……格子なき図書館、われわれの図書館には格子と足枷があった。更にわれわれの頭にも格子と足枷があったであろう。ぼくらの夢に応えて格子なき図書館の群々を送ろう。それが社会の機能と要求とにこたえる図書館本来の姿である[111]

と記している。第36回全国図書館大会（京都大会）での上映内容は、完成版の『格子なき図書館』とは趣を異にする点もあったと思われるが、映画で描かれた図書館像を「夢」としながらも、日本での実現への期待を抱いている。

　一方、石田と同じく「このシナリオを読んで」の欄にコメントを寄せた吉田邦輔（全日本図書館職員組合書記長）は、「この映画は今後の図書館のありかたとして自由接架式に進むべきであることを、Ｃ・Ｉ・Ｅの各図書館、新潟の図書館を紹介、例示しながら強調している映画である。その限りでは、私が同じ図書館員の1人である以上、別に異なった見解を持ち得る筈がない。しかし、この理想的な図書館のありかたに至るまでの過程で存在するいろいろな問題の解決については、この映画から何等の示唆も得られなかった点にいささか不満なしとしない」とし、(1)学校図書館の整備、(2)自由接架を採用すれば重視され

てくるレファレンスサービスへの人的準備、(3)紛失事故、(4)目録整備の対応の必要性を主張した[112]。そして、「しなければならないこのと（ママ）余りにも多いのに驚くであろう。が、これが日本の図書館の現実なのである。私はあの映画をみていて、何だか妙に悲しくなって来たのである」と述べている。石田がアメリカ式図書館サービスの映像を見て、戦前の後進性の克服を志向したのに対し、吉田はアメリカの「理想」の実現には一歩引いた態度を示している。これは、戦後占領期におけるアメリカ図書館像の受け取り方の違いを示しており興味深い。

おわりに

　CIE図書館は、戦後占領期日本においてアメリカのモデル公共図書館として日本人向けに開設され、占領終結までに全国23か所に展開した。洋書、学術雑誌、ファッション誌をはじめとして、戦時期には手にできなかった資料の提供や、新たな児童サービス、ILLを通じた資料提供、さらにはレコードや映画の鑑賞などアメリカ式の文化生活を体現することを通じて、日本人に民主主義の積極的価値を提示する役割を果たした。それはアメリカの占領政策における民主化の一環で行われ、メディア政策の柱のひとつでもあった。開放的な図書館像は、学者や学生などの有識層を中心に、エンジニア、会社員、アパレル業界関係者、図書館員など、多様な分野の人びとにたいして、民主主義における資料・思想へのアクセスの重要性を感得させた。

　また、主要なメディアである映画でもアメリカ式の図書館サービスは取り上げられた。『格子なき図書館』をはじめとしたCIE映画の製作・上映を通じて、図書館来館者以外の人びとにも図書館の役割を積極的に意識づけるものであった。ただし、提示されたアメリカ式図書館像をどのように受容するかという点で、日本の人びとの捉え方には温度差があったと思われる。開架式や無料公開の原則のように戦後日本に浸透したものもあったが、レファレンス・サービスなど個別サービスの実現はその後の図書館実践に課題として引き継がれたと言える。

注

1) Joseph H. Trainor, *Educational Reform in occupied Japan: Trainor's Memoir*, Meisei University Press, 1983, p. 277.
2) 今まど子「CIE インフォメーション・センターの活動」今まど子・高山正也編著『現代日本の図書館構想：戦後改革とその展開』勉誠出版, 2013, p. 87-154. 今の一連の研究として、次の文献を参照。今まど子「日本占領と図書館」『中央大学文学部紀要』(147), 1992, p. 1-14; 今まど子「アメリカの情報交流と図書館：CIE 図書館との係わりにおいて」『中央大学文学部紀要』(156), 1994, p. 29-42; 今まど子「CIE〔民間情報教育局〕インフォメーション・センターの図書館サービスについて：九州編」『図書館学会年報』41（2）, 1995, p. 67-80; 今まど子「CIE インフォメーション・センターの図書館サービスについて：デポジット編」『図書館学会年報』42（1）, 1996, p. 15-31; 今まど子「京都にクルーガー図書館があった」『紀要〔中央大学文学部〕. 社会学科』8, 1998, p. 57-87; 今まど子「SCAP/CIE インフォメーション・センター：金沢」『紀要〔中央大学文学部〕. 社会学科』11, 2001, p. 1-25; 今まど子「SCAP/CIE インフォメーション・センター：横浜」『紀要〔中央大学文学部〕. 社会学・社会情報学』22, 2012, p. 11-26; 今まど子「記念講演 図書館と来た道」『明治大学図書館情報学研究会紀要』(6), 2015, p. 2-10.
3) 回顧文集編集委員会編『CIE 図書館を回顧して』回顧文集編集委員会, 2003, 44p.
4) 大島真理「CIE 図書館の女性図書館員たち」『図書館界』56（4）, 2004, p.224-235.
5) 田口瑛子・深井耀子編『あるライブラリアンの記録：レファレンス・CIE・アメリカンセンター・司書講習』(シリーズ私と図書館 no. 1) 女性図書館職研究会, 2008, 54p. 補遺については、以下の文献を参照。豊後レイコ『あるライブラリアンの記録・補遺：写真と資料で綴る長崎・大阪 CIE 図書館から大阪 ACC 図書館初期まで』(シリーズ私と図書館 no. 3) 女性図書館職研究会・日本図書館研究会図書館職の記録研究グループ, 2010, 59p.
6) 豊後レイコ『八八歳レイコの軌跡：原子野・図書館・エルダーホステル』ドメス出版, 2008, 251p.
7) 中川正人「仙台 CIE 図書館と仙台アメリカンセンター」『市史せんだい』13, 2003, p. 29-44.
8) 山本礼子「対日占領期アメリカの『民主主義』啓蒙政策：横浜 CIE 情報センターの設立と運営」横浜国際関係史研究会・横浜開港資料館編『GHQ 情報課長ドン・ブラウンとその時代：昭和の日本とアメリカ』日本経済評論社, 2009, p. 135-156.
9) 郡司良夫「松山 CIE 図書館蔵書の行方」『松山大学論集』22（2）, 2010, p.175-221.
10) 石原眞理「横浜アメリカ文化センター所蔵資料と設置者の意図」『日本図書館情報学会誌』56（1）, 2010, p. 17-33.

11) 石原眞理「CIE 図書館及びアメリカ文化センター資料に関する研究：仙台アメリカ文化センター及び横浜アメリカ文化センター旧所蔵資料の調査を基に」『岐阜女子大学紀要』(47), 2017, p. 19-29.
12) 三浦太郎「占領期日本におけるCIE第2代図書館担当官バーネットの活動」『東京大学大学院教育学研究科紀要』45, 2005, p. 266-267.
13) 三浦太郎「CIE情報課長ドン・ブラウンと図書館：図書館員養成との関わりを軸に」『明治大学図書館情報学研究会紀要』(2), 2011, p. 28-37.
14) 前掲6), p. 109-116.
15) 神奈川県図書館協会編『神奈川県図書館史』神奈川県立図書館, 1966, p.256-261.
16) 日本図書館情報学会用語辞典編集委員会編『図書館情報学用語辞典』第4版, 2013, p. 88.
17) "Japan: The Postwar Objectives of the United States in regard to Japan," (PWC-108b, CAC-116b), 4-May-1944, CAC-1, Roll. 3（国立国会図書館憲政資料室所蔵マイクロフィルム）.
18) "Japan: Abolition of Militarism and Strengthening Democratic Processes," (PWC-152, CAC-185), 1-May-1944, CAC-1, Roll. 3（国立国会図書館憲政資料室所蔵マイクロフィルム）.
19) "Positive Policy for Reorientation of the Japanese," (SWNCC-162/D), 19-July-1945, SWNCC-1, Roll. 14（国立国会図書館憲政資料室所蔵マイクロフィルム）.
20) "Positive Policy for Reorientation of the Japanese," (SWNCC-162/Series), 3-September-1945, SWNCC-1, Roll. 14（国立国会図書館憲政資料室所蔵マイクロフィルム）.
21) 前掲2), p. 94-96.
22) 三浦太郎「占領期ドイツにおける米国の図書館政策：アメリカ・ハウスの設立を中心に」『日本図書館情報学会誌』47 (2), 2001, p. 67-80.
23) 金子量重・浜田敏郎ほか「座談会＜在日外国図書館 (1)＞アメリカ占領軍の図書館」『びぶろす』33 (3), 1982, p. 63-68.
24) 同上., p. 71-74.
25) 熊原政男「忙々抄」『図書館雑誌』42 (1), 1948, p. 133-135.
26) CIE編『日本の教育：連合国軍占領政策資料』児玉三夫訳, 明星大学出版部, 1983, p. 19-232.
27) "GHQ Information Release," 16-Aug-1946. B14/60/1（横浜開港資料館所蔵）.
28) 『東京都公立図書館略史 1872－1968』東京都立日比谷図書館, 1969, p.46-49.
29) 金子量重・福田利春ほか「座談会＜在日外国図書館 (2)＞CIE図書館」『びぶろす』33 (8), 1982, p. 177-180.
30) 中武香奈美「ドン・ブラウンとE. H. ノーマン：ドン・ブラウン書簡（控）から」

『横浜開港資料館紀要』(19), 2001, p. 106-107. なお、ドン・ブラウンの来日時期について、今は東京CIE図書館開館前の「1945年11月1日」とするが（前掲2)、横浜国際関係史研究会・横浜開港資料館による「ドン・ブラウン年譜」では「1945年12月1日」としており、本稿でもこちらを採った。同年譜については、以下の文献を参照。横浜国際関係史研究会・横浜開港資料館編『図説ドン・ブラウンと昭和の日本：コレクションで見る戦時・占領政策』有隣堂, 2005, p. 115-119.

31) 前掲2), p. 98-100.
32) 前掲29), p. 181-184.
33) 前掲8), p. 139-141.
34) 前掲2), p. 151-154. なお、大島は女性図書館長32名のリストと、このうち20名の略歴を明らかにしている。前掲4) を参照。
35) 前掲6), p. 109-116.
36) 小川トキ子『岐阜県図書館の歩み：江戸時代から現在まで』岩波出版サービスセンター, 2001, p. 111-119.
37) 前掲2), p. 96-97.
38) 前掲15)
39) 前掲8), p. 137-138.
40) 前掲8), p. 151-154.
41) 前掲2), p. 151-154.
42) 前掲3), p. 14-15.
43) 前掲3), p. 7-8.
44) 前掲29), p. 184-188. なお、大島によれば、熊本CIE図書館長イイジマ・グレースは、CIE図書館の「技術方面の書籍、科学書その他専門書の数は普通の米国公共図書館の蔵書をはるかに超へている」との所感を残している。前掲4) を参照。
45) 前掲3), p. 22.
46) 『中之島百年：大阪府立図書館のあゆみ』大阪府立中之島図書館百周年記念事業実行委員会, 2004, p. 176-178.
47) 大内直之「C・I・Eの書架から（一）― Descriptive Catalogingのことなど」『図書館雑誌』42 (3), 1948, p. 187-188.
48) 前掲5), p. 6-7.
49) 前掲5), p. 10-12.
50) 前掲7), p. 31-34.
51) 前掲11), p. 21. なお、石原によれば元職員は「木村多実雄」である。
52) 前掲29), p. 184-188.
53) 前掲9), p. 181-183.
54) 前掲7), p. 31-34.

55）前掲3）, p. 23-26.
56）前掲10）, p. 24-29. 石原は、1952年以降に刊行されたグループ（「横浜ACC時代資料」）では児童書の割合が4.48％に落ちており、ACC時代よりもCIE図書館の時代に児童書の充実に力が注がれていたと結論している。ただし、1951年以前に刊行された資料すべてがCIE図書館時代の所蔵であるか、断定はできない点に留意が必要である。
57）前掲5）, p. 10-12.
58）前掲29）, p. 193-194.
59）前掲3）, p. 23-26.
60）『諫早図書館創立百年記念誌』諫早市立諫早図書館, 2004, p. 142.
61）高松百年史編集室編『高松百年史』下巻, 高松市, 1989, p. 28-30.
62）『高知県立図書館100年の歩み』高知県立図書館, 1981, p. 30-31.
63）『石川県立図書館七十年のあゆみ』石川県立図書館, 1983, p. 30-31.
64）新潟市立沼垂図書館編『新潟市立図書館の歩み：沼垂図書館創立70周年記念誌』新潟市立沼垂図書館, 1995, p. 28-29.
65）『新潟県立新潟図書館50年史』新潟県立新潟図書館, 1965, p. 42-45.
66）秋田県立図書館編『100年のあゆみ：秋田県立図書館創立100周年記念誌』秋田県立図書館, 2000, p. 18-23.
67）前掲7）, p. 31-34.
68）前掲2）, p. 151-154.
69）前掲3）, p. 33-34.
70）前掲3）, p. 30-31.
71）前掲7）, p. 31-34.
72）前掲29）, p. 190-191.
73）前掲7）, p. 31-34.
74）前掲29）, p. 191-193.
75）前掲2）, p. 151-154.
76）前掲3）, p. 27-29.
77）『北海道立図書館50年史』北海道立図書館, 1977, p. 42-44.
78）前掲15）, p. 438.
79）前掲5）, p. 12-13.
80）前掲10）, p. 29-30.
81）前掲2）, p. 151-154.
82）前掲29）, p. 199-200.
83）三浦太郎「CIE映画『格子なき図書館』の成立に関する考察」『明治大学図書館情報学研究会紀要』(6), 2015, p. 11-18.

84) 土屋由香『親米日本の構築:アメリカの対日情報・教育政策と日本占領』明石書店, 2009, p. 133-140.
85) 前掲29), p. 191-193.
86) 前掲84), p. 180-185.
87) 前掲29), p. 191-193.
88) 谷川健司『アメリカ映画と占領政策』京都大学学術出版会, 2002, p. 93.
89) 前掲84), p. 170-180.
90) 『映像でみる戦後日本図書館のあゆみ:『格子なき図書館』と『図書館とこどもたち』』日本図書館協会, 2014.
91) 阿部彰『戦後地方教育制度成立過程の研究』風間書房, 1983, p. 721-722.
92) 『CIE映画利用手引書 第一集』山梨県視聴覚文化協会・山梨県視聴覚ライブラリー, 1950, 72p.(日本図書館協会資料室所蔵).
93) 加藤宗厚「文部省主催図書館講習会状況(二)西日本の記」『図書館雑誌』42(1), 1948, p. 127-132.
94) 今まど子「SCAP/CIEインフォメーション・センター:金沢」『紀要[中央大学文学部].社会学科』11, 2001, p. 19-20.
95) 石川敬史・大岩桂子「移動図書館による映画会活動の分析:1950年代前半までの千葉県立図書館「ひかり号」を中心に(グループ研究発表<特集>第54回研究大会)」『図書館界』65(2), 2013, p. 126-134. なお、当日(1949年8月8日)上映された残り3本とは、「「アメリカトピックス」(CIE番号125)、「すべての人に自由な読書を」(CIE番号313?)、「書物と人民」(CIE番号?)であった」とされる。『アメリカのトピックス』(CIE 125)は確定できるが、その他2本は定かでない(CIE 313は『アメリカの公共図書館』であるが、1951年封切りで、時期が合わない)。
96) 「研究と討論の栞 CIE 257 余暇を生かして」SCAP/CIE, [1951,] 15p.(日本図書館協会資料室所蔵(複写)). なお、『余暇を生かして』は「東京国立近代美術館フィルムセンター所蔵作品」リスト(土屋由香作成)の中にもある。前掲84), p. 292-294.を参照。
97) Motion Picture Branch, American Embassy, *USIS Film Catalog for Japan 1953*, 1953, 257p. なお、この資料はメディア史研究ですでに活用されてきたが、土屋は、「1953年版であるため、1952年4月の占領終結後に公開された映画も含まれており、逆に占領期にいったん公開されたものの役目を終えて引退した映画は含まれていない」点を指摘している。前掲84), p. 155.を参照。本章3.2.2節に述べるとおり、「図書館」の主題に分類された映画は9本であり、図書館を取り上げたCIE映画でも、『イギリス点描』(CIEフィルム・スケッチ 第3号)(CIE 88)と『SCAP・CIE図書館』(CIE 169)は含まれていない。
98) 前掲96), p. 1-2.

99）前掲96），p. 3-4.
100）前掲96），p. 11-14.
101）石川と大岩は、千葉県教育委員会の例として、「上映方法には「娯楽映写型」以外に、事前に指導案を作成し、映写後には討論を行なう「討論映写型」もあった。とりわけ、「大衆が望むからといっていつまでも「娯楽」物を上映するのではあまりにも指導性がなさ過ぎる」［（千葉県教育委員会編『社会教育十年の歩み』（1958年））］とあるように、視聴覚教育の方法として討論映写型が重視されていた」点を指摘している。前掲95）を参照。
102）『CIE映画の目録（附・梗概及類別索引）』1951, SCAP CIE, 38p.（島根県立図書館所蔵）．
103）前掲29），p. 191-193.
104）「CIE映画　格子なき図書（仮題）」日本映画社，［発行年不明］20p.
105）「CIE映画　格子なき図書館　シナリオ」『読書相談』2（7），1950, p. 2-11.
106）「C・I・E映画「格子なき図書」の撮影について」『新潟県教育月報』（2），1950, p. 7-8.
107）新潟県教育百年史編さん委員会編『新潟県教育百年史（昭和後期編）』新潟県教育庁，1976, p. 389-390. 自由接架の導入について「閉架式が支配的だった当時、他にさきがけてこの新しい方式に踏み切るには、綿密な計画と勇断が必要とされた」と評価される。以下の文献を参照。落合辰一郎「"格子なき図書館"実現の勇断：追悼・渡邊正亥氏」『図書館雑誌』83（2），1989, p. 81.
108）前掲95）
109）佐藤嘉市「視聴覚ライブラリーの回顧・10年：ライブラリー創設50周年・記念誌」［手書き資料，］1998, p. 28-30.（日本図書館協会資料室所蔵）　撮影時期について『視聴覚ライブラリーの歩み』も「昭和25年6月」としているが、『新潟県立新潟図書館50年史』には「昭和25年4月8日より12日まで」、『新潟県教育百年史（昭和後期編）』にも「撮影は二十五年四月」と明記される。以下の文献を参照。新潟県視聴覚ライブラリー編『視聴覚ライブラリーの歩み：地区視聴覚ライブラリー統合記念』新潟県視聴覚ライブラリー，1974, p. 21.; 前掲65）; 前掲107）
110）小野正夫「故渡邊正亥先生の業績」『丸善ライブラリーニュース』（149），1989, p. 1682.
111）石田清一「このシナリオを読んで」『読書相談』2（7），1950, p. 12-13.
112）吉田邦輔「このシナリオを読んで」『読書相談』2（7），1950, p. 12-13.

社会的責任論からみた戦後の全国図書館大会の展開
図書館界の「総意」を示すフォーラムの興亡

福井佑介

はじめに

　激変する社会環境の中で、図書館の果たすべき役割や期待される機能は多様かつ重層的である。包括的に社会と図書館との関係性を理解するには、機能や役割を個別に検討してきた従来の研究の枠組みを乗り越える必要がある。このような問題意識に照らして、本研究は、決議や声明にみられる図書館の社会的責任に焦点をあてる。

　決議や声明は、図書館にまつわる事象や、より広く社会的、政治的問題について、一定の「べき」論を主張するものである。そこに表れているのは、単に図書館界の内側に向けた規範ではない。むしろ、図書館の社会的責任、すなわち、社会と図書館との関係性の中で顕在化している図書館関係者の自己認識や規範なのである。このような立場表明の採択あるいは却下にまつわる議論は、歴史的な蓄積を有しており、より広い文脈から、それぞれの時代の心性を明らかにしたり、図書館の社会的な役割を論じたりするための好材料である。それにもかかわらず、この領域はこれまで研究として正面から取り上げられることはほとんどなかった。

　そこで、図書館の社会的責任論の包括的な理解に向けた基礎研究の一つとして、本論文では、戦後の全国図書館大会に注目して、決議や声明を中心に、当該大会がいかなる展開をみせたのかを明らかにする。

　構成は、以下の通りである。第1章において、社会的責任論という領域の意

義や射程、および、本論文の分析の視座や、対象とする全国図書館大会の位置付けを確認する。第2章以降は、社会的責任論の動向に応じて時期区分を行い、時系列に論を進める。第2章では、社会的責任論が低調であった戦後初期の全国図書館大会として1948年から1953年を扱う。対照的に、1954年以降は、日本がいわゆる「政治の季節」であったことと連動して、全国図書館大会における社会的責任論が活発であった。第3章は、その議論が最高潮に達した1959年までの動きを検討する。一方、1960年の全国図書館大会は、それまでの大会とも社会の動きとも対照的であった。第4章では、この路線を引き継ぐ1970年代半ばまでの展開を扱う。第5章で、決議自体が減っていく1976年以降を検討する。そして、第6章で、決議や声明に注目しながら全国図書館大会の変遷をまとめる。議論を先取りすれば、全国図書館大会に備わっていた、図書館界の「総意」を示すという性質が、1950年代から1960年代にかけて特に強くなるが、1970年代以降に縮減し、21世紀に消滅する。

1　本論文の位置付け

1.1　社会的責任論の意義と射程

　前述のとおり、図書館関係団体が何らかの社会的立場を表明するという行為には歴史的な蓄積があり、近年でもみられる。例えば、日本図書館協会による2018年の「図書・雑誌・新聞への消費税軽減税率の適用を求めます」[1]や同協会の「図書館の自由委員会」による2013年の「特定秘密保護法案に関する声明」[2]がある。これらで採用されている論理を詳細に検討すれば、資料や情報を媒介に、立場表明が行われていることがわかる。さらに、神戸連続児童殺傷事件の加害者による『絶歌』や、中沢啓治著『はだしのゲン』など、社会的論争の対象となった特定の資料に関する声明も存在する[3]。また、歴史を振り返れば、資料や情報にかかわる立場表明のみならず、原子兵器や日米安保条約の改定など、より社会的、政治的な事象についても反応してきた。

　当然のことながら、図書館は社会的な機関であり、社会の動きと無縁ではありえない。また、図書館は取り扱う資料や情報を通じて、社会のあらゆる問題との関わりがあることも確かである。しかしながら、特定の立場の表明は、そ

のような事実上の「関わり」とは一線を画した、能動性を伴う行為であり、一定の取捨選択がなされる。このとき、いかなる論理で、どのような事柄が図書館に関係するとみなされ、立場表明の合意に至ったのであろうか。あるいは、何が非図書館的な問題であると線引きされたのであろうか。ひるがえって、それらの議論の前提で、「図書館」とはどのような存在であると認識されてきたのであろうか。このように、図書館の社会的責任論を検討することは、より広範な文脈から、図書館の位置付けや規範を問うことを意味する。

また、この種の立場表明は他の職業団体にもみられるが、図書館の場合には、上記の線引きの論理にかかわって、固有の論点(葛藤)が存在する。すなわち、特定の社会的、政治的な立場の採用が、あらゆる情報を取り扱うという図書館の基本的性格と相容れないのではないかという懸念である。次節でも触れるように、このような指摘は、社会的責任論の中にすでに登場している。

1.2 先行研究と本論文の視座

管見の限り、日本の図書館の社会的責任論を包括的に扱う研究は行われていない。社会的責任論に関連する事例を収録した文献として、『図書館の自由に関する事例集』[4]や『図書館の自由に関する事例33選』[5]が存在するが、あくまで事例集であり、総合的な分析もない。

海外の社会的責任論に関係する研究では、アメリカ図書館協会の社会的責任派が取り上げられる。トニ・セイメック『図書館の目的をめぐる路線論争』[6]やメアリー・リー・バンディ／フレデリック・J・スティロー編著『アメリカ図書館界と積極的活動主義』[7]は、社会的責任派の形成やヴェトナム戦争への対応をめぐって活発な議論がなされた1960年代後半から1970年代初頭に検討範囲を限定している。それに対して、アメリカ図書館協会の主流派である純粋解釈派と社会的責任派の対立構造をより長い時間軸で包括的に検討した研究書に川崎良孝編著『図書館と知的自由』[8]がある。

同書によれば、社会的責任派は、言論の自由と人権の両方の価値を重視し、それを社会のあるべき姿と結びつけていた。この社会問題への積極的関与は、実践面ではあらゆる人々へのサービスという理念の実質化に大きく寄与した

が、理念の面では、図書館の在り方に関して言論の自由を最高位に位置付ける純粋解釈派と対立した。その終章で、筆者は、アメリカ図書館協会の社会的立場の採用に関する全体的な総括を担当した。そして、協会内での議論の性質から、決議や声明が次の3つの領域へと帰納的に分類でき、領域ごとに、価値の対立の水準や、合意を得るためのプロセスに相違があることを指摘した[9]。

　(1)雇用問題などの専門職団体としての在り方を媒介とする領域
　(2)資料の提供や情報へのアクセスに関わる領域
　(3)上記以外の、雇用やアクセスの問題を経由しない領域

　端的に述べるならば、「図書館の専門職団体」の立場表明を考えるにあたって、純粋解釈派と社会的責任派のそれぞれが重視する言論の自由や人権一般の価値と議題とのかかわりの程度によって、合意の難易度が異なっていたということである。(1)の領域は「図書館の専門職団体」の「専門職団体」の部分に関わっており、高位の価値を適用せずとも立場を決定することができるため、合意が最も容易である。(2)が「図書館」の部分に関わっているということには合意があるが、立場表明の方法によっては、すべての情報を包括する図書館の在り方をめぐる価値の対立が生じる。ただし、両派の結論が、言論の自由を促進させることを意味している場合には、過程の論理はさておき、立場表明に合意がなされていた。(3)は、図書館がかかわるべき問題なのかということ自体に議論が生じる、価値の対立が顕在化する領域である。ここでは、財政や社会的福祉を媒介に社会問題と図書館を結び付けたり、あるいは言論の自由への専心を強調して、社会問題への過度の関わりを戒めたりするなど、社会的責任論が最も明確に表される。

　この「図書館と知的自由」研究は、知的自由の管轄領域についての理解を深めることを目的としており、知的自由が図書館の原則としてすでに確立されていることを前提とする議論である。社会的責任論自体に注目するという本研究とは視座が異なる。また、アメリカ図書館界に先んじて、日本の図書館界では、同様の原則が未確立の1950年代に図書館の社会的責任にかかわる議論が本格化していたという相違点にも注意を払う必要がある。同時に、価値の対立の領域を扱う点には本研究との連続性がある。このような相違点と共通点を踏

まえた上で、本論文では、上記の構図を、各時代の全国図書館大会での立場表明をまとめる際に参照する。すなわち、戦後日本の全国図書館大会で採択された決議や声明について、(1)〜(3)の領域ごとに、どのような内実を持っていたのかをまとめることとする。

1.3 対象としての全国図書館大会

　図書館の社会的責任を理解するには、社会の動向や、図書館界の動向、立場表明の論理などを包括的にみる必要があるが、その各論として、本論文では検討の範囲を戦後の全国図書館大会に限定する。『近代日本図書館の歩み』では、全国図書館大会の概要を次のように説明している。

　　一八九七年（明治三〇）一一月開催の第二回例会の席上、田中稲城によって「図書館事業従事者合同懇話会」の開催が提議され、翌一八九八年五月一四日第一回例会をかねて「図書館事業従事者合同懇話大会」が開催された。出席者は会員一五人、会員外一三人であったが、これが全国図書館大会のはじまりである。その後、一九〇六年（明治三九）三月開催の春季例会の折、全国図書館大会開催の件が議決され、三月二〇‐二二日に第一回全国図書館員大会が開催された。以後大会は年一回開催されることになった。

　　一九二三年（大正一二）は、関東大震災のため大会の中止が評議員会によって決定された。また一九四〇年（昭和一五）には、時局の要請によって全国大会が中止されることになった。

　　全国図書館綜合協議会は大会に代わり、一九四一年三月に第一回が開催されたが、翌一九四二年からは、日本図書館協会部会綜合協議会となり、一九四三年の第二回まで開催された。以降は戦局が悪化し、実質的な活動は停止の状態となった。

　　戦後は一九四八年（昭和二三）になって全国図書館大会の開催が復活し、現在に至っている[10]。

　これまで、全国図書館大会そのものが研究の対象として取り上げられることはなかった。大会の全体像や1990年代以降の分科会の動向を把握するために

年表形式でまとめを行う文献も存在するが[11]、総括や分析はない。ただし、全国図書館大会は図書館関係者の議論や意思表示にとって重要な場であったため、図書館史研究でも、図書館界の動向を記述する際に取り上げられる[12]。

典型的な例を挙げれば、戦前の公立図書館の普及や義務設置を求めた図書館令改正運動について、永末十四雄は、文部省に対する要求が、第1回大会に始まり長期に渡って大会の場で可決されてきたことを取り上げている[13]。また、戦前の図書館界が「国民精神総動員運動の強化という時流に、積極的に乗ろうとする決意」[14]を示した事例でも、1938年5月の全国図書館大会における、文部大臣の諮問「国民精神総動員ノ徹底ノ為図書館ノ採ルベキ具体的方針如何」への答申に言及される[15]。

戦後でも、政治的な動向に強い関心を示していた初期の図書館問題研究会が大会決議を目指して議題を持ち込む動きがあった[16]。さらに、「図書館の自由に関する宣言」や「図書館員の倫理綱領」といった戦後図書館界の重要な規範の制定にも、大会は大きな役割を果たした。このように、全国図書館大会は、長期にわたって、図書館関係者の集合体が意思表示を行うフォーラムとして見做され、またそのように機能してきた。

以上のことに鑑みれば、本論文は、長い時間軸で大会の内容の検討を行うことを通じて、意思表示の場としての戦後の全国図書館大会の全体像を把握する試みである。

2　全国図書館大会における戦後の復興と制度論の模索（1948〜1953）

戦後初期の全国図書館大会では、図書館界が抱える課題に関して、方針の確認や、情報および意見の交換が主であった。以下にみるように、主要テーマは図書館関係法規の制定の在り方であり、それに結びつく形で、図書館の制度論や図書館員の養成の問題が扱われた。本論文の関心から言えば、全国図書館大会での意思表示は、名宛人が日本図書館協会か文部省に限定されており、広く社会的な立場の表明とみなすことができるような決議や宣言ではない。

戦後の初回である1948年6月14日の全国図書館大会では、「公共図書館法案」として盛り込もうとしていた内容の大要が報告され、図書館協議会の設置や、

図書館員の資格と養成、設置の義務化、閲覧料の無料化などについて説明があった。特に注目されたのは、養成や経費といった論点や法案を扱う委員会の在り方であった。その他、分館制度や、読書週間、公立図書館員の待遇改善といった議題では、テーマに沿って各地の状況が紹介されている[17]。図書館法の制定について日本図書館協会として意見の表明が続けられている頃であったのに対して[18]、全国図書館大会における議論は概して、何ができるのか、どのようにしてそれが可能であるのか、という水準であった[19]。

翌1949年には、6月7日から9日にかけて、一連の会議日程が組まれている。初日は、「全国主要図書館代表者会議」[20]であり、大阪市中央公会堂で開催された。その後は大阪商工会議所に会場を移し、8日に日本図書館協会の総会が、9日に全国図書館大会が開催された[21]。この大会では、研究発表が中心になっており、「公共図書館の対外活動」[22]や「刑務所図書館の現状に就て」[23]など、17の報告があった[24]。図書館関係者の議論を行う全体会議の報告は設定されておらず、前日の日本図書館協会の総会の議論は、協会に関係するテーマに終始していた[25]。

1949年までの参加者数は、戦前から連続して、多くとも200名強であった。翌1950年の参加者数は約500名になり、1954年には800名を超え、1956年以降は継続して1000名を超えている[26]。1950年の全国図書館大会について、日本図書館協会の理事長であった中井正一は、性質の変化に言及し、「かつての図書館大会は、年一回の懇親会的会合の気分もあって、大会そのもの、及びその部会は、そのかもす空気において、談笑裡に決するものであることもあった」が、「今次大会は、この空気は漸くその姿を消して、もはや、この量、この質にあっては、人々を結ぶものは心理的紐帯でもってつなぐにはあまりにも巨大なるものに発展した」と述べた。そして、「論理」と「現実」が新たな紐帯になったと主張している[27]。

形式面に着目すれば、1953年までは連続性が認められる。中井が述べるような規模や雰囲気の相違がありながらも、一連の日程において、全国図書館大会のウェイトは大きなものではなく、そこに研究発表が含められ、全国図書館大会や日本図書館協会総会以外のイベントも設定されていた。

例えば、1950年の会議日程は5月24日から3日間で一つのまとまりになっている。初日には、京都府立図書館において、4月30日に公布されたばかりの図書館法についての文部省による説明会や、「府県立五大都市図書館長会議」が開催された。翌日からは京都大学を会場として、5月25日に日本図書館協会の総会が、5月26日に全国図書館大会が開催された。大会での協議題は、図書館法や、図書館員の養成に集中しており、「図書館法の実施に当り速かに図書館員養成機関を整備充実することを文部省に建議する件」や「文部省に図書館課設置を要望する件」などを可決するが、いずれも日本図書館協会に一任することとなっている[28]。また、11件の研究発表があった[29]。1951年は5月22日から5月25日の4日間の日程で、初日と2日目の前半が日本図書館協会評議員会及び理事会、定期総会である。2日目の午後と3日目が全国図書館大会に充てられており、全体会議、各種の部会、研究発表から成っている。最終日は、アメリカ図書館視察報告および図書館見学等が設定されている[30]。1952年も同様に、4日間の日程の順番は異なるが、日本図書館協会の評議員会や総会、全国図書館大会の全体会議、同じく大会での館種ごとの部会、視察報告・研究発表で構成されている[31]。

　1953年度には、全国図書館大会の枠組みから研究発表が除外されたが、日程には研究に触れる機会が設定されている。すなわち、日本図書館学会（現・日本図書館情報学会）の創立のための総会および研究発表が日程に組み込まれている[32]。その前年の全国図書館大会において、武田虎之助が「図書館学会」設立の具体化のための作業を進めていることを周知し、賛同を得ていた[33]。1953年の日程は5日間であり、後半の2日間が学会関係である[34]。翌1954年の日程から日本図書館学会が切り離され、研究発表が独立して設定されていたが、部会報告とは別に研究発表が設定されたのは、これが最後となる。

　本論文の枠組みからみれば、前述のように、1953年まで、社会的立場の表明という性格の強い決議や宣言はなかった。主要な議題を概観すれば、制定された図書館法について、引き続き改正論という形で議論が継続していたり、図書館学校や図書館職員養成所の位置付けや参考事務のための組織作りに関する意見が出ていたりしていた[35]。大学図書館部会において、司書職の法制化を実

現するための実行運動委員会の設置を求める決議のように、図書館界内部での方針の決定が行われていた。外部に宛てた決議の名宛人は文部省に集中していた。例えば1953年には「教員養成を目的とする大学において図書館学を教養課程中の必須課目とするよう関係当局に要望の件」を文部省に通達することについて拍手をもって決定し、内容については事務局と提案者に一任するという形を採っており、このような方法が典型的であった[36]。

3　全国図書館大会における政治の季節（1954～1959）

3.1　前史としての1952年と1953年の動き

　全国図書館大会において、社会的・政治的動向を念頭に置いた、より広い文脈で決議や宣言が出されることになるのは、1954年からであった。ただし、この前提をなす動きは、1952年から生じていた。

　1952年の全国図書館大会では、水面下で、緊急動議を出して破壊活動防止法への反対決議を行おうという動きがあった。日本図書館協会の機関誌である『図書館雑誌』において、大会報告から続く誌面で、日本図書館協会の事務局長の有山崧がこれに言及している。この大会には800名近い参加者があり、会合の在り方への批判が出たことを踏まえて、「図書館が単なる表面的景気に酔うことなく、最早一つの活動を現実に実行して民衆への奉仕をなすべき段階に来ていることを示している」と位置付けた。また、破壊活動防止法への大会決議を求める動きの理由については、「戦時中と同様或種の資料の入手公開が圧迫され、図書館の中立性、自由が犯されること必然だから、というのである」（原文ママ）と報告している。その上で、破壊活動防止法は「政治問題である。しかも思想問題にからむ」ため、国の前途や思想および文化に興味がある者にとって無関心でいられる問題ではないとしながらも、図書館界が立場表明を行うことを戒めている。なぜなら、図書館が「客観的に資料を提供することを以ってその本質とするならば、図書館は一切の政治や思想から中立であるべきである」からである。同法への賛否は国民が決定することであり、図書館は、その意思決定への資料を提供する機関であるという[37]。その後、このような見解や動きが、『図書館雑誌』における「図書館の抵抗線：中立についての意見」と

題する誌上討論、いわゆる「中立性論争」へとつながっていった[38]。

　さらに、1953年の日本図書館協会の総会で取り上げられた「図書館憲章」制定の申し入れについても、政治的動向を踏まえた意見が多く出された。趣旨説明では、「図書館憲章」に加えられるべき精神の説明に続けて、「ただ心配なのはわれわれがこういうものを作るのは遠い将来を見透して考えているのであり、こういうことはややもすると或る一党一派の政治に利用される惧れがある」として、「どこまでも図書館人の図書館に対する意識がその根底に確立されなかったらならば、これは空文に帰します」と強調している。その後の議論では、小野則秋による、念頭に置く館種についての質問や、学問の発展を優先すべきという趣旨の発言があったものの、政治的状勢を見据えた賛同意見が続いた。竹田平は具体的な懸念事項を交えながら、「最近逆コースの傾向があり、実際にわれわれが図書館を運営して行く上に困る問題が起っておるので、そのつっかえ棒としてこういうものが必要ではないか」と述べた。伊藤旦正も「逆コースの中から日本の図書館をいかにまっすぐに向けるかということで、その波の中にいかに闘わなければならないかということが根本問題だと思います」と賛同している。芳井先一は、「現在こそ制定すべき最も大切な時期」として、提案者が列挙した規範を受けて、「われわれ図書館員として図書館の使命を遂行するためには、自分達がそういった気持を持つと共に、そういったものを全国民の方々に、或は世界の全民衆の方々に知ってもらわなければならない即ち日本の立場を世界の良識に訴える必要が今こそ必要」であるとした。そして、賛成多数で、当該憲章の制定は日本図書館協会に事業と認められた[39]。

　このように、1952年から53年にかけて、1954年以降の全国図書館大会につながる動きが大会の周辺で生じていた。そこでは、図書館の在り方という図書館界の内部ばかりではなく、図書館界の立場を広く社会に表明していこうという意識で議論されていたのである。

3.2　1954年の全国図書館大会と社会的立場の表明

　1954年以降の全国図書館大会の日程は、概して3日間設定され、初日に開会式と全体会議を、2日目に各部会を、3日目に再度、全体会議を開催し、閉会

式に移る。日本図書館協会総会はその後に設定されている。日程の主目的が全国図書館大会であるといってよいほど比重が大きくなり、同時開催の報告会や説明会が組み込まれることはなくなった。また、部会について、1956年までは、公共図書館部会、大学図書館部会、特殊図書館部会、学校図書館部会の4部会であったが、1957年以降は、これらの館種別部会のほかに、その時々の関心を反映した複数の問題別部会が設定されるようになった。拡大した日程において、検討対象となるトピックが増しただけではなく、特定の議題に対する見解の相違をめぐる討議に時間が割かれるようになった。

　1954年5月26日から28日にかけて開催された全国図書館大会での議論には、当時の政治的・社会的動向との関係性が顕著に表れていた。初日の全体会議の最初の議題は、「図書館憲章」から名称を変更した「図書館の自由に関する宣言」についてであった。筆者がすでに詳細に検討しているように、同宣言の作成を担った有山崧は、破壊活動防止法の頃から継続して、政治的・社会的な動向に直接的に立場を表明することを戒め、図書館が専心すべきなのは資料の問題であるという考えを持っており、同宣言の内容に反映させていた。ただし、これは喫緊の社会情勢を遮断するというよりもむしろ、それを強く意識した上で、資料の問題への集中を主張しているのである[40]。そのため、同宣言を大会に諮る際には、社会的背景に言及しながら、その意義を強調している。経緯の説明では、「時勢が益々偏向を加えてまいりまして、そういうことからにらみ合わして、日本図書館協会の総会において決定するよりは、今一つ広く全国図書館大会に、日本図書館協会から提案して取上げて頂いたほうがよいだろうということが、理事会において決定した」[41]という。大会期間中に参加者が宣言案に関する理解や考えを深めておき、最終日の全体会議へと議論が持ち越された。

　2番目の議題は、「原子兵器禁止に関し各国図書館界に訴える件」であった。これについても筆者の「原則としての『知る自由』の未確立期における図書館と社会的立場」[42]が詳しい。当該議題の提案者である志智嘉九郎は、当時の反原水爆の社会的な大きな動きを念頭に、原子兵器の禁止は「単に日本人だけでなくして、人類全体の目下緊急に迫られている要求」（傍点、筆者）であり、

「我々日本人が世界各国の民衆に訴える義務をもっている」（傍点、筆者）という考えを示した。そして、「こういう叫びをわれわれ日本人の、日本の図書館界の日本の図書館人も、世界の図書館人に向って訴えることが、人類の平和にして、繁栄ある生活に直接寄与すべきわれわれ図書館人の大きな任務であろうと思いまして、われわれが提案した次第」（傍点、筆者）であるという[43]。

会場から賛同する見解が多く出された。その中で、原子兵器の禁止にも、図書館が偏りなく情報を提供することにも賛成であるという前提で、「図書館で特別に原子力を禁止するということを訴えることは、図書館の自由ということと、ある程度まで矛盾がありはしないか」という意見も出された。しかしながら、この論点が深められることなく、資料を通じた啓蒙という方針と「原子兵器禁止に関する各国図書館界への訴え」の両方が採択された[44]。訴えの8割は、原爆の投下や太平洋ビキニ環礁における核実験といった動きと「死の灰」の危険性の記述に割かれ、「図書館」が登場するのは、「今やこの訴えは各種のグループから叫ばれているが、我々は我々と同じ仕事にたずさわる世界各国の図書館人に対してこれを訴える事が人類の平和にして光栄ある生存に直接寄与すべき我々の仕事の性質からいって、当然の義務と考えるものである」という最後の一文だけであった[45]。

5月28日の全体会議では、先に部会報告が処理された。文部省や文部大臣に向けた動きとして、図書館専門職の養成のために検定制度を速やかに実施すること、図書館法18条で提示するよう規定されている「望ましい基準」の法制化、大学図書館専門職員の再教育並びにその養成のための教育機関の設置といった要望を行うことを決定している[46]。

協議事項では、「原子兵器禁止に関する各国図書館界への訴え」の文面の承認が行われた。それを受けて、原水爆禁止署名運動を実施するよう緊急動議が出された。これには、図書館の職務の時間中に運動を行うなら反対であり、図書館関係者が個人の立場で行うならよいという意見が出された。署名運動を実施するための具体的な方策まで提案に含まれていないことに鑑みて、すでに決定した決議文の採択だけで決着をつけることになった[47]。

この後に、ユネスコの文献活動への協力の議題を挟んで、「図書館の自由に

関する宣言」についての議論が再開された。ここで焦点となったのは、宣言案の末尾の「抵抗」の文言であり、ひとつの政治的な表明として外部との軋轢を生じさせるという旨の懸念が相次いだ[48]。議論が重ねられる中で、議長の「す・で・に・侵・さ・れ・つ・つ・あ・る・こ・の・我・々・の・現・実・、これに対して自由を守るという趣旨には賛成であることを、御賛成頂きますことは如何でございましょうか」（傍点、筆者）という発言に多数の拍手で賛成があり、大会の名において宣言を出すことを決定した[49]。会議日程の関係で、「抵抗」の文言をめぐる議論は午後の日本図書館協会総会に持ち越され、そこでは、「図書館の自由が侵される時我々は団結して、あくまで自由を守る」という表現が採択された[50]。「『抵抗』の文言をめぐる修正は、社会的な影響を念頭に置いた『政治的』判断からなされた」[51]のである。

3.3　1950年代後半の全国図書館大会における社会的立場の表明

　図書館外部の動向に対する立場表明の議論は、1950年代後半の全国図書館大会に継続的に登場する。1955年の全国図書館大会では、「出版物倫理化運動の件」で立場表明が行われた[52]。

　まず、議題のタイトルでは出版を主題にしているが、映画その他のものについても同様に考えていかなければならないという前提が示された。また、「有害なる出版物、映画等の表現」が用いられていることには、誤解を生みやすく、注意をしなければならないとも述べている。議題の説明に際して、「出版物の倫理化」という表現を用いて、1951年以降の警視庁や各種の省庁および審議会によるこれまでの「取締まり」あるいは「働きかけ」の展開を概観した。その上で、これらの動きは「いろいろなところに指令をするという形」をとる点で国民運動の展開としてみれば抽象的であり、図書館という「現場の機関」では「われわれの体制を整え、図書館の使命をもっと有効にその問題に対して進行さして行くというような方策をとるのが最も賢明ではないか」（原文ママ）と述べた。想定する具体例として、貸本屋や労働組合に向けた働きかけや、文部省・都道府県町村の当局に支持を求めることと共に、「本大会自身、一つの意思表示として一種の宣言をする」ことを提案している。

そして、議長の「どなたも浄化運動については反対するものはなかろう」という発言を経て、議論が始まった。実行の問題については、図書館の数が十分ではない現状にあって、「国民に非常に有効な読書をさせるということはおそらく不可能」という見解もでたが、優良図書の普及運動、読書会運動、読書指導の重視が打ち出され、「不良出版物に対する批判力を国民運動として養うようにもっていかなければらない」という発言もあった。ただし、一定の留意を促す指摘もなされた。「これが出版物の取締りといったようなことに逆転しないような方法をもって、青少年を不良化から防止する、このようにもって行かなくちゃならない」という富永完の発言に始まり、桃山末吉は「上からの取締りの問題」として、「いろいろな名目で始まって、しかもそれがよいということを納得させた上でそういうことが始まっておればよいが、しかしその結果が非常におそろしいものになったということ」を懸念している[53]。このような見解は、大会宣言によって国民運動に訴えるという難波江昇からの提案が可決された後の、文面にかかわる議論にも影響した。木村蔵六から「言論の自由を圧迫するということに賛成したのじゃないということを盛って頂きたい」という注文が出された[54]。以上の議論を踏まえて出された、大会宣言は次のようであった。

> 全日本図書館界は昭和30年5月27日、大阪において開かれた大会の決議にもとずき、青少年の読書指導を徹底して、読書の批判眼を養い健康な教養を高めると共に、国民運動として特に出版映画等関係者にその純正化への協力を要望する（原文ママ）[55]

このように、1955年には、資料の問題に関する立場表明が行われた。そこでは、通説のように、読書に指導性を含める1950年代の思考法が顕著にみられる。ただ、本論文の枠組みで留意しておきたいのは、ある種の出版物や映像表現に対する公権力の取締りと言論の自由との矛盾を指摘する見解が、少なくとも大会の議論で顕在化することはなかったという点である。むしろ、言論の自由への悪影響を懸念する見解と、読書指導によって良書と悪書を区別する「批判眼」を養うことを図書館の社会的責任だとする見解が両立し得ていた。大会宣言は、前者への言及を含まず、後者だけを強調するものであった。図書

館が事業として行うべき読書への寄与については、1957年の大会でも大きく取り上げられた[56]。

1956年の全国図書館大会では、2日目である5月24日の公共図書館部会の最後に、「緊急提案教育二法案反対決議について」が提出された。この「教育二法案」とは、「地方教育行政の組織及び運営に関する法律案」と「教科書法案」であり、政治的な争点となり、知識人が反対するなど、当時の大きな問題であった。議題を提出した神野清秀は、1954年の「図書館の自由に関する宣言」の主文を引用した上で、教育に関係する諸団体が反対する教育二法案は民主教育の危機であり、公共図書館部会としての反対決議を求めた。これには、大村武一から、全体会議での議題を提出済みだということが告げられた[57]。

翌5月25日の全体会議での議題は「図書館資料採択提供の自由を守るため図書館の態度について」（原文ママ）であり、提案者は福島県図書館協会であった。同協会を代表して行われた大村の趣旨説明によれば、公民館や書店において、あるいは図書館員に対して、図書の購入者や利用を聞き出そうとする行為があった。図書館は公平な立場で、あらゆる人々にサービスする施設であり、これを広く理解してもらう必要がある。さらに、単に知ってもらうということで良いのかと考えたとき、教育二法案等の問題が一連の統制として言論、出版の自由を侵害していると考えられることから、教育二法案への反対決議を出すべきではないかと主張した。さらに補足として、警察によって学問、思想の自由が侵害されている状況と、国家によって自由が侵害されているという点で「趣旨は全く同じ」であり、「教育界の問題であるからと言って、放っておくことはできない」という。これに全面的に賛同する意見が出される一方で、相原信達の「教育二法案と図書館の自由を守ると言う関係があいまいで解らない」という発言や、松崎博の「教育二法案反対と図書館の自由については、問題がかけ離れている」という指摘があった。特に松崎は、図書館の自由の射程を念頭に置いていると思われる発言として、「国書選択や読む自由が妨げられないならば、それは自由の侵害ではない」と述べている。ここでは結局、神野の「我々が対決して守る必要がある。資料収集の自由、図書資料提供の自由などを守ることであります。警官の問題は、警察官には、図書館資料を検査する権

限はないのではないか、また読書傾向を調べる権利もない。図書館の自由を守ると言う事を再確認して、今後こういう事態の起らないように、若し起ったら速やかに連絡して協力する」という総括に従い、「29年の宣言を再確認」することで決着をみた[58]。大村はもちろん、神野も当初は教育二法案への反対決議という社会的立場の表明を求めていたはずであったが、そのような目的は達成されず、「図書館の自由に関する宣言」の再確認がなされたのであった[59]。

　1957年の全国図書館大会では、再度、原子兵器に関係する議題が登場している。すなわち、「原水爆実験禁止の運動をアメリカ、ソ連、イギリスの図書館協会に展開するよう本大会の名をもって要請するの件」である。科学者によって核兵器の製造、実験に関与しないという立場表明が行われている一方で、時流におもねって、この問題をことさら取り上げようとしない動きもあるということを背景としている。そして、「我々はこれをこのままにおいて見すごしてよいでありましょうか、少くとも私達図書館員が人類の福祉と真理への奉仕者であるという観点にたったならば、この問題をこのまま、見すごすべきものではないと考える」（傍点、筆者）として、表題の運動を提案した。これには特に議論が生じることなく、拍手をもって採択され、日本図書館協会事務局に一任された[60]。

　1959年の全国図書館大会の最大の論点は、文部省の図書選定についてであった。これについては世間でも多く取り上げられ、異論も出されている現状にあって、日本図書館協会の理事長である中村祐吉は、問題の重要性を認識しつつ、「図書館法の改正といったようなことで文部省とも御相談しなければならぬ問題も将来に控えておりますし、やはりわれわれとしては相談の余裕というものは残さなければならない」ために、絶対反対という立場を打ち出していないと説明している[61]。読書部会において、図書館問題研究会の東京・神奈川地区会員有志が提案者となって、この件が取り上げられ、文部省施設課課長を交えて議論が行われた[62]。最終日の全体会議では、激しい応酬がみられた。ここでの提案者も読書部会と同様であり、代表して黒田一之が説明者となった。議論の争点をまとめれば、文部省の図書選定事業への危惧と、図書館人としての立場表明の是非であった。

前者では、黒田らが用意してきた決議文の概要が公表され、「絶対反対」という表現を含まず、「民間団体の選定運動を強力に推進していきたい」という内容を持つものであった。ただし、選定事業自体への批判も強く、思想統制につながることを懸念する意見も出された[63]。

　後者の議論は、まさに図書館の社会的責任論の葛藤の領域に属する議論であった。武田虎之助は、この場が全国図書館大会であることに鑑みて、「すべて図書館というものの性格に帰って考察発言すべきだ」と述べることで、一個人の思想とは区別するという議論の前提を提示した[64]。そして、図書館の原則が全ての人への公開であることを指摘した上で、決議自体に反対する立場を次のように明示した。

> こちら側で館界人の総意によってある意識を持っておるということを印象づけてよろしいかどうか。これはどなたでも来い。だれでもはばまないという要するに利用者に制限を加えない、自由に公開する、そしてまたお金も取らないというのが私どもの基本として守るべき信条だと思います。そのような基本的な使命を託されておるわれわれがある一つの発表とかあるいは一つの思想とか、あるいはある一つの傾向とか、しかも日本においてはただいまの課題に対しては出版界において二つの流れが、賛成、反対の線に分かれております。その一方的な面に帰属する態度をこの席で決定してよろしいかどうか。私どもは反省しなければならないと思います[65]

　これには、神野清秀から「個人を脱して職員と全く違うんだというようなことは詭弁」であるという反論があった。また、岩猿敏生は、武田の考えが戦前の悪法を容認したインテリゲンチャに通じる論理であると批判し、「日本の読書現象、あるいはもっと広く日本の文化現象、文化一般を扱っていくところの直接の責任を持つ図書館員として、文部省の今度の選定事業についてやはり何らかの決意はいたさなければならないだろう」と主張した。これに武田は、「図書館人の意識なりもしくは権威なり、それをここで再確認するならよろしい。ある一つの発表とかある一つの団体とかで行う事業に対して特殊な影響を及ぼすようなことを大会においてきめるといったようなことは、そういう意味にお

いて図書館人の自由を放棄する危険がある」と応じた[66]。

このような応酬を受けて、浪江虔が、両陣営の論を止揚する案を提示した。すなわち、「武田先生のおっしゃった通りで、図書館人の大事な職責を確認するというそういう線で神野氏が御提案になったように、つまり29年の決議の34年版ということで決議することを提案」した[67]。最終的に、「われわれは昭和29年の自由を守る宣言を再確認し、特に文部省の認定制度に対しては関心をもっておる」という決議が行われたのであり、この文面を提示したのは武田であった[68]。

4 図書館の戦後改革に集中する全国図書館大会（1960〜1975）

4.1 1960年の全国図書館大会における「政治の季節」の不在

第3章でみたように、1950年代後半の全国図書館大会は、図書館外部の動向に対して、いかなる形で立場表明を行うのか、あるいは行うべきではないのかという議論が相対的に多く見られた時期であった。そして、1959年の全国図書館大会は、それが最高潮に達したのであり、武田虎之助の主張にみられるように、立場表明を明確に戒める動きもあった。その翌年である1960年といえば、日米安保条約改定への反対闘争という「『戦後民主主義』の最大の高揚点」[69]として知られるが、全国図書館大会の議事録にその影響は全くみられない。この大会で議長を引き受けた佐藤忠恕は、「実は大衆のエネルギーが国会へ向って噴出しているときであったので、相当の決心をする必要があったからである。処が、大会に出席して見ると低調だという感じで一杯」だったことへの戸惑いを吐露している[70]。

1960年の大会では、日米安保条約のみならず、図書館外部の動向に向けた議題がほとんど見られない。該当するものを挙げるならば、公共図書館部会において近畿公共図書館研究会から提案された「青少年に悪影響を及ぼすおそれのある図書及び雑誌の出版を自粛するように出版界に強く要請する件」である。この提案は、以前の悪書追放運動からテレビ批判へと移行しているようであるが、出版の問題が解決したわけではないという認識に基づいている[71]。これについても、これまでの経緯などの事実確認がなされるのみで、特段の議論を伴

うことなく、「大会の決議のもとに要望する」ことになった[72]。

　参考までに、主要な決議を示すならば、以下のようになる。全体会議の議題協議で、「文部省の図書館行政の確立を要望する件」が端的な報告の後に、質疑なく即座に採択された。さらに、部会協議に基づいて決議されたのは、国立国会図書館の館長を辞任した金森徳次郎の後任が一年も補充されないことについて、衆参両議長に宛てた「速やかに国立国会図書館長を選任されんことを要望する件」や、出版界への要望として「ソ連の出版物に限らず全部の（外国出版物）について原著者だけでなく原書名も原綴りで表示するよう要望してほしい」という大学図書館部会の決定、教育部会が従来から求めている「各大学に図書館学に関する講義を必置する件」を引き続き要望することなどであった[73]。このように、特定の動向や状況への是非に関する立場表明ではなく、図書館界の要望を表明するという性質のものであり、討議が深められることもなかった。

　ただし、このような大会の雰囲気に批判がなかったわけではない。『図書館雑誌』に限っても、高橋弘[74]や石川正知[75]が大会で日米安保条約が全く扱われなかったことを痛烈に批判している。有山崧は「図書館は何をするところか」[76]で反対意見を出し、図書館の仕事は世論の形成への貢献にあり、民衆の判断にまで立ち入ることを慎むよう求めた。この見解の相違に直接的に関係する投稿や論考が断続的に『図書館雑誌』に登場し、当該大会から2年を経ても関連記事が掲載されていた[77]。

4.2　1960年代から1970年代前半の全国図書館大会の特徴と立場表明

4.2.1　全国図書館大会の特徴

　前節で言及したように、1960年代前半には、全国図書館大会が政治的・社会的動向を踏まえた団結の場になることを望む者も図書館界には存在していた。しかしながら、実際の1961年から1970年代の半ばまでの全国図書館大会は、1960年の大会の傾向を引き継ぎ、1950年代とは性格を異にしている。

　この時期の全国図書館大会を概観すれば、次の2点を特徴として挙げることができる。第1点目は、読書の強調である。1960年の全体会議では読書に関係

する実践報告が行われており、図書館関係者のみならず、地域の読書会関係者も担当していた。1966年から初日の全体会議が廃止され、開会式を行うだけになるが、その前年までは、このような形での全体会議が続けられた。特に1961年[78]と1962年[79]の大会では、全体会議に「本を読む人々の集い」という副題が付されている。1963年には「国民的規模による読書運動」を展開しようという決議が行われ[80]、翌年のスローガンとしても採用されるなど、図書館界が重点的に取り組むべき課題として扱われている[81]。各部会でも、読書指導や読書会運営が大きく扱われ続けていた。1968年の大会を最後に「読書運動」という部会が姿を消すものの、1969年には、第13部会「子どもの読書」、第14部会「勤労青年の読書」、第15部会「母親の読書」、第16部会「老後の読書」と年齢別に拡大する[82]。それ以降の読書指導や読書運動に関係する議論は、概して、1970年以降も残った「子どもの読書」部会や、学校図書館に関係する部会で扱われる傾向にある。

　第2点目は、公立図書館の戦後史にみられる質的転換に関係する話題がみられることである。すなわち、大図書館中心主義で資料の保存志向の館内閲覧中心であったところから、市民と第一線でかかわる中小図書館を重視し、利用者志向のサービス中心へと至る転換を主導した報告書と実践である、1963年の『中小都市における公共図書館の運営』、日野市の図書館実践、1970年の『市民の図書館』に関係した議題である。1961年の大会では、日本図書館協会によって設立されたばかりの「中小図書館運営基準委員会」に関する報告があり[83]、1963年には、刊行から半年を経た『中小都市における公共図書館の運営』の内容に関する討議[84]が行われている[85]。1967年の第4部会「読書運動」という、例年、読書会の組織や読書指導について話し合われてきた部会において、日野市立図書館の前川恒雄が「まず市民に本を貸し出すことだけをしている。(中略) どのような本の貸出しも拒否しない。これがやれなくては図書館といえないのではないか」[86]と発言していることは、指導性を含めた読書指導から貸出しの重視に向かう、戦後図書館界の重点の移行の過渡的な状況を垣間見ることができよう。

4.2.2　全国図書館大会における立場表明

　戦後の全国図書館大会の展開の中で、1960年代から1970年代前半は、より多様なテーマが扱われるようになり、数多くの決議が行われた時期でもあった。ただし、簡潔な要望やアピールの形がとられて、決議文が作成されることはまれである。さらに、図書館関係者が扱う問題として容易に合意できるテーマが大多数であり、決議の是非に関する見解の応酬はほとんどみられない。以下では、各年度の大会記録を基に、第1章で示したカテゴリーに沿って、この時期の決議の内容を概観した上で、図書館の社会的責任論にかかわる線引きの議論にかかわる動向を取り上げる。

　まず、雇用問題などの専門職団体としての在り方を媒介とする領域では、図書館員の養成と雇用に関わる制度面の決議が継続的に行われている。養成機関の問題として、図書館職員養成所から国立図書館短期大学（1964年）、国立図書館情報大学（1979年）へと至る動向の中で、全国図書館大会での決議は志智嘉九郎が回想するように「館界の総意」[87]の表明のひとつであった[88]。1950年代から引き続き図書館職員養成所の大学昇格の要望が決議され（1962年、1963年）、その後は4年制大学への昇格についての決議を採択した（1964年～1969年、1972年～1974年）。さらに、司書教諭の必置の実質化と学校司書の制度化を求める決議も続いた。これは、よく知られているように、1953年制定の学校図書館法では、教諭をもって充てる司書教諭の必置が規定されていたが、同時に付則で「当分の間（中略）司書教諭を置かないことができる」とされたことに起因する。この状況の改善は1997年の法改正を待たねばならず、それまでの間に、実質的に学校図書館の業務を担った学校司書の位置付けと合わせて、要求を続けていた（1963年～1966年、1969年～1971年、1973年、1975年）。また、司書講習や司書課程の内容の充実や（1961年、1964年）、図書館学課程の拡大（1972年）、学校教育の課程に図書館利用教育を位置付けること（1966年）について、文部省に向けた要望が採択された。一方、1974年に、図書館員の専門性に関する図書館界の議論を受けて、「図書館員の倫理綱領」の作成を日本図書館協会に申し入れる決議を採択した。上記のように、図書館員の養成に関わる問題の主導権は図書館外部（主として文部省）にあり、いかに改善を引

き出すのかという運動であったのに対して、「職能集団がメンバー個々の判断、行動を討議し、その動きについて社会的に検証を受けて、自律的に作成され、公表されるべきもの」[89]（傍点、筆者）としての倫理綱領は、司書職制度確立のために自らが行い得る取り組みとして位置づけることができる。また、大会の分科会の在り方や日本図書館協会の部会の設置要求なども、このカテゴリーに含められる動きである。

次に、資料の提供や情報へのアクセスに関わる領域についてである。これに相当するのは、図書館サービスや図書館に関係する組織そのものを主題とする決議であり、対象と論理の両面で異論が生じることはなかった。図書館振興や予算など、図書館外部に向けた決議と、図書館界内部に向けた、図書館サービスの向上を訴える決議に分けることができる。

前者では、まず、公立図書館の設置に関する決議がなされた。戦前から1950年代までとは異なり、法改正による義務設置を目指すのではなく、未設置の自治体に働きかける運動へと移行し（1962年、1963年）、1964年には、図書館利用者から決議として、市立図書館未設置の市に図書館を設置するよう求める決議を採択している。予算の拡大については、自動車文庫（1961年、1972年）、図書館の設置や振興（1962年、1965年、1975年）、学校図書館費（1963年）、図書館費（1968年、1971年、1972年、1973年、1975年）が挙げられた。

後者では、国立国会図書館の児童図書の利用（1962年）、館外貸出制限の緩和（1964年）、家庭療養中の子供への家庭配本（1974年）などがあった。さらに、1975年以降にも継続して扱われる障害者に関連するテーマでは、点訳の公費負担や設備の充実（1971年）や、すべての館種で身体障害者が利用できるように求める（1974年）など図書館界に要望が向けられていた。

前項で指摘した、読書の問題については、全体会議での決議に至らなかった例もあった。1969年の大会では、PTA母親文庫の関係者が第15部会「母親の読書」を主導していた。そこで、「俗悪不良の週刊誌」や「卑俗な」放送番組が子供に悪影響を与えるということで反省を要望する決議が求められた。これには、森耕一が「テレビはともかく、週刊誌といえども出版物である」と述べ、「図書館の自由に関する宣言」を想起して「図書館大会の名において週刊誌を追

放しようと決議することが、この自由宣言と抵触しないか再考を願いたい」と促した。片山潔（山形県立図書館協議会）は、表現の自由などの議論によって母親の訴えが消えてしまうことを指摘し、「先ほど出た例など、むずかしい議論など必要ない」と主張したが、上野武彦（大阪府立図書館）は、「よいものも、悪いものも与えて、その中から強じんな精神を育てる子どもこそ、これからの世の中に役立つ人間になると思う。この件で、大会で決議することは、図書館精神の硬直を示すもので、私は大反対だ」と述べた。「図書館の中立性」を強調する森の発言もあり、明確な決議には至らなかった[90]。ただし、大会記録を出版関係者、テレビ局方面に配布し、理解を求めた[91]。

　1950年代後半にみられたテーマに関係する議論も低調であった。例えば、1965年の公共図書館利用分科会では、婦人の学習活動や母親文庫、読書会についての発表や協議が進む中で、緊急議題として「読書の自由と民主主義の危機について」が国立国会図書館の住谷幸雄から出された。「最近もある図書館で青少年保護条例の名をかりて、図書館に閲覧票で誰が何を読んだかと調べにきたという話を聞いている」として、図書館の自由との関係において、何らかの意思表示があって然るべきであるという。しかし、徳島県読書友の会連合会会長である美馬誠一が、「過去3年の大会が、いずれも国民的規模において読書運動の展開はいかにあるべきかということが主眼目になっておる。今の提案者の意見は、私達現在まで接したことがない。あまりにも架空な議論は、貴重な時間にはさけてもらいたい」と切り捨てた。両者のやり取りに他の図書館員あるいは参加者からの発言はなく、議長が「この問題はいまここで話し合っても結論のでるものではないので、別の機会をみて討議するということで打ち切りたいと思う」と述べるのみで、討議は終了した[92]。

　そして、図書館外部の「政治的な」動向に対する立場表明や議論が明確に排除されたのが、1966年の全国図書館大会であった。この大会は、10月19日から10月21日にかけて、東京文化会館において開催された。初日には、開会式、講演、表彰式に続けて、「現代社会は図書館に何を期待するか」と題する討論会が設定されていた。大会の案内では、司会者は浪江虔（南多摩農村図書館長）であり、講師は伊藤整（日本近代文学館理事長・作家）、坂西志保（国家公安委

員・評論家）、大塚明郎（科学技術館長）、羽仁五郎（歴史家）、宮原誠一（東京大学教授）、蒲地正夫（熊本県立図書館長）の予定であった[93]。しかしながら、当日、羽仁は登壇しなかった。この出来事については、東條文規による「『羽仁問題』の真相」が詳しい。東條が、この討論会について質問する直接の契機となったのは、司会の浪江の自著における次の記述であった。

> ところがこの会が、私たちの計画とは全くちがった進行をし、一挙に暗礁に乗りあげてしまったのである。具体的なことは一切公表しないことを、直後に協会側出席者が互いに確約した。その確約を今も破るわけにはいかないから、まことにあいまいな言い方になるが、この時の状況から判断して羽仁氏をお招きしないことにせざるを得ないだろうという考え方が、私たちの間ではほかたまった。ちょうどそのころ、文部省からある種の意思表示があったらしい（「らしい」というのは、私がきいたことでないし、このことで文部省と交渉することなど全くなかったからである）。だから、多くの方々が憶測したように、協会首脳部が「文部省の圧力に屈した」のではない。文部省の意思表示が全く無関係だったといえば正しくないけれども、われわれの結論は八、九分どおりかたまっていたのである。
>
> （中略）不本意な成りゆきで、とくに檀上で羽仁氏が出席しない理由について、全参加者にあからさまなウソをいわなければならなかった司会者の立場は、実にいやなものであった。しかもそのあと「羽仁問題」という言葉まで作られ、かなり長いこと「文部省に屈した」われわれへの非難が語られたのであった[94]

浪江の活動に関するインタビューの中で東條らに真相が明かされたが、オフレコ扱いにして、浪江は終生その立場を維持したようである。1999年に浪江が亡くなったことを受けて明かされたところによると、浪江は「羽仁さんには困ったものです。大会の席上で、紀元節復活反対の決議を会場に迫って欲しい。これが私が講師を引き受ける条件ですといわれたのです」と証言したという。さらに、「図書館大会の席上で、紀元節復活反対というのはあまりにも場違いです。羽仁さんは図書館のことがわかっておられない。だから仕方なく、

こちらから講師を遠慮してもらったのです」（傍点、筆者）とも述べていた[95]。

大会の翌年である1967年の、図書館活動推進全国労働組合協議会事務局による記事でも近いことが記述されている。羽仁を排斥する動きが東京都、文部省、図書館界の一部にあったということを前提にする点では浪江の認識とニュアンスが異なるが、その一つの契機になったのが「氏が事前に『学問・思想の自由を侵す紀元節の復活は、図書館の自由とも深く結びついており、さけて通ることのできない問題なので、自分は討論会でこの問題を提起したい』と語ったことにあるといわれています」と述べていた[96]。

同年に羽仁自身も『月刊社会教育』に「図書館と紀元節」という論考を発表している。そこでは、「図書館大会は図書館の問題を扱うのであって、紀元節の問題は、いわゆる『次元の違う』問題だという。この『次元の違う』という論理、これはちょっと論理のようにみえるが、実は論理の反対のものである」と述べて、具体的な状況への言及を交えながら反論を行っていく。主張の大要を示せば、以下のようである。一部を対象にした制限は、全体の一部分を構成しており、全体の力を弱めていく。また、紀元節は国民主権という憲法の理念に反するものであり、学問的にも問題がある。これらを含め、政治や財政の問題は、図書館の発展の根本にかかわる問題でもある。そのために、紀元節の問題を図書館関係者が検討するように促したということであった[97]。しかしながら、この論理の是非や妥当性が全国図書館大会の場で、多くの図書館関係者の間で討議されることはなかったのである。

5 「総意」を示すフォーラムの縮減（1976～）：問題解決から問題共有へ

1976年以降の全国図書館大会でも、引き続き、分科会での報告や討議は活発に行われた。特徴的な動きは以下の通りである。まず、1975年に活動を開始した、日本図書館協会の「図書館の自由に関する調査委員会」が主導する「図書館の自由」関係の部会で、『ピノキオ』や『ちびくろサンボ』といった図書と差別の問題や利用者のプライバシーをはじめとした、図書館の自由に抵触する事例報告が数多く行われた。さらに、従来から様々な決議を提案してきた障害者サービスに関する部会でも、引き続き、障害者の図書館利用に存在する障壁

について、多様な指摘がなされている。このように、図書館環境の中にある社会的問題を一層強く意識するようになった時期であるといえよう。

一方、1976年以降の全国図書館大会では、決議の数が激減した。個別具体的な要望単位ではなくテーマでみれば、年に概ね2～3件である。これは分科会から全体会議に決議案が持ち込まれることが減ったためであり、全体会議で異議が唱えられて却下されるようになったわけではない。なお、1976年や1986年のように、全体会議が設定されない年もあった。

採択された決議の内容を概観すると、障害者サービスに関係するものが目立つ。障害者の読書のために著作権法の改正を求めたり（1976年、1981年）、館種や図書館サービスを越えて障害者の図書館利用を保障するよう図書館界に向けて要望を出したり（1977年、1979年）、点訳や音訳の対象となる媒体の拡大を要求したり（1983年）している。また、この時期に、全国図書館大会と関係の深い、「図書館の自由に関係する宣言」の1979年改訂版や、1980年の「図書館員の倫理綱領」が作成された。ただし、それらは日本図書館協会の総会決議によって成立しており、全国図書館大会では、それらを支持する決議を採択するにとどまった[98]。その他、図書館法18条に基づく「望ましい基準」の早期提示や補助金の大幅な拡大、専任の児童図書館員の配置と維持を求めることなどの決議[99]（1978年）や、図書館法13条3項の改定の動きを受けた「公立図書館に対する国庫補助条件にかかわる『館長の司書資格要件の廃止ならびに司書配置基準の緩和』に強く反対する」[100]決議（1990年）が採択された。

1950年代に議論されたテーマに近い決議を求める動きが皆無であったわけではない。1984年に「自由宣言30年にあたり国民の知る自由を守るため、図書館の自由の実践を強める決議」を採択した後に、弥吉光長から「切々と20数分に渡って」核兵器の問題に関する発言があった。歴史を顧みた上で、「反核のため日本図書館協会に強力な委員会を作り、（中略）来るべきIFLAの会議に協会から反核の提案をして、日本の被爆と非核の真情を訴えてもらいたい」というのが主張の核心であり、「人類の死滅した世界に何の図書館が必要でしょう」と述べることで、問題を図書館と結び付けた。しかし、議長は「時間さえ許せば、少しみなさんのご意見を聞いたり、今後の対応についてご意見をいた

だきたい」ところであったが、予定時刻を超過しているため、討議や決議を行わず、日本図書館協会に対応をまかせた[101]。翌年にも、浪江虔から、「国家秘密に係るスパイ行為等の防止に関する法律案」(いわゆる「スパイ防止法案」あるいは「国家機密法案」)への反対決議の提案があった。当該法案に拡大解釈を許す条文が含まれており、検閲制度の復活につながると認識している。これには、「図書館の自由に関する宣言」からみて大きな問題があり、「この1985年の全国図書館大会において、このことに一言も触れないで散会したら、私達図書館人が自ら自由宣言を放棄したということになるのではないでしょうか」と述べた。しかし、「大会終了後、関係者と十分協議して然るべき方法で取扱っていただくようにお願いしたい」という議長の発言により、決議の採択はもちろん、討議も行われなかった[102]。

1990年代も上記の状況が続く中で、議長が「全体会議としての討議を深める」[103]ことを促す場面もあった。しかしながら、2000年代以降に大会の形式および性質が変化していく。2000年の全体会議で、糸賀雅児が「各分科会とも100人を超えるような分科会の中でどうやって実質的な討議を進めていくのか。2日半にわたる大会とはいえ、実質的な分科会は2日目の1日である。この中で多くの課題を抱えた現在の図書館についてどのように議論を煮詰めていくのか」と述べ、分科会でカバーすべき現代的な潮流にも触れた上で、大会の在り方を見直すことを促している[104]。

21世紀の全国図書館大会では、全体会議が設定されないことが多く、全体会議としてテーマをしぼったシンポジウムが開催されることもあった。糸賀の発言にも表れているように分科会は盛況であった。各年度の大会記録を参照すれば、参加者の少ない分科会でも概ね50名程度、多い分科会では150名程度の参加があった。そこで行われる報告と質疑応答を通じて、図書館が直面する課題や論点が、図書館に関心を持つ者の間で共有され、検討されることには大きな意義があろう。しかし、かつて存在した「図書館界が一致して意思表示をしていく」[105]という側面は、全国図書館大会から消えていったのである。

社会的責任論からみた戦後の全国図書館大会の展開　　**165**

6 社会的責任論の枠組みから見た全国図書館大会の変容

これまでの章を受けて、決議や声明に注目することで明らかになった全国図書館大会の変容について総括しておきたい。

戦後初期の全国図書館大会は、方針の決定や、情報および意見の交換の場であった。戦後直後の、制度や実践の模索期にあって、議題は図書館界の内部に集中しており、文部省への要望が多く出される点では、戦前との連続性がみられる。この頃の全国図書館大会について、中井正一は、かつての図書館関係者を結び付けていた心理的紐帯にかわって論理と現実が新たな紐帯になったと述べた。この指摘について、全国図書館大会が、図書館界のための討議の場へと移行してきたと換言することもできよう。

1950年代後半になると、いわゆる「逆コース」の時代にあって、全国図書館大会では、政治的、社会的動向を念頭においた議論が積み重ねられた。それは、「図書館の自由に関する宣言」という、図書館関係者が自らの手で作成する宣言についてであっても、原子兵器や、出版物の取締り、教育二法案、文部省の図書選定といった図書館外部の動きについてであっても、共通してみられる傾向であった。

特に図書館外部の動きに関して、第1章2節で言及した枠組みでいう(3)の「雇用やアクセスの問題を経由しない領域」の議論が活発に行われ、「図書館」という機関に対する当時の図書館関係者の自己認識が現れていたり、図書館が関与すべきかどうかという線引きの論争が顕在化したりしていた。

前者の自己認識に関して、図書館という存在を人類の平和や繁栄に寄与したり、人類の福祉と真理への奉仕者であったりするものとして描くことで、原子兵器と図書館を結び付けていた。また、1955年の大会宣言にみられるように、読書指導によって批判眼を養うという社会的役割を引き受けていた。さらに、「不良出版物」の取締りを批判しないことと、図書館が言論の自由への奉仕者であることが両立し得ていた。すなわち、そのような取締りに総論として賛同しつつ、取り組みとして、取締り自体を行うのではなく、批判眼の養成によって青少年を不良化から防止するという立場を採用していたのである。なお、この考えは、1960年の出版界に向けた決議を採択しているように存続していく。

1969年の大会で「俗悪不良の週刊誌」と「卑俗な」放送番組への反省を迫る決議案に「図書館精神の硬直」や「図書館の自由に関する宣言」との矛盾といった批判が加えられるに至って、図書館界の心性における言論の自由の位置付けの変化をみることができる。

　後者の線引きの議論は、すべての人への公開という図書館の原則と特定の立場表明との矛盾という、アメリカでも1960年代後半にみられる形で進められた。第3章で詳しくみたように、この論点は1950年代後半の全国図書館大会を通じて散見されており、全国図書館大会の性格の分水嶺となった1959年の大会において、見解の対立が顕在化した。そして、図書選定事業に反対する決議を採択するかどうかという論争の前提にあるのは、このような見解の対立だけではない。武田の発言に「館界人の総意」という表現があったように、全国図書館大会で決議するということは、図書館関係者の「総意」を示すことであるという合意が、議論の前提にあったのである。

　第4章で検討したように、1960年代の全国図書館大会から、政治的な争点が明確に排除されるようになった。しかしながら、このような変化がありながらも、「総意」を表明する場という性質は存続していた。このことは、志智嘉九郎の回想のみならず、4.2.1でも言及した戦後の図書館界の質的転換期にあって、図書館の在り方に関係する数多くの要望が決議されたことからもわかる。図書館に関係する具体的な事柄を進めるために、全国図書館大会での決議が必要であると考えられていたのである。当然のことながら、言葉通りの意味での「総意」であるかどうかはさておき、全国図書館大会での決議は、図書館関係者の「総意」で合意したことであると措定されていたといえよう。

　1970年代半ば以降の全国図書館大会では、障害者サービスに関わる決議がみられる一方で、決議の数は低下していった。従来から決議の対象になっていた懸案事項が全て解決していたわけではない。もちろん、国立図書館短期大学が4年制の大学に昇格することで積年の目標が達成されたり、公立図書館の設置が市民による図書館運動の形で進められたりした場合もあるが、司書教諭と学校司書の問題や、図書館法18条に基づく「望ましい基準」の問題など、未解決の問題も数多く残っていた。大会への参加者は増加し続け、部会では報告や

情報交換が盛んに行われる一方で、全体会議に決議案を持ち込もうとすること自体が減り、21世紀には、全体会議自体が消滅した。このような動きによって、全国図書館大会から、「総意」を表明する場という性質が消え、図書館について考える共通の場という性質が残されたのである。

おわりに

　本論文では、図書館の社会的責任の観点から、決議や声明といった立場表明に注目することで、図書館界の意思表示の場としての全国図書館大会の変容を明らかにした。1950年代から1970年代半ばにかけて、全国図書館大会は図書館界の「総意」を表明する場の一つであったが、1970年代後半から、図書館の中にみられる社会的な問題が議題として扱われながらも、「総意」を表明するという性質は縮減し続け、21世紀になって消滅した。

　これを社会的責任論の側から捉え返せば、図書館の社会的責任に関する討議の主戦場が全国図書館大会から他へと移ったことを意味している。1960年代から政治的、社会的な動向に関わる立場表明が全国図書館大会から消えていったが、図書館界全体から消滅したわけではない。かつて、全国図書館大会に「緊急提案教育二法案反対決議について」(1956年)や「読書の自由と民主主義の危機について」(1965年)を持ち込んだ図書館問題研究会は、結成初期ほどには政治的関心を前面に強調しなくなったものの、社会的な動向には関心を寄せ、声明の発表を続けている。また、第1章1節でも例示したように、日本図書館協会や、その常置委員会である「図書館の自由委員会」も、立場表明を行っている。戦後図書館界の社会的責任論を適確に理解するには、本論文で明らかにした社会的責任論をめぐる対立の構図や図書館関係者による「図書館」についての自己認識を、異なる時代や異なる文脈と比較していく必要があろう。

謝辞：本研究はJSPS科研費JP18K18331「図書館の社会的責任に関する戦後史研究」(福井佑介研究代表者)の助成を受けたものです。

注

1) 「図書・雑誌・新聞への消費税軽減税率の適用を求めます」日本図書館協会, <http://www.jla.or.jp/demand/tabid/78/Default.aspx?itemid=4119>（最終アクセス日：2019/1/28）.
2) 「特定秘密保護法案に関する声明」日本図書館協会 <http://www.jla.or.jp/Portals/0/html/jiyu/tokuteihimitsu_appeal.html>（最終アクセス日：2019/1/28）.
3) 日本図書館協会図書館の自由委員会「中沢啓治著『はだしのゲン』の利用制限について（要望）」日本図書館協会, <https://www.jla.or.jp/portals/0/html/jiyu/hadashinogen.html>（最終アクセス日：2019/1/28）. 日本図書館協会図書館の自由委員会「図書館資料の収集・提供の原則について（確認）」日本図書館協会, <http://www.jla.or.jp/portals/0/html/jiyu/cmnt201507.html>（最終アクセス日：2019/1/28）.
4) 日本図書館協会図書館の自由委員会編『図書館の自由に関する事例集』日本図書館協会, 2008.
5) 日本図書館協会図書館の自由に関する調査委員会編『図書館の自由に関する事例33選』日本図書館協会, 1997.
6) トニ・セイメック『図書館の目的をめぐる路線論争：アメリカ図書館界における知的自由と社会的責任』川崎良孝・坂上未希訳, 京都大学図書館情報学研究会, 2003.
7) メアリー・リー・バンディ／フレデリック・J・スティロー編著『アメリカ図書館界と積極的活動主義：1962-1973年』川崎良孝・森田千幸・村上加代子訳, 京都大学図書館情報学研究会, 2005.
8) 川崎良孝編著, 吉田右子・安里のり子・福井佑介著『図書館と知的自由』京都大学図書館情報学研究会, 2013.
9) 同上, p. 253-270.
10) 日本図書館協会編『近代日本図書館の歩み：本編』日本図書館協会, 1993, p. 631.
11) 前述の『近代日本図書館の歩み』の他に、以下の文献がある。日本図書館協会企画調査部「年表・全国図書館大会の歩み：第34回（1948年）〜第96回（2010年）」『現代の図書館』49 (4), 2011.12, p. 242-255. 日本図書館協会企画調査部「年表・全国図書館大会分科会の歩み：第86回（2000年）〜第99回（2013年）」『現代の図書館』52 (3), 2014.9, p. 156-188. 日本図書館協会企画調査部「年表・全国図書館大会分科会の歩み：第76回（1990年）〜第85回（1999年）」『現代の図書館』53 (3), 2015.9, p. 149-170.
12) 次の文献は、全国図書館大会を重点的に取り上げて戦前の図書館界の動向を概説している。東條文規『図書館の近代：私論・図書館はこうして大きくなった』ポット出版, 1999, p. 74-104.

13) 永末十四雄『日本公共図書館の形成』日本図書館協会, 1984, p. 268-289.
14) 岩猿敏夫『日本図書館史概説』日外アソシエーツ, 2007, p. 222.
15) 前掲13), p. 317-320.
16) 1956年の図書館問題研究会の第2回大会において、後述の「教育二法案」に関する反対決議を採択した上で、同会の支部からの提案もあり、全国図書館大会に議題として提出することとなった。「第2回大会」『会報』11, 1956.6, p. 2.
17) 「図書館大会記録」『図書館雑誌』42(3), 1948.8, p. 216-219.
18) 例えば、1948年5月21日付で文部大臣に向けた次の進言書が、大会記録の後に掲載されている。「公共図書館法制定促進に関する連署進言書」『図書館雑誌』42(3), 1948.8, p. 220-221.
19) 例えば、良書普及推薦配給の趣旨説明での「良書を推薦して、組織的に配給するつもりである。(中略)配給し得るか否かが問題である」という発言は、議論がこの水準で行われていることを示している。前掲17), p. 218.
20) 議題は「公共図書館法の問題」と「国立国会図書館の運営の問題」であった。「全国主要図書館代表者会議」『図書館雑誌』43(5/6), 1949.8, p. 78.
21) 「大阪における日程表」『図書館雑誌』43(5/6), 1949.8, p. 63.
22) 西藤寿太郎「公共図書館の対外活動:第2回図書館大会に於ける研究発表」『図書館雑誌』43(5/6), 1949.8, p. 58-59.
23) 村田弘「刑務所図書館の現状に就て:第2回図書館大会研究発表」『図書館雑誌』43(5/6), 1949.8, p. 59-60.
24) 「第2回図書館大会」『図書館雑誌』43(5/6), 1949.8, p. 76.
25) 対外的な動きとしては、元東大図書館長の姉崎正治の喜寿の会に総会及び大会の名をもって祝電を送るという緊急動議に賛成があった程度である。「日本図書館協会第3回通常総会記事」『図書館雑誌』43(5/6), 1949.8, p. 64-66.
26) 図書館関係の参加者は氏名と所属が『図書館雑誌』の大会報告と共に示されるものの、それ以外の者は含まれないこともある。大会運営に携わった者が参加者数に触れることもあるが、次のページで、全国図書館大会の参加者数が一覧にまとめられている。「全国図書館大会年表」日本図書館協会, <http://www.jla.or.jp/Portals/0/data/content/taikai/taikainenpyou.pdf> (最終アクセス日:2019/1/28).
27) 中井正一「大会を終りて」『図書館雑誌』44(6), 1950.6, p. 106.
28) 「大会部会から」『図書館雑誌』44(7), 1950.7, p. 146-147.
29) 「図書館大会における研究発表から」『図書館雑誌』44(7), 1950.7, p. 160-161.
30) 「昭和26(1951)年度 全国図書館大会・日本図書館協会総会」『図書館雑誌』45(6), 1951.6, p. 105.
31) 「1952年・昭和27年度 日本図書館協会総会 全国図書館大会」『図書館雑誌』46(7), 1952.7, p. 153.

32)「大会日程」『図書館雑誌』47(7), 1953.7, p. 210.
33)「第5回全国図書館大会記録」『図書館雑誌』46(7), 1952.7, p. 180-181.
34) 前掲32).
35) 前掲33), p. 170-185.
36) 同上, p. 179.
37) 有山崧「九州大会」『図書館雑誌』46(7), 1952.7, p. 191.
38) この詳細については、下記を参照。福井佑介『図書館の倫理的価値「知る自由」の歴史的展開』松籟社, 2015, p. 31-41.
39)「第7回日本図書館協会総会議事録」『図書館雑誌』47(7), 1953.7, p. 234-236.
40) 前掲38), p. 56-63.
41)「第7回全国図書館大会議事録」『図書館雑誌』48(7), 1954.7, p. 224.
42) 福井佑介「原則としての『知る自由』の未確立期における図書館と社会的立場：1950年代の図書館界の趨勢と有山崧の思想」『京都大学大学院教育学研究科紀要』62, 2016.3, p. 93-114.
43) 前掲41), p. 226.
44) 同上, p. 227-228.
45)「原子兵器禁止に関する各国図書館界への訴え」『図書館雑誌』48(7), 1954.7, p. 222.
46) 前掲41), p. 229-231.
47) 同上, p. 231-232.
48) このときの議論については、次の文献が詳しい。塩見昇「『図書館の自由に関する宣言』の成立と進展」塩見昇・川崎良孝編著『知る自由の保障と図書館』京都大学図書館情報学研究会発行, 日本図書館協会発売, 2006, p. 3-74. 前掲38), p.44-48.
49) 前掲41), p. 237.
50)「第8回日本図書館協会総会議事録」『図書館雑誌』48(7), 1954.7, p. 250-258.
51) 前掲38), p. 61.
52) これは、公共図書館部会での「不良出版物対策の件」と学校図書館部会の「青少年の出版文化の浄化について」という2つの協議題を引き継いだ議題となった。なお、学校図書館部会の結論としては、(1) 読書指導によって良書と悪書に対する批判の眼を養う、(2) 業者の自粛を促す、(3) 各種文化団体、婦人団体、子供を守る団体などと横の連絡を保って善処するの3点を結論としている。「昭和30年度全国図書館大会全体会議」『図書館雑誌』49(8), 1955.8, p. 279-280.
53) 同上, p. 289-292, 275.
54) 同上, p. 275.
55)「昭和30年度全国図書館大会宣言」『図書館雑誌』49(8), 1955.8, p. 238.
56) 例えば、「どのようにして民衆の生活の中に読書をとりいれるか」という公開討

論会を大会期間中に設け、図書館側（蒲地正夫・徳島県立図書館長）、評論家（北川楊村・北陸夕刊新聞社長）、利用者側（田上康・富山県教育委員、佐伯ゆき・富山県婦人会副会長、辻武二・富山県青年団協議会長）で意見交換を行っている。「公開討論会」『図書館雑誌』51（7），1957.7，p. 274-275. また、青少年読書部会や成人読書部会でも検討されている。「部会協議」『図書館雑誌』51（7），1957.7，p. 276-282.

57)「昭和31年度全国図書館大会：公共図書館部会」『図書館雑誌』50（7），1956.7，p. 245.

58)「昭和31年度全国図書館大会：全体会議」『図書館雑誌』50（7），1956.7，p. 235-236.

59) 同上．

60)「全体会議：第3日」『図書館雑誌』51（7），1957.7，p. 304.

61)「全体会議5月27日」『図書館雑誌』53（8），1959.8，p. 261.

62)「読書部会」『図書館雑誌』53（8），1959.8，p. 279.

63)「全体会議5月29日」『図書館雑誌』53（8），1959.8，p. 311-317.

64) 同上，p. 312.

65) 同上．

66) 同上，p. 312-317.

67) 同上，p. 317.

68) 同上，p. 318.

69) 小熊英二『〈民主〉と〈愛国〉：戦後日本のナショナリズムと公共性』新曜社，2002，p. 499.

70) 佐藤忠恕「図書館にどうして化学的変化がおきないか」『図書館雑誌』54（8），1960.8，p. 238.

71)「公共図書館部会」『図書館雑誌』54（8），1960.8，p. 255.

72)「全体会議」『図書館雑誌』54（8），1960.8，p. 293-294.

73) 同上，p. 291-299.

74) 高橋弘「図書館人も政治への発言を（特集：北から南から）」『図書館雑誌』54（6），1960.6，p. 169-170.

75) 石川正知「沈滞を破るもの」『図書館雑誌』54（9），1960.9，p. 358-359.

76) 有山崧「図書館は何をするところか：国会デモに思う」『図書館雑誌』54（9），1960.9，p. 360-361.

77) 有山崧「社会と図書館：再度『図書館は何をするところか』」『図書館雑誌』55（1），1961.1，p. 10-11. 佐藤忠恕「図書館は何をするところかへ一言：図書館雑誌1月号を読んで」『図書館雑誌』55（4），1961.4，p. 103. 高橋清一「再び『図書館は何をするところか』へ一言：佐藤忠恕に同感する」『図書館雑誌』55（7），1961.7，p. 199-200. みろく生「政暴法・図書館・図書館員」『図書館雑誌』55（8），1961.8，p. 232-233. 平

野勝重「有山論文をめぐって」『図書館雑誌』56(7), 1962.7, p. 311-312.
78)「全体会議・本を読む人々の集い」『図書館雑誌』56 (2), 1962.2, p. 50-58.
79)「全体会議」『図書館雑誌』57(3), 1963.3, p. 87-96.
80)「全体会議」『図書館雑誌』58(5), 1964.5, p. 183-187.
81)「全体会議」『図書館雑誌』58(13), 1964.12, p. 572.「大会の成果についての覚え書き」『図書館雑誌』58(13), 1964.12, p. 622-623.「閉会式」『図書館雑誌』58(13), 1964.12, p. 623.
82)「部会討議:第1部会〜第16部会」『図書館雑誌』63(12), 1969.12, p. 616-621.
83)「中小公共図書館の運営をいかにすべきか」『図書館雑誌』56(2), 1962.2, p. 59-64.
84)「第1部会 中小公共図書館はどうあるべきか」『図書館雑誌』58(5), 1964.5, p. 188-189.
85) 全国図書館大会を含め、各地で行われた『中小都市における公共図書館の運営』に関する報告や討議については、次の文献を参照。オーラルヒストリー研究会編『『中小都市における公共図書館の運営』の成立とその時代』日本図書館協会, 1998, p. 364-367.
86)「第4部会 読書運動」『図書館雑誌』61(12), 1967.12, p. 557.
87) 志智嘉九郎「図書館法改正問題回顧」『図書館雑誌』74(9), 1980.9, p. 503.
88) この動きの全体については、次の文献が詳しい。吉田右子「国立図書館短期大学史:図書館学・文献情報学・図書館情報学への展開過程」『図書館文化史研究』34, 2017, p. 31-100.
89) 全国図書館大会運営事務局編『昭和49年度全国図書館大会記録』全国図書館大会運営事務局発行, 1975.3, p. 77.
90) 昭和44年度全国図書館大会実行委員会事務局編『昭和44年度全国図書館大会記録』昭和44年度全国図書館大会実行委員会事務局発行, 1970.3, p. 142, 175-176.
91) 昭和45年度全国大会実行委員会事務局編『昭和45年度全国図書館大会記録』昭和45年度全国大会実行委員会事務局発行, 1971.3, p. 15.
92)「館種別部会・分科会」『図書館雑誌』59(12), 1965.12, p. 541-542.
93)「昭和41年度全国図書館大会:協力体制を確立しよう 社会との結びつきを強めよう」『図書館雑誌』60(9), 1966.9, p. 1.
94) 浪江虔『図書館運動五十年:私立図書館に拠って』日本図書館協会, 1981, p. 279-280.
95) 東條文規「『羽仁問題』の真相」『ず・ぼん』6, 1999.12, p. 137. 東條文規『図書館という軌跡』ポット出版, 2009, p. 189-190.
96) 図全協事務局「あとがき」『月刊社会教育』11(3), 1967.3, p. 70.
97) 羽仁五郎「紀元節と図書館」『月刊社会教育』11(3), 1967.3, p. 64-69.
98) 昭和54年度全国図書館大会実行委員会編『昭和54年度全国図書館大会記録』昭和

54年度全国図書館大会実行委員会発行, 190.3, p. 113-114. 昭和55年度全国図書館大会実行委員会編『昭和55年度全国図書館大会記録』昭和55年度全国図書館大会実行委員会発行, 1981.2, p. 160-162.
99）昭和53年度全国図書館大会実行委員会編『昭和53年度全国図書館大会記録』昭和53年度全国図書館大会実行委員会発行, 1979.2, p. 159.
100）全国図書館大会実行委員会編『平成元年度全国図書館大会記録』全国図書館大会実行委員会発行, 1990.2, p. 177-178.
101）全国図書館大会実行委員会編『昭和59年度全国図書館大会記録』全国図書館大会実行委員会発行, 1985.5, p. 436-438.
102）全国図書館大会実行委員会編『昭和60年度全国図書館大会記録』全国図書館大会実行委員会発行, 1986.3, p. 167.
103）全国図書館大会実行委員会編『平成3年度（第77回）全国図書館大会記録』全国図書館大会実行委員会発行, 1992.3, p. 308. 同様の発言は次にもみられる。全国図書館大会実行委員会編『平成5年度（第79回）全国図書館大会記録』全国図書館大会実行委員会発行, 1994.3, p. 247.
104）全国図書館大会実行委員会編『平成12年度（第86回）全国図書館大会記録』全国図書館大会実行委員会発行, 2001.3, p. 271.
105）この表現自体は、1989年のものである。この年の大会で、分科会の議論を決議案の形で全体会議に提案することについて、後藤暢は「図書館大会開催中に、図書館界が一致して意思表示をしていくことは、図書館大会の使命にもふさわしい」（傍点、筆者）と述べた。前掲100）, p. 148.

上海国際図書館フォーラムを手掛かりに図書館を考える

金晶

はじめに

 2018年10月に開かれた上海図書館主催の第9回上海国際図書館フォーラム（Shanghai International Library Forum: 以下SILF）は、中国図書館事業の発展にあたっての新たな課題を示唆した。今回のSILFのテーマは、「よりスマートでよりインクルーシブな社会をもたらす図書館」であった。SILFは図書館関係者に新たな質問を投げかけている。例えば「スマート」とは何か、「インクルーシブ」とは何かといった問題であり、これらは図書館員だけでなく、社会全体が図書館の発展方向との関わりで考えるべき問いである。SILFを振り返ると、2002年（第1回）から2018年（第9回）までの間に、全般的な社会や技術の動きを背景に、図書館では資料形態（電子書籍）、サービス機能、管理方式に大きな変化があったことが分かる。本論文はSILFの概観を通して図書館の変革を考察し、将来の図書館事業に関する重要点を示して確認する。

1　上海国際図書館フォーラム概要

 第1回のSILFは2002年に開催され、その後は隔年毎に確実に開催、直近は2018年に開催された第9回目の会議であった。各回のテーマは図書館の発展に啓発と思考を与えるもので、それらは図書館の発展方向を導くものである。現在までのSILFのテーマとトピックをまとめたのが表1「SILFのテーマとトピック：第1-9回（2002-18年）」である。

表1：SILFのテーマとトピック：第1-9回（2002-2018年）[1]

年（回数）	テーマ	関連トピック
2002年（1）	知識ナビゲーションと図書館サービスの国際協力	知識管理、インターネット環境におけるレファレンス・サービス、図書館連盟と資料共有
2004年（2）	都市の発展と図書館サービス	レファレンス・サービスとレファレンス研究、図書館と都市のデジタル化
2006年（3）	管理イノベーションと図書館サービス	読者サービス、マーケティングとプロモーション、危機管理
2008年（4）	知識イノベーションと図書館サービス	デジタル時代の情報サービス、デジタル格差と図書館の責任、図書館のコア・コンピタンスと図書館業務の未来
2010年（5）	都市生活と図書館サービス	図書館と多元文化、コミュニティ建設、実績評価、情報サービス
2012年（6）	スマート都市と図書館サービス	デジタル読書、デジタル資料保存、複合型図書館の管理、クラウドコンピューティングとモバイルアプリケーションに対応した図書館の新システム
2014年（7）	転換期の図書館：新空間・新サービス・新体験	ビッグデータ時代の図書館サービスと管理、オムニメディア時代の図書館員の素養と技能、全民読書
2016年（8）	図書館：社会発展のブースター	スマート図書館建設、デジタル文化と公共サービス、図書館の相互接続
2018年（9）	よりスマートでよりインクルーシブな社会をもたらす図書館	「インターネット＋」時代の図書館の転換とイノベーション、学際協力、図書館の設計思想、デジタル人文学、図書館サービス

　SILFのテーマは社会状況や図書館状況を反映したものである。筆者はSILFのこれまでの経緯から、各回のテーマには発展性とともに、関連性があることを見出した。本稿ではそのうち、資料形態（電子書籍）、図書館のサービス機能、図書館の管理機能という3つの重要テーマに着目する。これらはいずれも社会環境、技術環境が図書館に提示した課題であるが、図書館関係者が考えるべき問題の方向性を示している。

2 SILFからの啓発（1）：資料形態（電子図書、デジタル読書）

　9回を数えるSILFで最も頻繁に取り上げられているトピックはデジタル時代の図書館である。関連するキーワードには、「ネットワーク」、「デジタル」、「ビッグデータ」、「インターネット＋」などが挙げられる。デジタル時代の到来によって、人びとの読書パターンは大きな変化を迎えた。電子書籍と紙書籍の間のトレードオフは、SILFがもたらした1つ目の啓発である。

2.1　現代の読書パターン

　2008年のSILF（第4回）以降、明らかにデジタル時代の図書館のあり方が重要なテーマとなった。インターネットとビッグデータの発展がこのテーマの背景で、この背景のもと人びとの読書習慣は質的変化を遂げた。『中国デジタル読書白書』は2011年から2016年までの中国デジタル読書の市場規模を明らかにしている。それによると、11の大型デジタル読書プラットフォームがデジタル読書市場の80パーセント以上を占有しており、デジタル読書市場全体の中ではモバイル端末を使用した読書の割合が2016年に91.1パーセントに達している[2]。このデータは読書パターンの傾向を反映しているのみならず、図書館に新たな問いを提示している。将来の図書館の意義は何なのか。図書館の存在様式はどのようであるべきなのか。電子環境が進むと、図書館にわざわざ出向き、重い資料を抱えて家に帰る人は果たしているのだろうか。もちろん、紙の本が完全に地位を失ったというわけではない。データによると、紙書籍の市場も過去2年間に収益は増加し、2016年の中国書籍小売市場の規模は701億元で、前年に比べて12.34パーセント増となっている[3]。ここから、電子書籍と紙書籍の間のトレードオフが現代の読書パターンでの新しい傾向であり、図書館にとって重要な意味を持つことが分かる。

2.2　読者の読書嗜好調査

　デジタル資料と紙書籍のトレードオフにおいて、何が重要となるのであろうか。この問いに答えるために、筆者は2018年に100名の読者を対象に、WeChatを通して読書習慣の調査を行なった[4]。調査回答者が外国籍である可

能性を考慮して、調査言語は英語に統一した。当該調査票作成サイトの統計システムにより、100名の調査回答者のうち、12人（12パーセント）のIPアドレスは中国国外から、残り88人（88パーセント）は中国国内の各地域からアクセスしたことがわかった。中国国内の場合、78人が上海、10人が北京、天津、吉林省、江蘇省などの地域からである。記入方式でいうと、98人（98パーセント）の調査者はWeChatで直接提出し、2人（2パーセント）だけが他のアプリケーションを通して提出した。まず、図1「調査回答者の主な情報入手源」が示すように、回答者が知識や情報を得る際にはオンライン資料と書籍を利用することが多い（回答者の70パーセント）。ただし、いっそう詳細な調査項目により、「書籍」にはKindleに代表される電子書籍も含まれていることが明らかになった。

図1　調査回答者の主な情報入手源

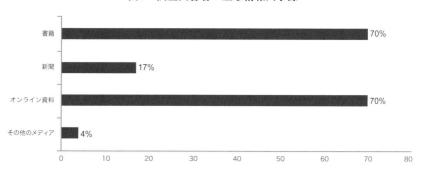

次に、デジタル読書の普及は読者による紙書籍の選択と利用に一定の影響を与えた。図2「調査回答者の紙書籍による読書の頻度」によると、「常に」紙書籍と回答した人は32パーセントで、最も多くの回答者（56パーセント）は「時どき」紙書籍による読書を行っていた。また、12パーセントの回答者は紙書籍による読書を「ほとんど」あるいは「決して」行っていない。こうした結果には多くの要因が関係しているであろうが、電子環境の影響が大きいと推察できる。

図2　調査回答者の紙書籍による読書の頻度

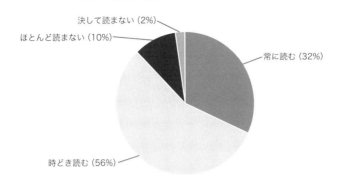

2.3　デジタル資料と紙資料の融合

　調査結果と関連する先行研究は、いずれもデジタル資料の開発と利用が図書館にとって重要なことを示している。電子環境がデジタル読書の方向を示しているだけでなく、多くの読者の嗜好も反映している。しかし紙書籍が伝統的な読書パターンとして存在する意義を軽視してはならない。実際、図書館が所蔵する資料の大部分が紙書籍であり、紙書籍の放棄は図書館という場の存在意義を問うことになる。デジタル資料と紙資料を融合させ、双方の発展を目指すことが図書館の発展方向であると言えよう。図3「電子書籍読書は紙書籍読書の代替となるか」が示すように、電子書籍が紙書籍の代替となる（31パーセン

図3　電子書籍読書は紙書籍読書の代替となるか

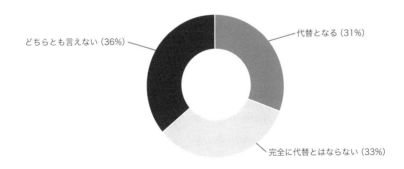

ト)、電子書籍が紙書籍を完全に代替するとは思えない (33パーセント)、両者にはいずれも絶対的な優位性が存在しない (36パーセント) と、回答はほぼ3等分された。この数値をみると、電子書籍と紙書籍の融合を行うことが、図書館の近未来にたどるべき道になる。

3　SILFからの啓発 (2)：サービス機能

9回のSILFを経て、図書館機能の変遷が見てとれるようになった。すなわち資料管理という単一機能から、サービスを中心とした多元機能への移行である。

3.1　図書館の基本的な機能

図書館は古くから存在する。最古の図書館の出現時期について定説はないが、記録の保存という必要性を土台に誕生したことに間違いはない。記録によると、紀元前3000年に古代バビロニアでは重要な出来事を粘土板に記録していた。紀元前4世紀頃には古代ギリシアの神殿に哲学院が設置され、これを西洋図書館の起源とする研究者もいる[5]。中国の蔵書と記録も長い歴史を持ち、古代における「府」、「閣」、「観」、「台」、「殿」、「院」、「堂」、「斎」、「楼」は、すべて図書館の前身であると見なされている[6]。ただし中国における「図書館」という言葉は外来語である。1877年に日本の文献に初めてこの語が現れ、19世紀末に中国に伝わったとされる。1903年に中国の『教育世界』第62号に掲載された「簡易図書館の設立について」が初めて「図書館」という語と概念を用いた[7]。

長い歴史を持つ図書館の最も基本的な機能は書籍の保存と事物の記録である。人びとは図書館を通して保存された記録の利用を願っており、これが人びとの図書館にたいする最も基本的な要求である。したがって長期にわたって、図書館管理者の主な責務は記録と保存、利用者の主な要求は参照と閲覧であった。しかしながら、現代の図書館は資料管理に加えてサービスにも重きを置くようになった。

3.2 現代図書館のサービス機能が直面する課題

「サービス」はSILFの重要なキーワードで、SILFにおけるサービス諸側面にたいする注目は、図書館の機能の変化と拡大を示している。長い歴史を持つ図書館の基本的機能は文化遺産の保存と記録であり、サービス機能の出現は大きな変革である。そしてサービス機能が直面している課題は以下のとおりである。

第1に、図書館の歴史をみると、長期にわたって図書館は書籍の保存、すなわち「物」を中心に据えてきた。現在でもこの側面は重要で図書館の責務の1つではあるが、「人」を中心に据えたサービスに移行している。SILFで提唱されている「インクルーシブ」の考え方の1つに多文化主義に基づく寛容があるが、これも「物」中心主義から「人」中心主義への重点の移行を示していよう。

第2に、サービス方式の情報化である。インターネット時代の到来と人工知能の出現は、図書館のサービス方式に情報化という変革をもたらした。現代の図書館が読者にサービスを提供するに際して、高度な技術を用いる光景は珍しくない。サービス方式の情報化は図書館員に高度な技術水準を求める。図書館員は高度な情報技術を駆使する必要があり、そうした技術は図書館サービスを向上させるための基本的要件である。

第3に、サービス内容の多様化である。他国の図書館と比較すると、中国の図書館サービスは貸出閲覧サービスに集中している。サービス思想の拡大と深化、サービス実践の多様化、さらにサービスの指針や基準の作成が重要な課題となる。

3.3 サービスを中心とした図書館機能構築の実践

近年来、上海図書館のサービスの中で最もよく検討され、運用されているのは貸出サービスとレファレンス・サービスをはじめとするサービスである。

表2「上海図書館の読者サービス：2017年、2018年」、表3「上海図書館の情報サービス：2017年、2018年」は、いずれも当該年度の上海図書館業務報告に基づいている。「延べ入館者数」は、人数カウントカメラを利用して年間入館者数を計算したもので、約300万人に達している。新規登録者数は新たに図書館

表2　上海図書館の読者サービス：2017年、2018年

	2017年	2018年
延べ入館者数	3,152,030（人）	2,984,561（人）
新規登録者数	303,836（人）	260,944（人）
パスカード利用貸出数	1,856,218（冊）	1,753,410（冊）
参考資料貸出数	551,430（冊）	552,398（冊）

カードを作成した利用者数で、2018年は約26万人であった。「パスカード利用貸出数」（2017年以前は「一般資料貸出数」と言われていた）は、上海図書館に所蔵される過去5年間の中国語図書が対象で、利用者が自ら取り出す開架制である。2018年は約175万冊となっている。「参考資料貸出数」は、上海図書館が所蔵する1974年頃以降の中国語および外国語図書が対象で、利用者が図書請求票をカウンターに提出する閉架制である。2018年の利用は約55万冊であった。なお「パスカード利用貸出」には100元、「参考資料貸出」に1,000元の保証金が必要である。また上記2種類の蔵書に若干の重なりがあるとはいえ、相互に独立している。

　こうした基礎的なサービスに加えて、表3「上海図書館の情報サービス：2017年、2018年」を示しておいた。図書館業務報告には表に示されていない複写や翻訳などのサービスも含まれている。これらのサービスは継続的に実施、改善、拡張され、サービス機能を重視する方向を反映している。なお「研究課題、マーケティング調査など」とは、上海科学技術情報研究所の活動で、研究所は政府や一般企業（日本の企業を含む）を対象に有料で市場調査などのコン

表3　上海図書館の情報サービス：2017年、2018年

	2017年	2018年
ILL（件数/充足数）	12,306件/10,309件	14,189件/11,316件
情報技術サービス(情報文献検索)	2,423件	2,275件
研究課題、マーケティング調査など（課題数/報告数/字数）	256件/411件/517万字	315件/381件/509万字
レファレンス（質問数/回答数）	698,311件/698,168件	704,878件/704,779件

サルティング・サービスを実施している。さらに上海図書館は約170万冊の古籍を所蔵し、そのうち2.5万冊は貴重書である。近年、上海図書館は古籍の修復とデジタル化に力を入れており、これは図書館のサービス方式の情報化ならびにサービス内容の多様化を体現している。SILFが示す図書館サービスの発展方向には、サービス内容の充実に加えてサービス品質の向上も含まれている。図書館のサービス機能の発展方向は、「人」へのサービスを土台に、伝統的なサービスと新たなサービスを組み合わせることにある。

4　SILFからの啓発（3）：図書館管理方式

　SILFのテーマからの啓発として資料形態（電子書籍）とサービス機能の変化という2つの課題を取り上げた。この2つの変化は必然的に図書館管理方式の変化を生む。過去のSILFでは随所に管理方式への懸念と新たな管理方式に関する考え方が示されている。

4.1　図書館管理方式の変革

　中国の場合、伝統的な意味での図書館管理の研究対象は、蔵書管理、選書、目録作成であった。そののち図書館管理の対象は図書館の実績と経営管理に拡大した。現在、図書館の管理方式は大きく変化しており、例えば以下の側面に反映されている。

　第1に、図書館運営を維持するための人的資源の管理である。資料やサービスの変化は必然的に図書館員の役割を変化させた。2017年下半期に公表された上海図書館の図書館員募集要項は、応募者の要件として例えば以下を掲げている。まず、半数以上の役職で学士号や修士号以上の学位が要求され、かつ計算機科学、電子情報学、生物学、知的財産などの専門知識を期待している。次に、情報技術に熟達していることである。デジタル時代の要求に応えるため、多くの職種で国内外のデジタル情報を理解し、資料をデジタル化する能力が要求されている。　もはや図書館は書籍管理だけではなく、文化交流の担い手や知識の発信者という役割を担う。図書館員は「閑職」から脱却し、専門知識を持つ人材として務めを果たすことが重要である。このような変化は図書館の情

報化、技術化を反映しており、図書館の専門化を体現している。

　第2に、マーケティング管理の出現と発展である。もともとマーケティングは経済と経営の領域における概念である。図書館は公的機関であるが、ビジネスにおける概念を公的機関に応用することは時代の流れであり、2006年開催の第3回SILFに「マーケティング」というキーワードが登場した。図書館は特定のチャネルを通して自らのプロモーションを行いつつ、利用者への図書館の影響力を強め拡大する必要がある。伝統的な公的機関としての図書館は活性化される必要があり、この活性化においてマーケティング管理が重要な課題となる。近年の上海図書館はマーケティング管理について模索を続けている。図書館地階へのスターバックスの進出が典型的な例である。このような商業ブランドの参入は、読者が休憩をとる際に魅力的な場を提供するとともに、ブランド愛好者の来館頻度が高まり、利用者にも図書館にも利益をもたらす。加えて、上図書店（上海図書館直営書店）も図書館の重要なマーケティングの拠点である。販路を拡大し、マーケティング市場との統合を実現するために、上海図書館は上図書店の一角に文化イノベーション製品の販売コーナーを開設した。上海図書館が独自に設計開発したシルクスカーフ、錦織のアイマスク、携帯電話スタンド、アンティーク調ノートなどを販売している。これらの製品は中国の文化を体現すると同時に、上海図書館の特色を取り入れて独自性を打ち出し、実用と記念を兼ねている。上図書店のマーケティングは、多くの読者と文具コレクターを惹きつけている。

　第3に、図書館の設計管理の変化である。伝統的な意味での図書館は、本を提供する場、読書の場であったが、利用者の生活の質が高まるにつれて図書館の設計にも提案がされるようになった。そのため、設計管理が図書館にとっての新たな課題となっている。今日の読者が図書館に求めるのは蔵書量だけではなく、図書館全体の雰囲気である。例えば、2018年10月1日に開館した楊浦図書館では初日の来館者が6,000人以上に達し、玄関には待ち時間40分の行列ができた。この現象を生んだ大きな要因は図書館建築そのものにある。著名な建築家の董大西が設計した建物には天井模様、孔雀門、琉璃瓦などの伝統的な風格があり、そこに情報検索の最新ツールを融合させることで、多くの読者を

惹きつけることになった。また、現在建設中の上海図書館東館は国際的な設計競争を通して、オープン（開かれた）、フレンドリー（なじみやすい）、シンプル（すっきりとした）な設計を確定し、独特の味わいのある建築となる予定である。これは図書館管理での設計の重要性を示すとともに、設計管理とマーケティング管理の相互作用を示している。

　第4に、危機管理の焦点の移行がある。2006年開催の第3回SILFは図書館における「危機管理」を検討した。ロバート・ヒースによると、伝統的な意味での危機管理は、緊急事態に対処し被害を最小限に抑えるために確立された予防や処理のシステムおよび対応措置を指す[8]。いかなる公共機関や企業にも危機管理システムが存在する。ヒースの理論とも関連して、図書館の最も伝統的な機能は書籍の保存なので、伝統的な理論では図書館における危機管理の重点は図書および所蔵資料（すなわち物）にたいする保護と管理と理解できる。しかしながら、図書館機能の変化とともに危機管理にも変化が現れている。その変化とは「物」から「人」への焦点の移行である。同時に、図書館マーケティングの重要性が増したことも、図書館が利用者の評価に注意を払うという方向に向かう。図書館の影響や評価にとって、利用者の図書館にたいする評価が重要になってきている。利用者の不満が引き起こす危機は、単純な物の損壊よりも重大なものになりかねない。例えば「大衆点評」（さまざまな場所にたいする評価を投稿できる中国のウェブサイト）には、上海図書館に関する3,362件の評価が掲載されている。現在の評価は、図書8.8、環境8.7、サービス8.1となっている。高い評価を投じた利用者は上海図書館を次のように評価している。環境が良い（885）、サービスが良い（108）、リラックスできる（88）、体験が良い（82）、高級感がある（69）、コストパフォーマンスが良い（63）、交通が便利（32）などである。また、図書館の飲食サービスといった補助的機能に評価を行った投稿者もいた。ウェブサイトには167件の低い評価も掲載されており、主な理由は図書館のネットワークが遅い、Wi-Fiの需要が満たされていない、返却システムが故障している、駐車場が少ない、図書館員から得られる情報が不十分などである。これらの低い評価は特定の時間帯に集中しており、これは緊急事態であると言えるだろう[9]。図書館のハード面が進展するにつれて書籍

への危機管理は大きな一歩を踏み出したが、利用者の評価によって提出された危機の管理については今後の重要な課題である。

4.2　管理の最適化とすぐれた図書館の構築

これまでのSILFで提唱された図書館管理方式に関する先進的な考え方は、今後の方向を示している。すぐれた図書館事業の実施についていくつか指摘しておきたい。

第1に、図書館員の収入である。統計ウェブサイトのデータによると、図書館員の平均月収は表4「中国図書館員の月収分布」が示すように4,000元から5,000元である[10]。この数字は中国社会では中間レベルにすぎず、都市部における大卒者の希望初任給の額を下回っている[11]。月収とは対照的に、図書館が図書館員に求める技能は一段と高度化しており、この月収では高度な人材の獲得は困難である。例えばアメリカでも同じことが生じている。2009年3月に実施されたアメリカの統計調査では、連邦図書館の管理職の年収が84,796ドルで、この額はアメリカで中程度あるいはそれ以下の所得であった[12]。このような状況の場合、求職者はこれまでの教育投資と今後の収入の釣り合いが取れないと判断し、図書館は高度人材の獲得がいっそう困難になる。適切な人材の欠如は人的資源管理での難題である。すぐれた図書館の構築には、まず図書館員の所得水準の向上が欠かせない。

表4　中国図書館員の月収分布

月　　収（元）	比率（％）
3,000未満	18.6
3,000-4,500	40.4
4,500-6,000	26.8
6,000-8,000	1.6
8,000以上	1.1

第2に、マーケティング管理と公共サービスの融合である。図書館マーケティングは新しい概念で、懐疑的な意見も出された。すなわち図書館は非営利目的の公的機関で、主な機能はマーケティングではないという意見である[13]。しかし実際には図書館や図書館関連製品のマーケティングは図書館管理の領域に入っており、図書館や政府の収入源にもなっている。マーケティングと公共サービスとの均衡の取り方は、図書館管理における難題でもある。上海図書館のカフェを例に取ると、上海図書館は2017年から自営カフェを経営していたが、後にスターバックスに移行した。マーケティングの観点からすると、スターバックスの参入は明らかに有益であるが、かなりの利用者が飲食にかかる費用が増えたと考えていることも事実である。この現象がインフレと無関係と断言できないものの、スターバックスのブランド価値が価格を高めていることを否定できない。両者の商品価格の比較を表5「上海図書館自営カフェとスターバックスの価格比較」に示す。スターバックスの価格は自営カフェの約1.5倍である。この例はマーケティングと公共サービスの相反性を示していようが、すぐれた図書館の構築に必要なのはマーケティングと公共サービスの融合である。例えば、マーケティングに有利なブランドのカフェを引き続き招致しつつ、図書館利用の多い利用者にカフェで利用できるクーポンを発行したりするといった措置が考えられる。このような取り組みは読書の振興になると同時に、利用者の負担を軽減できる。

表5　上海図書館自営カフェとスターバックスの価格比較

	自営カフェ	スターバックス
ミルクティー	12元	なし
アメリカン	18元	27–34元
カプチーノ	22元	28–35元
ラテ	22元	28–35元
ケーキ類	20元	26–35元

第3に、利用者の多様なニーズへの対応である。利用者管理が危機管理の主な方向となっている現代の図書館にとって、利用者管理自体が困惑を引き起こすことも少なくない。利用者は多様なグループから構成され、調整が難しい。利用者間の図書館管理にたいする異なる理解と多様なサービスにたいする要求は、図書館の運営計画の立案に一定の困難を引き起こす。既述のWeChat調査を通して、筆者は図書館への利用者の期待を調査した[14]。まず、表6「来館目的」が示すように、「読書」（89パーセント）、「勉強」（94パーセント）といった真面目な閲覧利用が圧倒的に多く、「資料を借りる」（68パーセント）、「復習」（46パーセント）と続いている。一方、「暇つぶし」（67パーセント）、「娯楽」（21パーセント）を目的とする利用者も多く、無視できない。来館目的に関連して多くの回答者が意見を述べた。比較的多かった回答は、家より静かや温度が快適で、温度管理への利用者の要求を反映していた。次に、表7「図書館設備の重要度」では、「Wi-Fi」（98パーセント）、「閲覧室」（96パーセント）、「資料」（95パーセント）が圧倒的に高かった。ここでも多様な意見が出されたが、比較的多くの回答者はインターネットなどのハード面の強化を指摘した。しかし一部の利用者は年齢ごとや分野ごとに細かく分類された図書が必要であるとの意見を示した。また、言及に値するのは有料貸出と保証金の基準に関する異なる見解である。そこでは有料貸出と保証金の撤廃を主張する意見と、それらに反対しないあるいは賛成という意見もあった。図書館利用者というグループ

表6　来館目的

「あなたはなぜ図書館へ来るのですか？」	
読書をするため	89%（89人）
本や資料を借りるため	68%（68人）
勉強をするため	94%（94人）
復習をするため	46%（46人）
暇つぶしをするため	67%（67人）
娯楽のため	21%（21人）

　注：複数選択可能

表7　図書館設備の重要度

「次のうち、図書館にとって重要な設備はなんだと思いますか？」	
Wi-Fi	98%（98人）
閲覧室	96%（96人）
本とその他の資料	95%（95人）
コピー機	16%（16人）
視聴覚資料	69%（69人）
ケータリング	3%（ 3人）

注：複数選択可能

は複雑な構成からなるグループで、利用者の多様なニーズに応え、異なる利用者グループ間に均衡を取ることは、図書館管理の重要な課題である。

おわりに

　SILFから得られた啓発を踏まえて、本稿は資料形態（電子書籍）、図書館のサービス機能、図書館の管理機能についてまとめてきた。それらを踏まえていくつかの私見を示しておく。

　まず、デジタル格差を緩和するために、スマートな共有プラットフォームを構築することである。図書館員は知識と文化を広める責務を担い、さらに社会の公平さを維持する責任を負う。デジタル格差はデジタル環境が生んだ新たな問題で、図書館が関与すべき問題でもある。現在、上海図書館は電子閲覧室の設置、電子リーダーの貸出、インターネットからアクセスできる電子プラットフォームの公開を実施しているが、デジタル格差の緩和という観点からは依然として不十分である。例えば図書館はモバイル機器を使用してインターネットを使用する一部の読者の需要を満たすことができていない。図書館はこれらの制限を打破し、スマートな共有プラットフォームを構築すべきである。　次に、サービス精神を発揮し、「人」中心主義にいっそう焦点を当てることである。図書館サービスは単なるスローガンに留まってはならず、図書館員の意識と態度に内在化され、日常的な行動となる必要がある。図書館員はサービスと

「人」中心主義を組み合わせて、知を継承する真のサービス機関として図書館を位置づけるべきである。最後に、伝統的な図書館業務に加えて電子環境を取り込み、さらに「人」中心主義のサービスを実質化するには、図書館の管理システムを最適化する必要がある。かつての中国の図書館は書籍としての「物」中心主義であったが、現在では「人」中心主義に移行している。ここでの「人」とは、住民であり図書館利用者である。そうした人びとの期待や要求を土台にした図書館のサービス、運営、管理が不可欠であり、そのことによって知の共有という図書館の理念に少しでも近づくことが可能となる。

注

1)「上海国际图书馆论坛网站」<http://www.libnet.sh.cn/silf2018/ljhg.htm>.〔Accessed: 2018-10-25〕
2)「2016年中国数字阅读白皮书」<http://www.jxpph.com/mainpages/newsinfo.cfm?id=738&newstype=Le105>.〔Accessed: 2016-04-08〕
3)「2017年中国人均可支配收入、消费支出、图书市场规模及图书版权分析」<http://www.chyxx.com/industry/201711/581401.html>.〔Accessed: 2017-11-10〕
4) 问卷星調查「关于阅读习惯的在线调查」<https://www.wjx.cn/jq/26378737.aspx>.〔Accessed: 2018-09-13〕
5) 王本玉・凌美秀「需求推动：公共图书馆起源的重新解读」『高校图书馆工作』2, 2006, p. 22.
6) 陳海東「关于中国图书馆历史起源的一点思考」『上海高校图书馆情报工作研究』2003, p. 2.
7) 羅振玉・王国維「拟设简便书馆说」『教育世界年卷期』1903, p. 62.
8) Robert Heath『危机管理』王成（訳), 北京, 中信出版社, 2001, p. 21.
9) 大众点評「对于上海图书馆的评价」<http://www.dianping.com/shop/1796647>.〔Accessed: 2018-12-31〕
10) 職友集「图书馆管理员 工资」<https://m.jobui.com/salary/全国-图书馆管理员/>.〔Accessed: 2019-01-4〕
11)「2018年全国平均工资出炉，你拖了多少后腿？」<http://www.sohu.com/a/283505102_120031757>.〔Accessed: 2018-12-21〕
12) 林輝「美国图书馆员和技术员简述」『科技情报开发与经济』21 (35), 20
13) Peter F. Drucker『非营利组织管理』吳振陽等（訳), 北京, 機械工業出版社, 2007, p. 56.

14) 問卷星調査「关于阅读习惯的在线调查」<https://www.wjx.cn/jq/26378737.aspx>. 〔Accessed: 2018-09-13〕

参考文献

曹娟「从阅读推广人到阅读推广人才，论图书馆届主导阅读推广专业教育」『图书馆论坛』1, 2018, p. 78-85.
黄宗忠「论图书馆的核心价值」『图书馆论坛』1, 2008, p. 3-8.
潘擁軍「试论图书馆与公共外交」『图书馆论坛』7, 2012, p. 62-66.
吳建中「开放存取环境下的信息共享空间」『国家图书馆学刊』14（3）, 2005, p. 7-10.
吳建中「国内外图书馆转型与创新动态」『大学图书情报学刊』1, 2018, p. 3-11.
吳建中「新时代 新课题 新作为」『新世纪图书馆』2, 2018, p. 11-14。
王世偉「积极探索国际大都市'文化共享工程'的探索新路」『数字图书馆论坛』1, 2007, p. 43-46.
周知平「数字图书馆建设，全面提升城市图书馆服务水平－第六届上海国际图书馆论坛主旨报告」『图书馆杂志』9, 2012, p. 2-5.

図書館建築をめぐる路線論争とその帰趨
ウィリアム・F. プールを中心として

川崎良孝

はじめに

　筆者は「ボストン公立図書館ボイルストン街図書館の建物：完璧なモデルから最悪のモデルへの転換」で以下を明らかにした[1]。

- ボイルストン街図書館（1858年）はアメリカで最初の大規模公立図書館の建物として建設された。同館はホール形式（アルコーヴが並んだギャラリーを外壁に沿って何層にも積み上げ、その内側の広大な空間を閲覧室にするという方式）を採用していた。そしてこの方式は、後のシンシナティ公立図書館、ボルティモアのピーボディ図書館などに引き継がれていった。
- ホール形式の図書館建築に強く反対したのがシカゴ公立図書館長ウィリアム・F. プールで、以下の理由による。(1) ホール中央の広大な空間を浪費する、(2) 暖房や夏の暑さが利用者や資料に悪影響を与える、(3) アルコーヴ方式で層を積み重ねると、職員の移動や動線が長く、昇降も多くて負担となるし、利用者の待ち時間も長くなる、(4) 防火面で問題がある、(5) ホール中央は単なる訪問客も多く、天井が高すぎて閲覧室として不適である、(6) 部屋の拡張が困難となる、(7) 明るさや採光の問題がある、(8) 建設費が高くつく。
- このような批判はまずボストン公立図書館の管理層からだされ、1876年のアメリカ図書館協会成立後は、年次大会でプールが上述の点を強力

に主張した。またボストン公立図書館長で初代のアメリカ図書館協会会長であるジャスティン・ウィンザーもホール形式の図書館を非難した。
・年次大会や論考におけるプールの批判は参加者や読者を納得させるものであった。そして1881年ワシントン年次大会では次の決議を満場一致で採択した。「本協会の意見では、現在主流である図書館建築の典型的な形式［ホール形式の図書館建築様式］には徹底的な改革が必要であり、安価で実際の利用に適した形式を採用すべき時期にきている」。

　ボイルストン街図書館は開館から25年を経ずして、完璧なモデルから最悪のモデルの図書館になった。なおアメリカ図書館協会の大会の場でホール形式の図書館建築が問題になったのは1877年のニューヨーク大会からで、プールはホール形式を非難し、ウィンザーはホール形式を見習ってはならないと明言していた。すなわち両者ともホール形式の図書館建築を切って捨てた。

　上述のまとめは、プールや図書館界がホール形式の図書館を拒絶したことを示している。しかしながら単なる批判だけでは意味がなかった。プールにしてもウィンザーにしても、ホール形式に代わる図書館建築を図書館利用者や図書館員の立場から提言しなくてはならなかった。本稿はホール形式に代えて、プールやウィンザーが主張した使いやすい機能的な図書館建築を、プールに焦点を当てて探っていく。対象とする期間はアメリカ図書館協会が成立する1876年からプールが他界する1894年までである。

1　ウィリアム・F. プール[2]

1.1　履歴

　アメリカ図書館協会が成立した1876年から19世紀末までのアメリカ図書館界の指導者として、ジャスティン・ウィンザー（1831-1897、ALA会長1876-85, 1897）、ウィリアム・F. プール（1821-1894、ALA会長1885-87）、それにメルヴィル・デューイ（1851-1931、ALA会長1890-91, 1892-93）を挙げることに異論はないであろう。ウィンザーはアメリカの公立図書館を牽引するボストン公立図書館長にして歴史家で、図書館界のまとめ役になり、明らかに頂点に立つ人物であった。ウィンザーやプールと1世代離れるデューイは、10進分類法

を携えて館界に登場し、アメリカ図書館協会の事務局長を担うことで、図書館界を引っ張っていった。ウィンザーやプールといった旧来の学究肌の紳士図書館員と相違し、司書職の伝道的使命を掲げ、図書館業務の効率を優先する若い図書館員の代表でもあった。プールは雑誌記事索引でアメリカ図書館協会の成立時にはすでに館界を代表する人物になっていた。ウィンザーと相違して、明確にはっきりと持論を発言する性格であった。

　プールは1821年12月24日にマサチューセッツ州セーラムで生まれ、1894年3月1日にシカゴ郊外のエヴァンストンで他界した。地元のコモン・スクールに入り、12歳から17歳にかけては宝石業、農業、皮革業に携わったが、学業を目指し1842年にイエール・カレッジに入学した。しかし経済的に学業を続けることができず、1年後にカレッジを離れて教職につき、そののちカレッジに戻って1849年に卒業した。

　当時のイエール・カレッジにはいくつかの学生団体があり、プールは「ブラザーズ・イン・ユニティ」という団体に入った。この団体は10,000冊の蔵書を持ち、プールは2年生を終える頃に副館長、4年生の時には館長になった。当時、カレッジの図書館には学生が運営する学生図書館があった。イエールの学生図書館は規模も大きく、大学自体の図書館よりも活発に利用されていた。チャールズ・C.ジューエットの統計によると、1850年頃のイエールの蔵書数は約60,000冊で、内訳はカレッジ図書館20,515冊、医学図書館900冊、法律図書館1,900冊、学生図書館27,166冊となっている。学生図書館はカレッジ図書館の建物の中に独立した場所を占めていた。学生図書館は3つの学生団体の図書館からなり、「ブラザーズ・イン・ユニティ」の図書館は蔵書10,500冊、年間平均増加冊数430冊、年間の利用は約11,000冊であった。いま1つの学生団体の図書館は「ブラザーズ」の図書館とほぼ同規模で、学生団体の成立は「ブラザーズ」よりも15年早い1753年であった[3]。

　プールが図書館と関わったのは、この学生図書館が最初である。そして多くの役立つ雑誌論文が埋もれていることを知り、雑誌記事索引の作成に着手した。そしてプールが第3学年の時に、ニューヨークのジョージ・P.パットナムが刊行している[4]。この154頁の索引は約40の雑誌を扱い総計560巻を取り

上げている。表紙にプールの名前は記載されておらず、イエール・カレッジの「ブラザーズ・イン・ユニティ」図書館のために作成されたと記載されている。そして各論文について同館での雑誌の請求番号を記載していた。

1851年にプールはボストン・アセニアムに移り、翌1852年にはボストン商事図書館の館長になった。1850年当時、この年会費2ドルの会員制図書館は1,100人の会員を擁し、蔵書7,000冊、貸出28,000冊、閲覧室には新聞89、雑誌21を備え、週日の午後10時まで開いていた[5]。当時のボストンにあって、ボストン商事図書館は一般住民を対象とする最も活発な貸出図書館であった。1856年にプールはボストン・アセニアムに館長として戻り、蔵書の再分類と目録作成に尽力した。1869年にはボストン・アセニアムを辞職し、いくつかの図書館の立ち上げを行ったり、助言役になったりした。

そののち同年秋にはシンシナティ公立図書館に館長として赴任した。同館の場合、図書館の新館計画が固まっており、3つの部分に分けて順次建設され、最後のホール形式の主たる建物は1874年に完成した。プールの赴任以前に建築計画はできており、プールの時代は継続的に建設が進んだ時期であった。しかしプールは設計に参加できず、完成した図書館を目にすることもなかった。

1874年1月にはシカゴ公立図書館長となり、1887年まで館長職にあった。プールの館長時代にシカゴ公立図書館は大きく発展した。1875年から1887年の間に、蔵書は39,236冊から129,129冊、貸出は399,156冊から626,825冊、閲覧室（新聞雑誌室）の利用者は236,021人から655,816人（1886年）[6]、参考室の利用者は5,528人（1876年）から79,345人に増大した[7]。また停本所や配本所、さらに学校との協力も開始した。プールの館長時代は図書館発展の土台を構築した時代といえる。なおシカゴが公立図書館を目的にする建物を完成したのは1897年であり、最初の分館は1904年である。したがって本格的なシカゴ公立図書館システムの構築は20世紀に入ってからと考えてよい。

プールは1887年にシカゴのニューベリー図書館長として赴任し、2つのことを成し遂げた。1つは図書館建築で、さまざまな場で主張してきた建物を実現させた。いま1つは同館の基本蔵書の構築で、学究肌で歴史に関心を持つプールにとって納得できる仕事であった。こうした2つの事業に携わり、館長在職

中の1894年3月1日に他界した。

1.2 業績

　プールの実務家としての履歴はウィンザーやデューイと比べて広範であった。ウィンザーはボストンとハーヴァードの図書館長を経験しているのだが、いずれも館長の経験しかなく、実務を担ったことはなかった。デューイは大学図書館、図書館学校、州の教育機関に勤め、公立図書館の経験はなかった。一方、プールは会員制図書館、学術図書館、それに躍進するシンシナティやシカゴといった中西部の公立図書館、さらにはニューベリーといった高度な学術図書館で、いずれも実務経験を土台に現場を指揮する立場にあった。こうしたプールの事績は多くの方面に及んでいるが、簡略にまとめると以下のようになる。

　まず実務の指導者としてのプールである。1876年にアメリカ教育局は記念碑的な『アメリカ合衆国のパブリック・ライブラリー』を刊行した。ここでプールは「公立図書館の経営管理」[8]を執筆している。この実務を詳述した論文は、図書館法規、図書の選択と購入受入、部屋、書架、机やカウンター、図書館長の採用、製本、分類、配架、目録、貸出、貸出記録などを明快に記している。これまでこうした実務を全体的に説明した文献はなく、同報告が広く配布されたことを考えると、個々の図書館の実務に大きな影響を与えたと推察できる。

　既述の1848年の雑誌記事索引は1853年に第2版が刊行され、そこでは521頁と大幅に頁数が増し、取り上げた雑誌の巻数は1,500に上っていた。そしてアメリカ図書館協会が成立した1876年になると23年の空白が生じていた。図書館協会の成立を機会に、プールは協力事業と位置づけ、多くの協力者の下で改訂作業に着手した。これは難事業で1882年になって約1,400頁、6,205巻を対象とする第3版が刊行された。さらに1887年と1892年にはそれぞれ5年間の補遺版が刊行された。この雑誌記事索引はプールの名を不朽にした。

　プールは図書館団体の重要性を認識していた。1853年といえばプールがボストン商事図書館長の時期だが、チャールズ・C.ジューエットを中心にニュ

ーヨークで開かれた1853年の図書館員大会に参加している。1876年になるとシカゴ公立図書館長および雑誌記事索引の編者として有名で、同年にフィラデルフィアで開催された図書館員大会では、ウィンザーと並ぶ中心人物の1人であった。そしてアメリカ図書館協会の創設時から1884年までは副会長の1人で、1885年にはウィンザーを継いで第2代目の会長になった。また図書館協会の年次大会に欠かさず出席し、持論をはっきりと表明したのである。意見表明で特に目立つのが図書館建築に関する発言である。当時、アメリカ図書館協会年次大会で図書館建築は最も目立つ討論題目の1つであった。それは単に図書館の建築様式の問題ではなく、いっそう実務に近い事柄、例えば図書出納、図書閲覧、採光、室内温度、換気、防火、製本、備品といった日常業務に直結していたからである。そこでの議論の中心がプールと断じて異論はないだろう。

　歴史家としてのプールも見逃せない。プールはアメリカ初期の歴史、当初はニューイングランド、後には中西部の歴史に関心を持ち、30年にわたって『ノース・アメリカン・レヴュー』といった定評ある雑誌に執筆を続けた。主要な業績としては1869年の『コットン・マザーとセーラムの魔女狩り』、1876年の「1787年北西部条例」などがある[9]。そして1884年に成立したアメリカ歴史協会では、ウィンザーを継いで1887-88年度の会長になった。

　最後にプールの事績を追悼文で確認しておく。アメリカ図書館協会理事会は、雑誌記事索引の創始者、シンシナティやシカゴといった公立図書館およびニューベリー図書館の組織者、アメリカ史の研究者といった点を指摘した[10]。ニューヨーク図書館クラブは、図書館建築の改革者、雑誌記事索引の創始者、アメリカ史の研究者と追悼した[11]。ニューベリー図書館の職員集団は、卓越した図書館経営者、図書館に関する多くの論文の執筆者、それに国際的な書誌学者と記した[12]。これは雑誌記事索引を意識しての言及である。シカゴ図書館クラブは、1876年の論考「公立図書館の経営管理」の重要性、特に西部の図書館への影響を賞賛した。また図書館建築についてのプールの見解は有名で、ニューベリー図書館で実質化されたとまとめている[13]。イリノイ歴史協会図書館は追悼決議として、雑誌記事索引の作成、シンシナティやシカゴ、それにニューベリー図書館の組織化を取り上げた[14]。また1894年のアメリカ図書館協

会レイクプラシッド年次大会では第10全体会がプールの追悼に捧げられ、ウィリアム・I.フレッチャーをはじめ、多くの指導者が追悼演説を行ったのである[15]。

2 ウィンザーの図書館建築の思想と実践

2.1 ウィンザーの図書館建築:『アメリカ合衆国のパブリック・ライブラリー』(1876年)

2.1.1 ボストン公立図書館ロックスバリー分館を例に

　本稿はプールの図書館建築の思想と実践に焦点を当てているが、まずウィンザーの思想と実践を取り上げる。というのは両者はホール形式批判という点では一致しているが、それに代わる図書館建築という点では考えを異にするからである。ウィンザーは1876年の『アメリカ合衆国のパブリック・ライブラリー』で「図書館建築」を担当し[16]、ホール形式の図書館建築を批判した後、自分の意見を展開していく。ウィンザーは、非常に多くの人が多くの資料を利用し、図書館員が個人的に利用者と面識がないという大都市公立図書館について、最も資料の利用に効率的な方式を考案しなくてはならないと強調した。資料の量と利用者はますます多くなり、利用者は迅速なサービスを求めている。それには図書出納手に図書の出し入れをまかすのが最良で、利用者を書架に触れさせてはならない。利用者は自分で取り出した本を正確に元の場所に戻しはしないからである。ウィンザーの主張は次の言に集約されている。

　　　こうした事実は、大規模な現代的図書館の建築に課されるべき条件を示している。すなわちサービス［書架からの本の出し入れ］は利用者が行うのではなく、職員が行うということである。読者と職員が接触するのは1か所、すなわち図書が借り手に手渡される出納机である。そして出納机は閲覧机と図書の両方にとって、最も便利な位置になくてはならない[17]。

そして、こうした館内配置、すなわち迅速に図書を出し入れでき、スペースを節約できる最善の例として、ウィンザーはボストン公立図書館の新しいロックスバリー分館を指摘した。1873年に開館したロックスバリー分館は、アメリカ最初の独立した分館として設計され、建設された。この建物は玄関を入る

と出納室（待合室）があり、利用者は目録を用いて望みの図書をスリップに記入し、それをその奥にある出納カウンターで職員に渡す。そして職員は出納カウンターのすぐ後方にある書庫から図書を取り出して、出納カウンターで利用者に渡す。出納室と書庫は出納カウンターで完全に区切られている。なお書庫は直方体で、床から窓の下部までの高さが8フィートあるので、出入り口を除いてすべての壁を書架に用いる。書架の高さは手の届く高さとし、この壁面に約1万5千冊を収容できる。書庫の内側には両面書架を20配置し、各書架列は9フィートで約1,750冊を収容できる。高さは8フィート以下で、この部分に3万5千冊を収容できる。全体では約5万冊の収容冊数である。書庫は2階まで吹き抜けになっているので、蔵書が多くなるとギャラリーや中2階を設けることができる。

2.1.2 大規模公立図書館のモデル館内配置

さらにウィンザーはモデルとすべき100万冊収容の大規模公立図書館の平面図を示しているが、当時の代表的な図書館思想と実務を建物に体現したものと考えてよく、1階は図1「大規模公立図書館のモデル1階平面図：ウィンザー、1876年」のようになっている。

この1階平面図によると、1階正面玄関（HH）を入ると出納室（(II), General Delivery Room）があり、出納カウンター（C）を挟んで、その奥には7層の主書庫（A）がある。この出納室は利用者にとって中心部分で、資料の出納を待つ利用者用の椅子、それにテーブルや利用者用目録が置かれている。書庫から取り出した図書は（F）に置かれて、出納カウンター（C）を通して利用者に渡される。返却された図書は逆の道筋を取る。正面から左側は、正面玄関の方から奥に向かって、通俗閲覧室（(LL), Popular Reading Room）、通俗出納室（(KK), Popular Delivery Room）があり、出納カウンター（G）をはさんで、その奥には2層の通俗書書庫（B）がある。このモデル平面図でも、出納室と書庫は出納カウンターによって完全に仕切られるとともに、出納カウンターのすぐ後方に書庫を配置している。主書庫（A）の各層は8フィートの高さで、本をとるのに踏み台や梯子を用いる必要はない。壁に沿った書架も用いるが、基本的

図1　大規模公立図書館のモデル1階平面図：ウィンザー、1876年

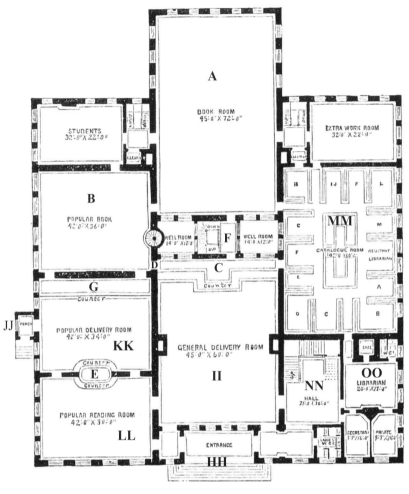

A　主書庫：7層　　　　　　　　B　通俗書庫：2層　　　　　C　出納カウンター
D　通俗部門への職員通路　　　　E　通俗閲覧室カウンター
F　書庫の図書を出し入れする場所　G　通俗部門出納カウンター　HH　玄関
II　出納室　　JJ　通俗部門への入口　　KK　通俗出納室　　LL　通俗閲覧室
MM　目録作業室　　　　　　NN　階段ホール　　　　　　OO　図書館長室
注：アルファベット2文字の部分は筆者が書き加えた。

［出典］Justin Winsor, "Chapter XIV: Library Buildings," U.S. Bureau of Education, *Public Libraries in the United States of America, Their History, Condition, and Management,* Washington, Government Printing Office, 1876, p. 473.

には両側壁に垂直に両面書架を並べ、両面書架の間の通路の幅は2フィート10インチである。各層は螺旋階段で上下し、また図書運搬用エレベーターや図書運搬線を活用する。請求された図書は平面図のFに送られる[18]。

こうした配置は上記のウィンザーの考えを具体化したものである。すなわち利用者と図書は出納カウンターを介してのみ接触し、迅速な図書出納のために、カウンターの直後に書庫を効率的に配置するということである。

3　アメリカ図書館協会年次大会を舞台にして：1876年から1879年

3.1　アメリカ図書館協会1876年、1877年年次大会、1877年国際大会

ウィンザーの考えを踏まえた上で、アメリカ図書館協会年次大会での主張や議論を追っていく。1876年10月、フィラデルフィアのペンシルヴェニア歴史協会で、ウィンザーは図書館員大会の開会を宣言した。この大会で、現在に続くアメリカ図書館協会、図書館専門雑誌、図書館員大会が発足するとともに、アメリカ教育局の『アメリカ合衆国のパブリック・ライブラリー』が運び込まれ、さらにデューイの10進分類法やカッターの辞書体目録規則なども提示された。ただしこの大会で図書館建築についての発表はなかった。もっともペンシルヴェニア歴史協会の会長ジョン・W. ウォーレスは歓迎のあいさつで、図書が飛躍的に増大する状況によって、図書館として適する建物が最初の問題になると指摘した[19]。また製本に関わって、ギャラリーの上層にある図書の傷みが話題になり、ウィンザーがボストン公立図書館の上層にある革製本への実害に触れた。これにはシンシナティ公立図書館のトマス・ヴィカーズ、ボストン・アセニアムのチャールズ・A. カッターも同意した[20]。続いてプールが町を特定せずに、2層になっているYMCA図書館の閲覧室の場合、上層の図書に悪影響がでているが、下層は温度が低いので図書が傷つく懸念はないと述べた。ここからプールは図書館建築に言及する。プールはホール形式を断罪するとともに、「将来のモデルとなる図書館建築はギャラリーがなく、図書を収容する部屋の天井高は14フィートから16フィートを越えない」[21]と断言し、アルコーヴを用いることもないと続けた。そして部屋の両側壁に垂直に両面書架を並べるという方式を主張し、書架の高さは踏み台や梯子を不必要な高さにす

ると提言した。とりわけ大規模図書館の場合、中心となる建物を設けて、管理や目録部門、全体的な参考部門などを置き、この中心館の左右両翼に蔵書を主題で分けた部屋を配置するという構想を示した。しかしプールの構想に反応はなく、参加者は製本の問題に発言を続けた。しかしこの大会でのプールの考えは次第に具体化されながら1894年に死去するまで続くことになる。

　翌年の大会は1877年9月4日からニューヨークYMCAの講演会室で行われ、プールは図書館建築について簡単な報告をした[22]。プールはギャラリーに反対し、図書を置く部屋の高さを16フィート以下にするように主張するとともに、シンシナティ公立図書館での実情を訴えた。同館はアルコーヴを用いた5層のギャラリーを持つホール形式の建物で、プールは実際に温度を調べた結果を報告した。床面が快適な温度の時、最上階は華氏142度に達したという。プールの発表に続いて、会長ウィンザーは黒板にモデルとすべき図書館建築を描いた。その詳細を『ライブラリー・ジャーナル』は報じなかった。それは黒板に描かれた図の再現が難しく、そのために納得できる報告として活字にするのが不可能と判断したためである。同誌はウィンザーが示した図について、「主に鉄で建てられ、書架のために鉄製の床と鉄製の骨格を持つ」[23]とだけ紹介した。ウィンザーの説明に参加者は大いに関心を示し、詳しい説明を求めたという。ウィンザーが積層書架を説明したのはまちがいない。

　プールとウィンザーの発表に関する質疑応答をみると、ニュージャージー・カレッジ（後のプリンストン大学）図書館長のフレデリック・ヴィントンはウィンザーに向けて、積層部分の下層にある図書の書名が読めるのかと問うた。ウィンザーは、書名を読む必要はなく、図書番号を識別できると十分で、番号は書名よりも大きいと答えている。またウィンザーは数年前にマサチューセッツ州スプリングフィールドが図書館建築の参考にするために、ボストン公立図書館ボイルストン街図書館の視察を申し込んできたと報告した。そのとき、ウィンザーはボイルストン街図書館を参考にしてはならないと助言し、そのことを開陳した。ウィンザーは次のように発言している。「伝統的な形式は、利用者が図書にアクセスする図書館では最善である。しかし多くの人が群がる現代の公立図書館、図書への[直接的な物理的]アクセスを許すことができない現

代の図書館の場合、図書は出納カウンターの後方に置かねばならない」[24]。

　1877年10月2日には、英国のロンドン・インスティチューションで国際図書館大会が開催され、この場で英国の図書館協会が発足した。この大会では図書館建築について意見が述べられた。イギリスの図書館員が図書館実務を配慮しない建築家を批判し、さらにギャラリー方式が引き起こす製本への悪影響について報告した[25]。この発言に最初に反応したのがウィンザーで、図書館建築について「アメリカでは思想革命が生じつつあり、見世物の部屋（show-room）から集密な部屋（packing-room）に代わりつつある」[26]と述べた。ウィンザーは革命の第1の例としてロックスバリー分館を説明し、出納カウンターのすぐ後方に10万冊の書架を置き、出納カウンターからいずれの図書も40フィート以内にあると報告した[27]。第2の例としてハーヴァード・カレッジの図書館ゴア・ホールの増築部分に触れ、30万冊の積層書架の建設および図書出納の機械化によって、1分から2分で所定の図書を出納カウンターまで送ることできると強調した。

　ウィンザーの発言が終わるのを待ちかねていたかのようにプールが発言した[28]。ここでも床面が華氏65度と快適な場合、ホールの最上階は華氏140度以上になると指摘し、「人間が生きられない場で、図書［皮製本］は生きられない」と訴えた。この主張には皮革業に携わっていたプールの経験が背景にあると思われる。続いてホール形式の図書館が多くの人の利用する貸出図書館になれば、図書の出納に多大の時間がかかり、労力も増すと指摘した。そしてアルコーヴを配してギャラリーを積み重ねる方式、および図書を取るのに踏み台や梯子が必要な書架の高さを非難し、床面に両面書架を用いることで、考える以上の図書が収容できると主張した。ただしプールは大英博物館のような大規模な参考図書館には、この考えは適用できないと述べた。同館の円形大閲覧室を認めたことになる。両者の発言の後も活発な意見の交換があり、書架の高さを7フィートから8フィートにすべきという点では参加者の合意があったように思われるが、ウィンザーやプールの建築思想と実践について質問や発言はなかった[29]。

3.2　アメリカ図書館協会1879年年次大会
3.2.1　ヘンリー・ヴァンブラント、ゴア・ホール、積層書架[30]

　1841年に完成したハーヴァード・カレッジの図書館ゴア・ホールは2層のギャラリーにアルコーヴを配置するというホール形式で、1870年代になると狭隘になり、ウェア・アンド・ヴァンブラント建築会社のヘンリー・ヴァンブラントがウィンザーと協力して増築することになった。そして増築部分は1875年に完成した。そうしたヴァンブラントがウィンザーとともに、ボストンで開かれた1879年年次大会に揃って登壇し、実績を伴った構想を広く訴えることになった。またこの大会ではゴア・ホールの見学会も予定されていた。まさにウィンザーにとって積層書架を宣伝する最善の場であった。

　ヴァンブラントは大量の図書の収容方法が最大の課題であると提起し、最も集密な方式、最も便利で利用しやすい方式、心地よい一定の温度、十分な採光、湿気の防止、防火、蔵書の無限の増大への対応が重要と確認した。一方では、資金の問題や建築様式も検討しなくてはならないし、当然ながら出納、目録、閲覧室、参考室などサービスに関わるあらゆる事柄を視野に入れる必要がある。このように述べた後、図書の増大、とりわけ利用の増大は従来のホール形式では対応できないと述べ、ウィンザーが主張する利用者と図書の明確な分離が1875年のゴア・ホールの増築によって実現されたと述べた。

　ヴァンブラントはホール形式の旧館を閲覧室に転用し、閲覧室の続きに、閲覧室から見て幅40フィート、奥行き100フィートの東翼を増築した。部屋の並び方は、閲覧室（旧館）、出納室（利用者用目録など）、出納カウンター、書庫の順になっている。書庫は36フィート×70フィートの広さで天井高は50フィート、最下の層（床面）には目録作業室などの空間を十分にとっている。

　そののちヴァンブラントは書庫に限定して説明を続けた。端的に述べると、これは積層書架を用いた書庫で、鉄製の支柱を用いて、鉄製の書架および層を積み上げ、また支えるものである。そうした書庫を外壁や屋根で覆い、屋根はトラスで支えられている。こうした積層書架の基本的構造を前提に増築部分の特徴をまとめると次のようになる。書架は6層に積み重ねられている。両側壁（北側と南側）の内側には通路が北壁と南壁に沿って東西に一直線に通り、そ

こから側壁と垂直に書架が列を成している。この側壁の通路は通気や換気のためにも必要とされた。1層目（床面）を除く各層の床は、採光のために鉄格子になっている。各書架は幅3フィート、奥行き1フィート、棚板は木製で、両面書架の配置になる。そして書架列と書架列の間の通路は2フィート4インチに決められた。従って書架列の通路とその両側にある書架の奥行き（おのおの1フィート）を合わすと4フィート4インチになり、こうした書架列が出納カウンターから東に向かって並ぶことになる。そして採光を意識して、外壁の窓はできるだけ大きくしている。出納カウンターから書庫に入ったところ、および東端には階段があり、また図書昇降機も設けている。

　ヴァンブラントはこうした書庫によってのみ263,000冊を配架できると結論した（1フィートの棚板に平均10冊）。そして「熟達した図書館専門家から2年間にわたって、改善や修正の必要性を聞いていない」[31]と断じた。これはボストン公立図書館長から1877年にハーヴァードの図書館長に移ったウィンザーを意識しての言である。

3.2.2　ウィンザーとヴァンブラントのモデル図書館

　最初の登壇者ウィンザーはターミナル駅舎型図書館とでもいうべき野心的構想を打ち出した。ウィンザーはさまざまな建築物を見渡して、ボストン市にあるボストン・プロヴィデンス鉄道会社の建物が、大規模公立図書館に最適と確信するにいたったと衝撃的な発表を行った[32]。この起点となるターミナル駅は手前に待合室や切符売り場があり、その奥に改札口、そしてプラットフォームになり、そこから線路が伸びている。要約するとウィンザーの考えは、この駅の待合室などの部分を図書館の閲覧室、出納室、管理や諸業務の部屋、改札口を出納カウンター、その奥のプラットフォームを書庫にするという構想である。そして図書が増えると、書庫部分を線路のように延ばしていく。その平面図が図2「大規模公立図書館のモデル平面図：ウィンザー、1879年」である。

　この駅の待合室などの部分は間口130フィート、奥行き200フィートで、それは図の玄関（A）から出納カウンター（C）までの広さに対応する。この建物は2階建（B）、中央の点線で囲まれた部分が大きな出納室で、利用者用目録な

図2　大規模公立図書館のモデル平面図：ウィンザー、1879年

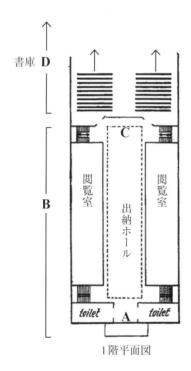

A　玄関　　B　1階は出納室・閲覧室など　2階は事務管理・特別文庫など（点線で囲まれた部分は吹き抜け、2階のバルコニーからは1階が見下ろせる）　　C　出納カウンター
D　書庫（中央に通路、無限に後方に延長できる）　　E　書庫（D）部分の断面図

［出典］"Library Architecture. Fig. 1: "Providence Depot," Plan, with Section, As Modified by Justin Winsor," *Library Journal*, vol. 4, no. 7/8, July/August 1879. 巻頭

どを置く。この部分は2階分の天井高があり、採光は十分である。出納室の両側はさまざまな大きさの閲覧室が並ぶ利用者用のエリアである。そうした閲覧室の上階左側が管理や諸業務の部屋、右側が特別文庫の部屋で、出納室が見渡せるようにバルコニーを設けている（点線の外側部分）。出納カウンターの後方（D）は幅130フィート、奥行き600フィートのプラットフォームで、これを書庫として無限に後方に増築できる。出納カウンターの中央部から幅30フィートの通路が書庫の最奥部まで続き、図の断面図（E）が示すように天井までさえぎるものはない。この通路には液圧を利用したベルトが休みなく動いている。各層に待機している出納手が図書を取り出し、このベルトに乗せると、図書は自動的に出納カウンターに移っていく。出納カウンターにあるキーボードに図書番号を打ち込めば、書庫にいる出納手に伝わる。両側壁にたいして直角に配置されている両面書架は2フィート8インチ離れ（書架間の通路の幅）、書架の高さは8フィートで手の届く範囲にある。断面図でわかるように、書庫は6層になっている。3層目以上の外壁はピラミッド状になっているが、これは採光を考えての措置である。ガラスを多用するのは、下層への採光を意図している。ウィンザーはこのようなモデルを、大量の図書を安価に収容する方式、将来に対処できる方式として提示し、図書館建築を検討するための一助になることを期待した。

　ヴァンブラントは既述のゴア・ホールの増築を説明した後、大規模図書館のモデル平面図を提示した。ヴァンブラントは「理想的な図書館建設に際して、無限の土地が可能だと想定すべきではない」[33]と主張し、ウィンザーの野心的な構想に疑問を示した。そしてスペース、資料、コストの点で最も経済的で、また防火や湿気にも配慮した公立図書館の建物として、図3「大規模公立図書館のモデル平面図：ヴァンブラント、1879年」を示した。

　ヴァンブラントはウィンザーと相違して現実的であった。玄関ホール（A）の両側には目録室（B）と2階への階段およびエレベーターの部屋（C）がある。階段室には玄関ホールを直進した出納室（D）を経由して入る。図書館の中心である出納室の奥には出納カウンター（E）があり、その奥は管理や目録作業のための部屋（F）で、利用者は入れない。出納室から右側の翼が書庫（G）で、

図3　大規模公立図書館のモデル平面図：ヴァンブラント、1879年

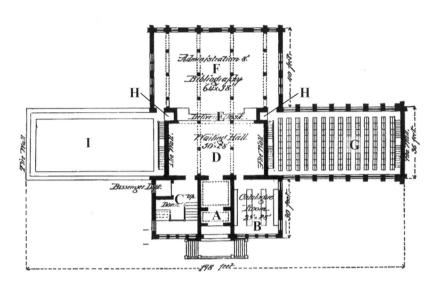

A　玄関ホール　　　B　目録室　　　C　エレベーター・階段室　　　D　出納室
E　出納カウンター　F　事務管理・目録作業室　　G　書庫
H　図書運搬リフト　I　書庫（将来の増築）

［出典］"Library Architecture. Fig. 2: Plan from Design of Henry Van Brunt," *Library Journal*, vol. 4, no. 7/8, July/August 1879. 巻頭

積層書架を用いている。防火を重視して、書庫は防火壁で囲まれ、中央にある玄関ホール、出納室、管理エリアからは、完全に独立している。書庫は両端に階段を設け、採光のために可能な限り窓を設けており、ゴア・ホールの増築部分と同じである。出納カウンターで請求された図書は、書庫から図書運搬リフト（H）で降りてくる。それを職員が取り、カウンターで利用者に渡す。積層書架には水平方向の図書運搬線を設けることもできる。この建物の2階は、閲覧室、参考室、特別蔵書室などが配置される。ヴァンブラントが強調したのは防火対策と積層書架で、さらに蔵書の増大への対処であった。それは建物の左

側を蔵書の増大に備えてスペース（I）を確保し、右側の書庫と同じものを増築するということである。いま1つは、書庫を4フィート4インチ外側に伸ばすにつれて、18,720冊を配架できるということである。これがヴァンブラントの構想する建物の素描であった[34]。

3.2.3　プールの主張する図書館建築[35]

　ウィンザーに続いて登壇したのがプールである。プールは発表の冒頭、ウィンザーの構想に関心はあるが意見を表明せず、むしろ出席している建築家の意見を拝聴したいと述べた。これはヴァンブラントなどを意識しての発言である。そののちホール形式の建築を批判したが、この批判はウィンザーと軌を一にしていた。続けてプールは、「図書館に関して会長［ウィンザー］と意見が異なる場合、いずれも厳しく自省した後に発言してきた」と述べ、それでも「図書館建築に関する私見は、会長と大きく異なると告白せざるをえない」[36]と結んだ。そして50年後に100万冊以上になる参考図書館の構想を披露した。なお貸出部門を加えて問題はないが、発表では扱わないと述べた。

　まずプールは図書館の用地を重視し、4つの街路で囲まれた1区画、例えば1辺が600フィートの長さの1区画を確保すべきだと強調した。市内の土地が高価という質問をあらかじめ予想し、狭い土地に建てるとボストン公立図書館のように後に苦しみ、結局は高くつくと主張している。また大多数の市には公有地があるので、それを活用すべきだとした。

　用地が決まると玄関を設けるに適した街路を決定し、その正面中央に中心館を設ける。ここには玄関ホール、図書館管理や作業および館長室など、さらに全般的な参考室などを配置する。この中心館から左右に翼を伸ばし、蔵書は一連の部屋に配置する。これらの部屋の天井高は16フィート以下とし、街路および後方（中庭）から十分に明かりが入るようにする。また各部屋は独立しているので防火になる。両翼の建物は2階建にし、各部屋に主題を割り振る。各部屋にアルコーヴやギャラリーは用いず、壁面書架と両面書架を配置する。書架は利用者や職員の手の届く高さにする。さらに利用者用の参考机を配置し、担当主題に精通した図書館員がサービスをする。

蔵書が多くなり拡張が必要な場合は、街路に沿って増築を行い、建物は敷地の周囲に並べ、中央は中庭にする。そして採光を考えると、翼の建物は2階建が好ましい。3階建にすると、1階に並ぶ部屋への中庭からの採光が難しくなるからである。ただし、中心館、4つの隅、それに他の3辺の中央に位置する部分は3階建であってよい。さらにプールは図書を中心に機能性を追求し、図書のある部屋に建築上の装飾は不必要と主張した。
　このように1876年の年次大会から1879年年次大会までの論議で明確になったことをまとめると以下のようになる。
・ホール形式は否定された。
・ウィンザーは一般住民が頻繁に利用する図書館にあっては、利用者と図書を切り離し、出納カウンターを介してサービスするのが最も効率的と考えていた。したがって出納室、その奥に出納カウンター、そのすぐ後方に書庫という配置を主張した。そして最も効率的に図書を収容できる方式（積層書架）、またその出納に時間がかからない方式（図書リフト、図書運搬線、請求された図書の伝達システム）を建築家と実際に創り出した。それがゴア・ホールの増築で実現していた。
・プールは利用者と図書を近づけるのが公立図書館のあるべき姿だと考えていた。そのために主題に分けた一連の部屋を配置するという構想を提示した。

4　プールの主張する図書館建築構想の具体化

　1880年のアメリカ図書館協会年次大会は開催されず、第4回年次大会は1881年2月9日からワシントン・D.C.で開催された。本稿の冒頭で示したように、アメリカ図書館協会はこの大会で決議を採択し、正式にホール形式の建物を拒絶した。またこの大会でプールは長文の発表「図書館建築」を行い、その論文は『ライブラリー・ジャーナル』に掲載された[37]。さらに建物平面図や付録を加えて、アメリカ教育局の1881年回状第1号『図書館建築』として全国に配布されたのである[38]。
　この『図書館建築』は大きく2つの部分に分けられる、前半はホール形式批

判の部分[39]で、後半はホール形式に代わる図書館建築の提示の部分である。本稿にとって重要なのは後半で、それはこれまでのプールの主張を洗練し、具体化したものであった[40]。構想の前提は1辺が200フィートの用地に100万冊収容の参考図書館を建設すること、そして200万冊、300万冊の蔵書にも対応できるようにすることにあった。まずプールは以下の7点を基本事項としてまとめている。

・各部屋を独立させ、火災に対処する。
・不必要な空間は最低限にし、実用性や利便性を建築上の見栄えよりも重視する。簡単で安価な暖房システムを用いる。
・管理や作業の部屋を広くとり、便利な場所に配置する。
・図書出納のための階段やギャラリーを用いない。
・館内のコミュニケーションを密にする。図書は床面に近い位置に置き、図書を取り出すのに踏み台や椅子を必要としない。
・利用者に静寂な環境を提供する。一連の部屋に主題を振り分け、そこでの資料や利用に適した措置を講じる。
・建設費は妥当な枠内に抑える。利便性、実用性、経済性が原則になる。

そしてプールは図4「大規模参考図書館のモデル1階平面図：プール、1881年」を提示した。

まず1辺が200フィートの用地を確保し、4辺はいずれも街路で囲まれている。その最も正面玄関に適した辺の中央に中心館（A）を配置する。中心館は幅60フィート、奥行き75フィートで、管理層の部屋、目録業務や受入業務の部屋、それに利用者用の目録や一般参考室などを配置する。1階の奥にはエレベーターと階段（I）を設ける（なお階段は中庭の奥にもある）。製本部門は中心館の上階に置いてよい。

蔵書は中心館から両翼に伸びた部屋（B）（C）、および3辺の街路に沿った一連の部屋（D）（E）（F）などに置く。例えば、部屋（B）（C）は正面街路からみて幅67.6フィート、奥行き50フィートである。また部屋（D）（E）は幅50フィート、奥行き45フィートである。いずれも部屋の天井高は16フィートと定めている。部屋の幅は、採光の具合を勘案して決定する。すなわち部屋（D）の場

図4　大規模参考図書館のモデル1階平面図：プール、1881年

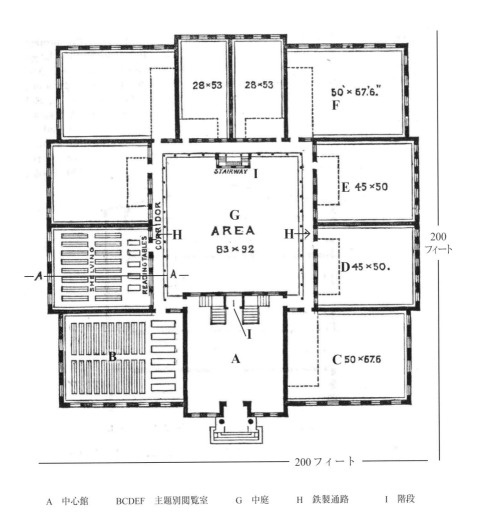

A　中心館　　BCDEF　主題別閲覧室　　G　中庭　　H　鉄製通路　　I　階段

［出典］William F. Poole, *The Construction of Library Buildings*, Circulars of Information of the Bureau of Education, no. 1-1881, Washington, Government Printing Office, 1881, p. 17.

合、右側の街路および中庭（G）からの採光を斟酌すると、幅50フィートの部屋が適切ということである。図4が示すように1階にこのような部屋が10あるので、4階建にすると全部で40の部屋を用意できる。

各部屋は主題で割り振り、資料の形態（大型の本、特許資料、音楽資料など）と利用に適した備品や用品を備える。こうした各部屋を示した建物の断面図が図5「大規模参考図書館のモデル断面図：プール、1881年」である。

図5　大規模参考図書館のモデル断面図：プール、1881年

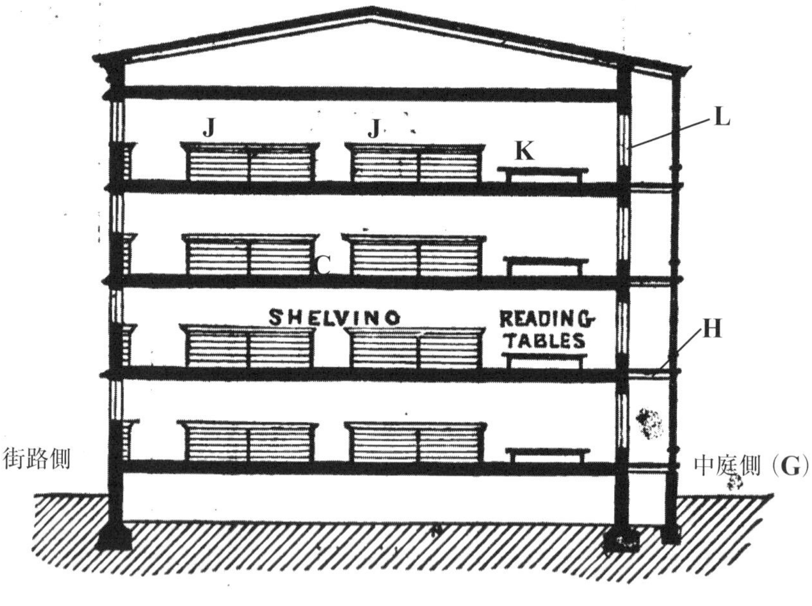

G　中庭　　H　鉄製通路　　J　両面書架　　K　閲覧机　　L　入口

［出典］William F. Poole, *The Construction of Library Buildings*, Circulars of Information of the Bureau of Education, no. 1-1881, Washington, Government Printing Office, 1881, p. 18.

214　　図書館と読書をめぐる理念と現実

この図は図4の左側の2つ目の部屋に示されているAA軸で切断した断面図で、各部屋の内部を示している。図5が示すように各部屋にはアルコーヴもギャラリーもない。図5の左側が街路で右側は鉄製通路（H）を挟んで中庭（G）に面している。図4、図5が示すように、通路に面した部屋への入口がある壁を除いて、部屋の3辺の壁には書架が並んでいる。また各部屋は街路や中庭と直角に両面書架を配置している。天井高は16フィート、書架は7フィートから8フィートなので、街路側の壁面書架の上部に大きな窓を設け、そこから十分な採光がある。図5が示すように、両面書架（J）の右側には閲覧机（K）があり、その右側が部屋への入口である。そして鉄製通路（H）、中庭（G）と続く。この通路を通って、利用者は自分が利用したい主題の部屋に入る。中庭からの採光との関係で、部屋への出入口がある壁は可能な限り大きな窓を確保する。したがってこの1辺には書架を置かない。技術を主題とする部屋では図書や資料の形態にあった備品や用品を用いて、利用しやすいようにする。また当初は歴史の部屋でも、蔵書が多くなると、そこからアメリカ史を分離させ、1つの独立した部屋を割り振ることになる。各部屋を担当する職員は、当該分野の図書に精通する機会を得るので、利用者を助ける能力を持つようになる。このような主題別の部屋を設けることで、百科事典、辞書、全般的な参考図書を持つ一般参考室が1つだけ必要で、それは中心館に配置する。専門的な参考図書は当該部門の部屋に備えるが、他の部屋や一般参考室と少しばかり重複するのは仕方がない。

　プールは防火を非常に重視した。図書を収容する各部屋の壁は天井まで防火壁にする。各部屋に入る唯一の経路は各階にある幅7フィートの鉄製通路（H）である。鉄製通路の中庭側については、冬期はガラスの大きな窓をはめ、夏期はガラスを取り外す。鉄製通路で少しばかり採光が阻害されるが、それでも部屋の中は十分に明るくなる。このような措置で、採光の確保と防火が万全となる。なお鉄製通路には中心館のエレベーター（I）、さらにはその両脇にある階段を利用できるし、中庭の奥の階段（I）も利用できる。

　プールによると、上述のような方式は防火の他にも利点がある。もし部屋の中に各部屋を通り抜ける通路を設けると、それは大きなスペースを占めるので

収容冊数や配架に悪影響を及ぼすし、浮浪人や見学者が歩き回るので研究に必要な静寂さを阻害する。また防火に関しては部屋と部屋の間に鉄製の扉を設けるという対策があるものの、プールによればこれは誤った考えである。実際に火災が生じた時、鉄製の扉が開きっぱなしになっているのが常である。

続いてプールは収容冊数を示したが、結論だけを示すと以下のようになる。中心館および壁を除くと、1階分の床面積は25,250平方フィートになる。そこから机などのために5,050平方フィート（20パーセント）を減じると、20,200平方フィートになる。ここに書架を配置すると1平方フィートに25冊の図書を置けるので、1つの階で505,000冊を収容できる。参考までに『ライブラリー・ジャーナル』に掲載された平面図4の簡単な素描では、部屋（C）67,500冊、部屋（D）40,000冊と記入されている。1階分で50万冊であるから、図5のように4階にすると200万冊になる。その場合でも建物の高さは各部屋の天井高が16フィートなので、70フィート以下に収まる。これは大都市では決して高い建物ではない。

プールは1辺が200フィートの敷地に地階を含めて5階建、200万冊収容の建物建設費を53万ドルとし、木製書架などに11万ドル、計64万ドルの建設費を試算した。したがって1冊当たり0.32ドルになる。プールによると収容冊数1冊当たりの建設費は、ボストン公立図書館1.30ドル、シンシナティ公立図書館1.40ドル、ピーボディ図書館2ドルで、非常に安価に200万冊収容の図書館が建設できると結論した[41]。

ところでプールは貸出部門の重要性を無視してはいなかった[42]。そして図4の前方の1つの部屋（B）あるいは（C）を、貸出部門に転用できると述べた。この前方の部屋の収容冊数は67,500冊である[43]。ただしプールは各部屋を主題別の研究者向けの部屋として構想し、書架部分が部屋の面積の80パーセントを占めている。この部屋を貸出部門に転用した場合、残りの20パーセントのスペースで、机、椅子、出納カウンター、出納・待合エリア、利用者用目録、職員のための空間を置き、他の部屋と比べて圧倒的に多い利用者に対処できるかは疑問である。プールがこの点を意識していたか否かはともかく、プールは地階に貸出部門を設置する可能性も示唆した。さらに1辺が90フィートの中

庭にも注目し、ここに平屋の建物で天井から採光をとる貸出部門を設けると、主題別の各部屋の採光を妨げないで、12万冊を収容し、ゆったりとした出納室、待合室を確保できると主張した。そしてこの貸出部門へは、玄関の地階から入れるようにすると記入した。これは貸出部門の利用者を主題部門の利用者から分離したいという考えによると思われる。

　これがプールが構想する大規模参考図書館の図書館建築であった。続く質疑応答[44]では、まずニュージャージー・カレッジのフレデリック・ヴィントンが、2階相当分を上に積み上げ、土地購入費を半分に抑えた実例を指摘し、大都市の地価は高く、納税者は土地購入費が倍になるのに耐えられないと述べた。ロチェスター大学の数学教授オーティス・H.ロビンソンはプール構想に好意的で、構想が実現するのを目にしたいと話した。フィラデルフィア商事図書館のジョン・エドマンズによれば、参加者はプールが建物の決定版を提示していると考えているようだが、プールは「図書館建築を研究するための一助」[45]として発表していると説明した。

　議会図書館長エインズワース・R.スポフォードは、冬期に議会図書館の上層のギャラリーの図書を取り出すとやけどを感じるほどに熱いと報告した。そして天井高16フィートの部屋にギャラリーを設けず、手の届く範囲に図書を置くことで、部屋の上半分の熱を拡散させ、また壁際の書架の上部を占める窓が換気と採光に役立つと述べた。さらにスポフォードは「私は本大会でプールの発表が最も重要と思う」[46]と絶賛したのである。スポフォードに続いてウィンザーが発言した。ウィンザーによると、温度の問題を避ける本当の手立ては書庫と仕事部屋の分離で、仕事部屋は暖かくする必要があるものの、書庫は図書が傷むほど暖かくする必要はない。このウィンザーの発言は暗に積層書庫を支持したものである。

　続いてデューイがホール形式に反対するとともに、プールの構想にも異議をとなえ、折衷構想を説明した。デューイによると、広大な土地を必要とするプールの構想は、大多数の都市では実現不可能である。小さな土地でホール形式を用いずに高い建物にして、エレベーターを活用すべきと強調した。そして異なる階がプールの主張する主題別の部屋を実現できる。フィラデルフィア図書

館会社のロイド・P.スミスは、プールの構想は特に防火面で優れていると評価した。そして自分は大英博物館の大閲覧室を捨てるまでにはいたっていないが、プールの構想はおそらく最善だろうと述べた。

ここでプールが質問に答え[47]、「図書館建築を研究するための一助」というエドマンズの意見を確認し、特定の図書館を意識したものではなく、「100万冊の参考図書館」という条件を設定しているにすぎないとした。そして各図書館の状況は異なるので、7点の基本事項を念頭にして各館で検討すべきと訴えた。そののちは製本の材料や時間節約の手立てに関する発言、さらに市の中心部に図書館を建設することの重要性を訴える発言が続いたのである。

5　1880年代の図書館建築をめぐる議論とプール

5.1　議会図書館の建築計画をめぐって

1881年の年次大会ではプールの「図書館建築」の発表の後に、議会図書館長スポフォードが登壇し、同館の状況について話した[48]。スポフォードは議会図書館の新しい建物の必要性を議会に表明して8年が経過しているものの、場所さえ確定していないと述べた。続いて「図書館に関する両院合同委員会」は、別途の独立した建物を司法省の広場に建設し、ジョン・L.スミスマイヤーの設計を採用するという報告書を作成し、議会の対応を待っていると現状を報じた。そして議会図書館建設という重要な事柄に、アメリカ図書館協会が態度を表明することを期待した。スポフォードの求めに応じて、プール、ボストン公立図書館長メレン・チェンバレン、ニューヨーク州立図書館長H.A.ホームズによる決議作成委員会が設置された。後日、満場一致で採択された決議は、新館建設を現在の必要性と将来を見渡して、迅速に進めるように求めるものであった[49]。

スポフォードに続いて建築家スミスマイヤーが、議会図書館の建築計画図を提示して説明した[50]。なお、議会がスミスマイヤーの設計を正式に認めたのは5年後の1886年で、実際に建物が完成し公開されたのは、さらに10年を経た1897年11月であった。もっとも1881年大会でスミスマイヤーが示した建築計画と実際に完成した図書館には、基本構想の点で相違はない。スミスマイヤー

の建築計画は「田」の字型である。中央の交差点に図書館を象徴する直径100フィートの8角形でドームを頂く大閲覧室がある。「田」の字の中心から下がる1つの線は玄関に向かい、他の3つの線は書庫になる。空白の4つの部分はいずれも中庭で、周囲の4辺は管理・作業部門、貴重書、特別閲覧室などが並んでいる。中央閲覧室はアルコーヴ形式を用いて26万冊を収容できる。閲覧室から伸びる書庫（積層書架）は5層で、中庭から十分な採光がある。スミスマイヤーは以下の7点を重視して、建築構想を作成したとまとめている[51]。

- ・大閲覧室に向けての集約化
- ・建物全域に最大の採光
- ・100年後にも拡張の必要性のない施設
- ・防火対策
- ・職員も利用者も使用しやすい施設
- ・効率的、経済的な管理運営
- ・大閲覧室の至近に最大多数の図書を置いて時間の節約と利便性の確保

議論は翌1882年のシンシナティ年次大会に持ち越された。この大会で、プールは「図書館建築の進展」[52]を発表し、それは冊子にもまとめられた[53]。プールは発表の冒頭部分で、「スミスマイヤー氏の計画は、あらゆる点で伝統的で時代遅れ、私が非難したあらゆる事柄を具体化している」[54]と述べ、「建物は見世物で図書館として不適」、「建築上の効果のために多大な空間の浪費」、「アルコーヴが5層になり上層は製本にも有害」と厳しく批判した。プールにとってスミスマイヤーの設計はホール形式の温存と積層書架の大幅な採用に集約され、いずれも許せないことであった。

いま1つプールが言及したのはボストン公立図書館である。1880年4月にマサチューセッツ州はボストン市にたいして、コプリー広場に公立図書館のための用地を付与した。理事会は1881年年報で、「図書を中心に考え、利用に便利な配置や分類にすることが、図書を収容する大ホールの形態や詳細を決定する」[55]と記入していた。ここでプールは「図書を収容する大ホール」に注目し、これがボイルストン街図書館の計画を繰り返すなら許せないと強調したのである[56]。プールは発表に備えて、議会図書館長スポフォード、ボストン公立図書館長チェンバレンに最新の状況を問うていた。スポフォードは計画に特段の情報はなく、内部については何ら決まっておらず、意見の表明を歓迎していた[57]。一方、チェンバレンは「新館計画については全くの白紙」[58]と答えてい

た。

　プールの発表には以下の議論があった。ボストン公立図書館のジェイムズ・ホイットニーは最新の状況を報告し、何らかの具体的な建築計画が提出されるまで、批判は適当でないと述べた。ミルウォーキー公立図書館長K.A.リンダーフェルトが議会図書館の建築計画に反対する決議の採択を求め、リンダーフェルト、プール、スミスが決議案を作成することになった。満場一致で採択された決議の骨子が以下である[59]。

　　・議会図書館の内部設計に関して、旧来の伝統的な建築の誤りを回避するのが、全国の図書館にとって非常に重要である。
　　・1881年の大会でスミスマイヤーが示し、連邦議会の両院合同委員会が採択した建築計画は、現在の図書館界が誤りと認めているものである。アメリカ図書館協会会員は誤った原則を土台とする建築計画に抗議する。
　　・アメリカ図書館協会は1881年ワシントン大会で採択した決議「本協会の意見では、現在主流である図書館建築の典型的な形式には徹底的な改革が必要であり、安価で実際の利用に適した形式を採用すべき時期にきている」を再確認する。
　　・「図書館に関する両院合同委員会」の委員長は3月2日に上院で、ワシントン大会に参集した図書館員は「採択された建築計画」(スミスマイヤー計画)を「熱心に承認した」と述べているが、これは誤解である。事実はスミスマイヤーの建築計画に断固たる反対をしたということである。

　続く1883年8月中旬にバッファローで開催された年次大会では、フィラデルフィア商事図書館長ジョン・エドマンズが図書館建築について報告した[60]。議会図書館については両院合同委員会の報告が議会で論議されたものの、報告は認められず、膠着状態が続くと推測した。そしてエドマンズは決議の採択を求めた。そうした決議は連邦議会にたいして、国立図書館を早期に建設すること、そのための委員会を建築家も含めて早期に立ち上げることを求めるものである。

　エドマンズは自分の発表に続いてスポフォードの手紙を読み上げた[61]。スポ

フォードはアメリカ図書館協会がスミスマイヤーの計画を非難したことに、遺憾の意を表明していた。またプールの構想は国立図書館に通用しないと断言していた。一言で述べれば、建物外観の優美さや大閲覧室は国を代表する図書館として必要であり、また豊かな文献を大閲覧室で見渡せるのも必要ということである。こうしたスポフォードの手紙に、プールが即座に反応した[62]。プールは改めてホール形式を批判した後、おのずとボストン公立図書館と議会図書館の建築計画が注目されると確認した。とりわけ議会図書館は国立図書館なので、国民も意見発表を行うべきである。大閲覧室は6層のホール形式で、この形式は1881年ワシントン大会、1882年シンシナティ大会で反対され、アメリカ図書館協会の立場は明確であると指摘した。そしてプールはスポフォードを非難した。既述のように1881年大会でスポフォードはギャラリー上層の図書の傷みを重視し、プールの方式を称賛していた。一方、今回の手紙では伝統的なホール形式を擁護しているというのである。

　その後の意見表明は次のようであった[63]。まずデューイがスポフォードの意見を聞けて喜ばしいと話し始めた。デューイはホール形式の欠点を理解できるし、積層書架やプール方式の利点も評価できるとした。しかしホール形式に反発して対極に向かう危険性がないのかと問うた。議会図書館と貸出の75パーセントがフィクションの公立図書館では、状況が異なるというのである。続いてスミスマイヤーがスポフォードと相談して計画を練り上げたのは疑問の余地がなく、スポフォードほど国立図書館に精通している人物はいないと強調した。これはスポフォードの見識に委ねるのが最善という主張である。そしてデューイは反対決議を採択したくないし、参集者も同じ意見と思うと推測した。議会図書館はアメリカ図書館協会が考えている一般の図書館ではないので、アメリカ図書館協会の図書館建築の考えに該当しない。こうした理由でデューイはスポフォードを擁護した。

　続いてブラウン大学図書館長ルーベン・ギルドが、デューイの発言を支持した。積層書架、プール方式のいずれにも利点があるものの、当該館のニーズと環境を勘案して建築計画を作成すべきで、固定された計画に従うのはよくないと述べた。議会図書館の場合、機能性に加えて美しさや国民の期待も勘案すべ

きというのである。ウースター公立図書館長サミュエル・S.グリーンもスポフォードを支持した。建築美を求める風潮は広まっているし、連邦政府には財政力があるので、スポフォードに委ねるのが最適というのである。ここでバッファローのグロスヴェナー図書館のジェイムズ・W.ウォードが決議委員会の設置を提案し、会長ウィンザーは5名の委員を選んだがプールは外されていた。最終的に満場一致で採択された決議の骨子は次のようである[64]。

・アメリカ図書館協会は、国立図書館に適した建物が早急に必要だと考えている。
・理事会は上述の必要性を示す請願書を作成し、連邦議会に提出して、早急に取り組みを促すとともに、図書館建築を担当する議会の委員会にあらゆる情報提供の用意があると伝える。

この決議について、プールはアメリカ図書館協会に意見表明の機会を願うという文言を入れるように提案した。しかし意見表明は決議に入っているとの意見、協会としての意見は一致していないとの意見、この問題は微妙で決議は十分に練られたものであり、後は各個人が議員に働きかけるべきという意見がだされた。結局、プールは提案を引き下げた。この1883年年次大会で議会図書館の建築計画についての論議は終結した。図書館界の指導者がこぞってスポフォードを支持したのである。

5.2　スミスマイヤーのプール批判

1883年のバッファロー年次大会はプールにとって不本意な大会であったろう。さらにこの年、プールははじめて自分の図書館建築構想、具体的には1881年ワシントン年次大会での発表と、その刊行物『図書館建築』について正面から批判されることになった。それはスミスマイヤーが1883年に刊行した『図書館建築への提言』である[65]。この31ページの文書は、副題「WM. F.プール氏の図書館建築計画の検討」が示すように、プールへの反論である。この文書はスミスマイヤーの議会図書館建築計画の擁護とプール方式の批判で構成されている。前者については、1883年のアメリカ図書館協会の議論と決議で終結しているので取り上げないが、採光、暖房、温度、防火の諸側面について、

ヨーロッパの図書館状況や最新技術に触れながらプールに反論した。本稿では1881年年次大会でプールが示した構想図への批判を中心に取り上げる。

まず図4「大規模参考図書館のモデル1階平面図：プール、1881年」の部屋D（正面玄関の街路からみて幅50フィート、奥行き45フィート）の採光に言及した。右手の街路と左手の中庭から採光するが、ヨーロッパやアメリカの経験からすると、窓から光が届くのは各々20フィートで、そのため部屋の中央部は「採光が不十分」と結論した[66]。

プールは経済性や効率を重視したのだが、スミスマイヤーはそれを空間利用、建築コスト、職員の労力に分けて反論した。まず空間については図5「大規模参考図書館のモデル断面図：プール、1881年」を俎上にのせた[67]。図5によると、書架の高さ7.5フィート、天井高15フィートなので、半分の空間しか活用していない。プールによると1階分の収容冊数は505,000冊で、もし上半分の空間を用いるなら1階分で1,010,000冊が収容可能になる。要するにプールが主張する建物の半分で、プールが主張する収容冊数を確保できる。上半分を空ける唯一の理由は図書の傷みである。しかしスミスマイヤーは下流通風によって、この問題は解決できると考えている。

次に建設コストである[68]。プールは200×200フィートの敷地に地階を含めて5階建の建物を53万ドル、書架などを含めると64万ドルで建設できるとしていた。スミスマイヤーの試算では、建物の1階分は1辺が200フィートなので4万平方フィートである。各階の天井高は15フィートなので、地階を含めると75フィートになる。それに土台、床の厚さ、屋根の高さを加えると、全体で100フィートになる。したがって建物全体の体積は400万立方フィートとなる。この建物をプールは53万ドルと試算しているので、1立方フィート当たり13.25セントになる。しかしいくつかの公共建造物をみると、そのコストは54セント、71セント、98セントとなっている。この場合、仮に54セントとするとプールの建物の建設費は216万ドルとなり、53万ドルよりも163万ドル増加する。またプールのように木製書架ではなく鉄製書架にすると33万ドル必要で、総額249万ドルとなる。そうすれば1冊当たり1.23ドルになり、プールが示す0.32ドルとは大きく相違する。1.23ドルというのは、プールが示したボス

トン 1.30 ドルやシンシナティ 1.40 ドルと相違はない。

　最後に職員の労力負担である[69]。プールは長い動線や階段での移動を非難していた。これにたいしてスミスマイヤーは、大きな4階建の建物に1つのエレベーターと2つの階段しか用意していないと批判した。ある階の職員が他の階の部屋に行く場合、中心館まで鉄製通路を歩き、エレベーターで所定の階に移り、それから通路を歩いて部屋に入り、同じようにして元の部屋に戻る。中心から最も遠い部屋の職員にとって、これは多大なる負担になる。

　さらに数百万冊の蔵書を40、50、80、100の暗い部屋に分けるのは新奇な提案であり、元の建物から次々に増築するという方式は利用者や図書館員にとってわずらわしく、管理運営に不便であると記した。

　最後にプールが指摘した図書館建築の原則7点に言及してまとめとした[70]。ここにはプールの構想への批判とスミスマイヤーの議会図書館構想への擁護の双方が入っている。

- ・部屋を独立させて火災に対処する：議会図書館の建築計画の方がプールの構想よりも効率がよい。
- ・不必要な空間は最低限にし、実用性や利便性を建築上の見栄えよりも重視する。簡単で安価な暖房システムを用いる：プールの構想は各階で505,000冊分の空間を浪費している。建築学上の見栄えを実用性よりも優先したことはない。暖房や換気は下流通風を用いて解決できる。
- ・管理や作業の部屋を広くとり、便利な場所に配置する：議会図書館長と相談し、十分な広さと便利な位置にある。
- ・図書出納のための階段やギャラリーを用いない：各書庫には2台のエレベーターと2つの階段があり、上層の図書も下流通風で傷まない。
- ・館内のコミュニケーションを密にする。図書は床面に近い位置に置き、図書を取り出すのに踏み台や椅子を必要としない：大閲覧室を中心に放射状に書庫を置き、さらに各部屋を配するのは、最も効率的な管理運営でコミュニケーションもよい。少なくとも多数の部屋を設けて1つのエレベーターと2つの階段で結びつけるよりもすぐれている。図書は必ずしも床面に置く必要はなく、書架は手の届く高さにおさめている。

・利用者に静寂な環境を提供する。一連の部屋に主題を振り分け、そこでの資料や利用に適した措置を講じる：大閲覧室の他にも、大小さまざまな主題の部屋を配置している。
・建設費は妥当な枠内に抑える。利便性、実用性、経済性が原則になる：プールのコスト計算は誤っている。

　スミスマイヤーは以下のように結論した[71]。プールの建築計画はシカゴ公立図書館には実用的で適切かもしれないが、国立図書館に求められる多くの条件を理解していない。諸条件を理解しているなら、新奇なモデルを押しつけることはなかったであろう。プール方式は試行されておらず、何ら経験によって認められてもいない。

6　プールとニューベリー図書館

　1883年はプールにとって転機だった。それまでプールはホール形式批判を主導し、それは1881年ワシントン年次大会で大会決議として採択された。この決議をプールは議会図書館にも適用しようとした。1882年シンシナティ年次大会では、議会図書館の設計について強い批判決議が採択された。この大会までプールは一貫して攻める側にあった。しかし1883年バッファロー年次大会では、図書館界の実力者がこぞってスポフォードとスミスマイヤー支持に回った。プールは孤立した。さらにスミスマイヤーからはプールの構想について手厳しい批判が出された。プールがこの批判に反批判を行った形跡はない。積み残している問題は、ボストン公立図書館コプリー広場の新館構想へのプールの考えと、プールの構想による現実の図書館の建築である。ボストン公立図書館は1889年に新館構想が出され、1895年に開館する。プールは新館構想に本稿で示した考えを主張して批判したが、それを改めて取り上げる必要はない[72]。以下ではプールが実現した図書館建築であるシカゴのニューベリー図書館を概説する。

6.1　プールとニューベリー図書館：前史
　『ライブラリー・ジャーナル』にニューベリー図書館の記事が掲載されたの

は1886年1月号である[73]。ウォルター・L.ニューベリー（1804-1868）は商業、鉄道、銀行、不動産で財を成し、1868年11月に死去した。未亡人が1885年12月に他界し、ニューベリーの遺産による図書館建設が可能になった。プールが執筆したこの記事は、ニューベリーの300万ドルの遺産によってシカゴに図書館が設置されると述べ、これまでで最も多額の遺贈で、全国的に大きな重要性を持つと記入していた。ボルティモアのジョージ・ピーボディの場合、図書館、美術館、講演会など複数の事業が盛られて資金が分散し、どの部門も傑出してはいない。一方、ニューベリーの遺産は図書館に限定していると称賛した。続いてニューベリー図書館は無料で誰もが利用できるだろうが、シカゴ公立図書館と公式の結びつきはないし、公立図書館の機能を補完するものでもないと予測した。ニューベリー図書館理事会は図書館計画を何ら発表していないが、学者や研究者のニーズに応じる図書館になると考えられているという。ニューベリー図書館と比べられるのはアスター図書館である。1848年にアスターが他界した時、40万ドルを図書館に遺し、そののち親族が30万ドル相当の寄付をしたので、アスター図書館の土台は70万ドルであった。一方、ニューベリーは300万ドルで、非常に大きな遺贈である。

『ライブラリー・ジャーナル』の1887年8月号で、ウィリアム・I.フレッチャーがプールの履歴と業績を紹介したが、その末尾で最新情報として、プールがニューベリー図書館長を受諾したと報じた。そして300万ドルを投じる図書館は参考図書館になると述べ、館長はこれまでの図書館にない責任と機会を持つと結んだ[74]。8月末にニューヨーク州サウザンド・アイランドで開かれたアメリカ図書館協会年次大会では、バッファロー図書館長ジョゼファス・N.ラーネドが図書館建築について報告した[75]。ラーネドは個別図書館の紹介でニューベリー図書館を取り上げた。そこでは蔵書の獲得に取りかかり、平行して建設計画が進むと予測した。そして「プールが大規模図書館のモデルを、プールの確固たる素晴らしい原則に従って創り出す機会を得たことは、非常に喜ばしい」[76]と結んだ。

1887年にプールが赴任してからの主たる活動は、基本蔵書の構築と図書館建築計画の策定であった[77]。後者については理事会が雇った建築家がおり、有

力理事と国内やヨーロッパの図書館を見学して、見栄えのする外観、壮大な玄関ホールと主閲覧室、それに積層書架を組み合わせた建築計画を作成し、プールの建築計画と真っ向から対立した。こうした経過を経て、最終的にはプールの計画が採用されるのだが、それは基本的に1881年に『図書館建築』で示した図と同じであった[78]。

6.2　プールのニューベリー図書館建築計画
6.2.1　『シカゴ・トリビューン』の応援記事

　1889年12月29日の『シカゴ・トリビューン』はプールの建築計画について長文の記事を掲載したが、著者は不明である[79]。まず冒頭で理事会がプールを館長に選んだことは、プールの見解を認めたことと同義だと主張した。理事会はプールの建築原則に沿う建物の建設という責任を負うと断言した。新聞は1881年のアメリカ教育局刊行の『図書館建築』を指摘してプールの建築計画を説明したが、これは図4「大規模参考図書館のモデル1階平面図：プール、1881年」に他ならない。とはいえ中庭から通路を貫通して各部屋に十分な光が差し込むのは不可能であると断言した。またどの利用者も中庭に面したかなりの高さにある通路（鉄製通路）を歩きたくはないし、部屋が完全に孤立していることに魅力も感じない。火事が生じると、孤立した各部屋にいる人はパニックをきたすし、狭い通路に多くの人が殺到するので危険である。

　主題で小さな部屋を用意して、部屋の壁および床面に書架を置き、手の届く高さにして、1人の担当者を配置するという考えは賞賛できる。しかし通路方式に固執すると、プールの建築計画の利点はすべて失われる。通路方式は火災への心配から生じている。建物全体に防火対策を施し、各部分が他の部分から孤立していればよく、各部屋を孤立させる必要はない。そして『トリビューン』は、部屋を一続きにして、各部屋の境界部分の中央に大きなアーチの門がある壁にするように主張した。その方が美的にもすぐれているという。そして各部屋を貫通する幅10フィートの室内通路を設けるように主張した。幅10フィートの通路を部屋の中央に設けても、部屋自体に変化はない。というのはプールの建築計画の通路は7フィートの幅があり、どのような部屋にしても幅3フィ

ートくらいの通路が必要なためである。また新聞記事は階段の数を多くすること、および中庭を見下ろすバルコニーなどを設けて美的側面も加えるように助言した。この『トリビューン』の記事は、全体としてプールの建築計画を強く支持する内容であった。ただし通路の位置と階段の数の変更を期待し、火災への過度の対策を批判した。この時期はまさに建築計画について対立していた時で、明らかに記事はプールを支持する内容であった。

6.2.2　アメリカ図書館協会1890年年次大会

　1890年9月にニューハンプシャー州フェービアンズで、アメリカ図書館協会年次大会が開かれた。この大会でプールはニューベリー図書館の建築計画を説明したが、それはニューベリー理事会がほんの1週間前に決定したものであった[80]。ここでプールは以下の原則を確認した。(1) 建物中央部の空間を浪費しない、(2) 天井高による温度差はよくない、(3) ギャラリーの積み上げを回避する、(4) 増築を可能にする、(5) 防火に努める、(6) 利用者が静かな環境で研究ができ、図書を容易に手にできるようにする、(7) 効率的で経済的な建物にする。続いてプールは積層書架に触れ、最初に積層書架を目にした時、刑務所に似ていると思ったという。自分の好みの著者は「入獄中」で、よりよい扱いに値すると感じたという。プールによれば、積層書架は美的という点で劣るし、上述の原則に照らしても正しくない。

　このような前置きに続いて、プールは建物の説明に入っていった。蔵書は主題で分け、各主題に部屋を割り振る。その部屋に図書を並べ、その部屋で読める。各部屋には当該主題の資料に適した措置が講じられ、主題に精通した図書館員がいる。このシステムは貸出図書館や蔵書数が多くない参考図書館では採用できない。蔵書数が少ない時点では複数の主題を1つの部屋におさめてよく、蔵書数の増大とともに分離して新しい部屋に割り振る。ここでプールは図6「ニューベリー図書館1階平面図：1890年」を示した。

　正面街路ウォルトン・プレイスに面して幅318フィート、奥行き212フィートの敷地を占め、周囲は街路で囲まれた1区画を占有している。正面街路の建物の反対側は公園で、左手のクラーク通りには市電が通り、ビジネス街と結び

図6　ニューベリー図書館1階平面図：1890年

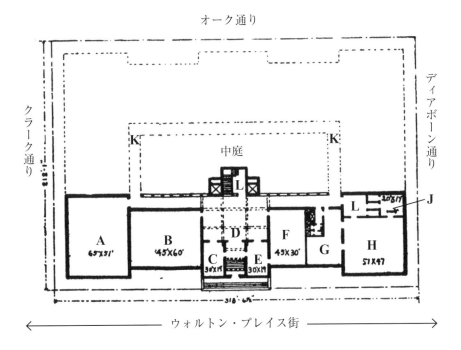

A　講演会室（450人収容）　　B　展示・応接室　　C　クローク　　D　玄関ホール
E　ニューベリー地所事務室　　F　理事会室　　GHIJ　事務管理・目録作成室
K　鉄製通路　　L　階段
CDEは中心館を構成し、その上階は一般閲覧室。中心館の両袖の上階は主題閲覧室。
3階と4階も主題閲覧室や研究室。全体の収容冊数は100万冊。

［出典］［William F. Poole］, "Proceedings: Newberry Library," *Proceedings of Conference of Librarians, Fabyans, Sept. 8-11*, 1890, p. 108.

ついている。3つの街路に沿って増築が可能、中央点線部分の内側が中庭で、採光に必要である。建物の高さは1階16フィート、2階15フィート、3階と4階は14フィートとなっている。

　建築計画の特異な点は、幅7フィートの通路（K）で、この通路を利用して2階以上の各部屋に入る。中庭から通路を経て部屋に光が入るように、通路の内側の壁はできるだけ大きな窓を設けている。すべての部屋が2方向から採光できる。階段は建物および通路の外側（中庭側）にある。なお完成当時、エレベーターはなかった。

　中心館の2階には一般参考室を置き、百科事典、辞書、製本済学術雑誌などを置く。蔵書や利用者が増え続ける図書館の場合、数年も経つと参考室は要求を充足できなくなる。大英博物館の大閲覧室がこうした状態になっている。単に楽しみやレクリエーションのための訪問者は受け入れない。閲覧机を割り当てる前に、利用者は学術研究であることを示す必要がある。この建築計画の場合、一般参考室は混雑しない。というのは利用者が増加すると、主題の部屋が増加し、そこに吸収されるからである。こうした柔軟性がこの建築計画の重要な点である。部屋の数を制限するのは敷地の広さのみである。そして遠い将来のことだが、1区画全部に建物を建てると約400万冊を収容できる。

　続いて各主題の部屋について説明した。要するに通路から部屋に入ると閲覧机があり、その奥（街路側）に壁面書架と床面に両面書架（街路側および入口側の壁と直角に）が並んでいるという配置である。そして閲覧机と書架の間には柵がある。この部屋の奥行き（部屋の入口から街路側の壁まで）は50フィートである。

　1881年当時の図4「ニューベリー図書館1階平面図：1890年」と大きく異なる点を指摘しておく。図4よりも正面街路の横幅が100フィート以上広くなったので、中心館からの左右両翼が50フィートずつ長くなり、そのこともあって横に長い直方体の建物になった。また図からはわかりにくいが、図4の場合、建物の外に鉄製通路が設けられていた。図6では上述の新聞の意見を取り込んだのか、通路は建物の内側に作られている。ウィリアム・ウィリアムソンはこの変更について、「露天の鉄製通路はかなりの批判を得ており、建物内部の通

路に変更となった」[81]と記している。異なるのは1階の部屋の使われ方である。特に左端の部屋（A）は座席数450の講演会室になった。これは「大学拡張」などに活用するためである。その右手の（B）は訪問者のための部屋で、貴重書、マニュスクリプト、インキュナブラが展示されている。通常の見学者はこの部屋を見て退館するので、主題の各部屋を訪れて利用者に迷惑をかけることはない。玄関右側は管理業務の区域である。（F）は理事会室、（G）は書誌関係の図書を置く部屋、大きな部屋（H）は目録作業室、そして（I）（J）は図書館長などの部屋である。

　こうした説明の後、質疑に移ったが、中庭からの採光についての質問が中心であった。プールは十分に勘案しての配置図としつつ、もし採光が十分でないなら、部屋の閲覧机を中庭側ではなく、街路側に移動させると応答した。

6.2.3　初期のニューベリー図書館

　ニューベリー図書館の建築計画は1890年9月に決定され、1890年10月6日に工事を開始、1893年11月15日に利用できるようになった。プールは内部の部屋や図書の配置にこだわったが、外観については建築家ヘンリー・I.コブに委ね、H.H.リチャードソンのロマネスク様式になった。この建物について、ウィリアムソンは「少数の修正はともかく、プールが1881年にワシントンで発表した建物であった」[82]とまとめている。同じようにヒュートン・ウィザーオールドは、「プールが1881年にワシントン年次大会で発表した図書館建築思想を具現化しており、ほんの少しの小さな変更しかない」と断じている[83]。また開館した時点、3階と4階の内部は完成していなかった。

　同館の開館当初の数年間を数値でみておくことにする（表1「ニューベリー図書館の利用状況：1893-1895年」参照）。それまでの仮の図書館から移動して、新しい図書館の扉を開いたのは1893年11月15日であった[84]。理事会第2年報は1893年の状況を示しているが、1894年3月1日にプールが死去したので、プールにとっては最後の館長報告となった。

表1 ニューベリー図書館の利用状況：1893-1895年[85]

	蔵書冊数	定刊	利用者	図書利用	定刊利用
93年末	115,571	793	25,886（19,077）	58,094	―
94年末	123,516	886	58,618（45,850）	83,882	47,224
95年末	135,244	1,000	96,982（71,759）	386,676	61,816

注 「定刊」とは定期刊行物の点数、「利用者」の括弧内は男性利用者の数、「図書利用」とは職員が出納した図書の冊数である。

[出典] 各年度の年報による。

　1893年の館長報告によると、年間増加冊数は8,414冊で、内訳は購入が6,726冊、寄贈1,688冊となっている。また「図書利用」は58,094冊だが、利用者が直接手に取れる参考図書、および特別許可を得て書架を利用できる人の利用図書については正確に数値が出ないが約50,000冊とし、図書利用総数を109,000冊としている。1895年の状況について理事会報告は、図書館利用が増大し、新しい部屋を設けたこと、および開館時間を長くしたことを記している[86]。また館長報告では利用の増大を具体的に示し、男性利用者50パーセント増、女性100パーセント増、定期刊行物の利用30パーセント増、そして図書利用400パーセント増と報告した。こうした利用状況に鑑み、1日の開館時間を13時間に延長したのである。また館長報告は3つの部門が混雑し、はじめて新しい部屋を3階に開いたと記している。すなわち3階に「科学部門」の部屋を設置し、科学、政府刊行物、製本済新聞を置き、はじめて3階を一般公開したのである。そうした部門（部屋割）を上記と同じ3年間についてまとめると、表2「ニューベリー図書館の部門（部屋）配置：1893-1896年」になる。

　表2の1893年、1894年の年報に示されている1階の部屋（A）(F)は、図6の部屋（A）(F) に対応する。また2階の部屋（A）(B) は、1階の部屋（A）(B) の上階である。2階の部屋（C）は1階の玄関ホール（CDE）の上階に相当する。また2階の部屋（D）は1階の部屋（F）の上階、（E）は1階の部屋（G）の上階、（F）は1階の部屋（H）(I)(J) の上階である。

表2　ニューベリー図書館の部門（部屋）配置：1893-1896年[87]

	1893年末	1894年末	1895年末・1896年末
1階	（A）医学 （F）書誌	（A）医学 （F）書誌・図書館学	医学部門 書誌部門
2階	（A）歴史・伝記・自然科学・考古学 （B）宗教・政治経済・社会科学 （C）最新定期刊行物・一般参考図書 （D）製本済定期刊行物 （E）製本済新聞 （F）芸術・音楽・応用科学・文学・言語・哲学	（A）歴史・伝記系譜・自然科学・考古学慣習・地理旅行 （B）宗教・政治・教育・ドキュメント （C）（一般閲覧室）製本済定期刊行物・最新定期刊行物・百科事典・辞書・地図 （D） （E）製本済新聞 （F）芸術・音楽・応用科学・文学・言語・哲学	歴史部門：伝記系譜・地理旅行・考古学慣習 哲学部門：宗教・社会学・教育 （一般閲覧室）定期刊行物のセット・最新定期刊行物・一般参考図書 芸術部門：文学・音楽・言語
3階			科学部門：応用科学・政府刊行物・製本済新聞

［出典］各年度の年報による。

　この3年間の年報をみると、プールが記した1893年末の状況報告では、部屋（room）となっており、1階には医学の部屋と書誌の部屋を置いている。翌1894年末の報告では、「さまざまな部門（department）の図書は以下のように配置されている」と述べているが、実際には「部屋A：医学」となっており、上記の各部門は部屋を示している。しかし1895年末の報告では「部屋」という語は消失し、「歴史部門：伝記系譜・地理旅行・考古学慣習」という表現に変化した。すなわちスペースとしての「部屋」ではなく、学問の大きな分野で区分

したことになる。したがって「部門」は複数の部屋で成り立つ場合もある。こうしたまとめ方は、管理運営組織を意識したものといえるし、移動直後の暫定的な扱いが完成に向けて進んでいるともいえる。なお1895年末の部門と部門が所属する階数について、1896年末、1897年末をみても変化はない。

　一般閲覧室担当のフローレンス・ブルックスは1894年5月号の『ライブラリー・ジャーナル』に報告した[88]。ブルックスによる一般閲覧室（C）の説明によると、片方の壁に沿って、百科事典、辞典が並び、その前には地図など大型本を利用する机がある。反対側の壁に沿って、557の新着定期刊行物が置かれている。また大学拡張に関する図書を集めた区画、プールの雑誌記事索引が置かれた机もある。部屋は午前9時から午後9時まで開き、1日の平均利用者は120人で、浮浪人などはいない。職員が居眠りしている利用者に注意する。室内は完全に静寂で、入口の扉の外側には「室内は静かに」と掲示され、室内に入るとまず目に入る2つの柱があり、そこには10インチの大きさで「静かに」と掲示されている。館長プールが入室してきた時でさえ、職員を外の通路に連れ出して話す時があったという。なお1904年の利用規則によると、各部屋から資料を持ち出すことはできず、部屋では目録を利用して図書請求票に記入し、図書館員に提示するとなっている。主題の部屋では一部の本は自由に利用できたかもしれないが、基本的には閉架制と考えてよい[89]。

　このようなニューベリー図書館だが、蔵書はアメリカ史や系譜、音楽、医学、それに貴重書に強みがあり、研究者や真面目な学徒を対象とする参考図書館として、また世俗とは少し離れた図書館として現在も存在している。

7　ウィンザー方式とプール方式の帰趨

　1915年に書庫や書架の製造販売会社のスニード社は『図書館計画、書庫、書架』の冒頭で次のように記している[90]。

> 現代の書庫の原型は、1876年にウェア・アンド・ヴァンブラント建築会社のウィリアム・R.ウェア教授とジャスティン・ウィンザーが考案した。建築家と図書館員が協力し、ハーヴァード・カレッジの図書館であるゴア・ホールを拡張するためであった。外側は石造建築で小さな窓が

並び、屋根はトラスで支えられていた。内側には両面書架が何列にも並び、それが積み重ねられている。書架以外のスペースは図書を取り出すのに必要な最小限のスペースになっている。書架間の通路は28インチ、各層の天井高は7フィートで、書架の最上棚にある本にも手が届く。書庫は6層で自立し、建物は書庫を保護しているにすぎない。……ゴア・ホールは集密で永続する書庫という点で画期的な進展を示し、書庫建設の基本原則を据えた。

こうしたウィンザーが主張する積層書庫の活用にたいして、プールは強固に反論を提示した。プールは、主題ごとに部屋を設け、熟達した図書館員がサービスを行い、アルコーヴやギャラリーを基本的には用いず、床に書架を置き、梯子を使わないで図書が取り出せる高さにすることを主張した。それは利用者、図書館員、図書が直接的に結びつくことを意味していた[91]。そしてプールの方式は、プール自身がニューベリー図書館で具現化した。ウィンザーの主張とプールの主張は単に建築上の問題ではなく、図書館サービスについての基本的な考えの相違を示している。

その後の両方式への評価はどのようなものであったろうか。チャールズ・C.ソールはマサチューセッツ州ブルックライン公立図書館の理事、そしてアメリカ図書館協会でも活発に活動し、公立図書館サービス全般、特に建築に関心を持っていた[92]。1902年にはラッセル・スターギス編纂の『建築建物辞典』で「図書館」の項目を担当している。そこではプール方式について、学者にとっては理想的であり、その基本原則は多かれ少なかれ現代の参考図書館に影響しているとしつつ、「全体としてみるとプール方式の適用はシカゴのニューベリー図書館に限られる」[93]とまとめた。10年後の1912年、ソールは『図書館サービスのための図書館建築計画』を刊行した。そこではプール方式を好意的に記しているのだが、それでも「積層書架がシステムとして『勝利』し、現代アメリカの図書館建築の要素として確立した」[94]と断言している。1910年に図書館界の指導者アーサー・E.ボストウィックは『アメリカ公立図書館』を刊行した。プール方式については、ニューベリー図書館で実現したのだが、この方式は「公立図書館では人気がない」[95]と書いている。

こうした記述をみると、ウィンザー方式が特に大都市公立図書館で広まり、プール方式は却下されたといえる。本稿でも示したように議会図書館は、大閲覧室と積層書架を組み合わせたものであった。この時期のいくつかの代表的な大都市図書館を取り上げてみると、いずれも館内配置は出納台のすぐ後ろに集密な書庫を配置するウィンザーのモデルを踏襲した。ボストンのコプリー広場の中央館（1895）、セントルイス公立図書館（1911）、ニューヨーク・パブリック・ライブラリー（1911）、デトロイト公立図書館（1921）などである[96]。セントルイス、デトロイトは典型で、出納室は建物の中央に位置し、その奥に出納カウンター、カウンターの後方が集密な書庫になる。なおニューヨーク・パブリック・ライブラリーの場合は、大閲覧室の下階に書庫を設けたが、基本的な考えに相違はない。またボストン公立図書館の新館は当時の建築上の限界から中庭を設ける必要があった。そのため出納室が中央にないものの、出納カウンターの後方に集密な書庫があるという基本的な構成ではウィンザー方式である。そこでは出納カウンターを介して、利用者と図書を完全に分離していた。こうした点でたしかにウィンザー方式が「勝利」した。ウィリアム・ウィリアムソンはプール方式を説明した後、「しかしこの方式はプール独自のもの」で、他の図書館員は「ジャスティン・ウィンザーが支援する積層書架を用い、これが旧来の建物［ホール形式］に取って代わった」[97]とまとめている。上述のボストン公立図書館からデトロイト公立図書館の建物を見ると、ウィンザー方式が圧倒的に広まったといえる。

　純粋なウィンザー方式は図書の出納はカウンターを介した1か所ということになるが、従来から参考室の参考図書、閲覧室（定期刊行物室）の新しい雑誌類などは利用者が直接手に取ることができた。それらは別にして、20世紀に入って例えばウィンザー方式を採用したセントルイス公立図書館（1911）だが、1階平面図をみると、出納室が中央にあり、その後方に書庫、出納室の左右に参考室と開架室、出納室の手前の玄関側に定期刊行物室と芸術室、さらに2階に地図室があった[98]。この時期になると開架制が広まりつつあり、一般開架室を設けるようになった。また芸術室や地図室という主題での分化も生じてきた。セントルイス公立図書館から10年を経て開館したデトロイト公立図書館

の場合、出納室が中心で、その後方に書庫、出納室の左右に参考室と開架室がある[99]。そして芸術室といったセントルイスの部屋に加えて、社会科学室、産業技術室、音楽・演劇室、特許室を配置していた。

　すなわちプール方式が公立図書館で顧みられないのではなかった。従来から音楽、芸術、地図などの部屋が独立し、これらは資料の形態に注目した分化であった。また外国語部門などは言語による分化である。それに加えて、哲学・宗教、文学、法律・経済、社会学、科学技術といった主題での主題別部門制が興隆してきた。1920年代からクリーヴランド（1925）、ロサンゼルス（1926）、フィラデルフィア（1927）などで導入され[100]、1933年に開館したボルティモアのイノック・プラット・フリー・ライブラリーが代表とされる[101]。こうした主題別部門制はサービスの深化と資料の増大から出現してきたが、次のような特徴がある。閲覧室には当該主題の貸出図書や参考図書、製本済および最新の定期刊行物、文書、パンフレット、クリッピングなどが一括して置かれている。また各部屋には専門の図書館員が配置され、部門が管轄する図書や雑誌の目録を備えている。さらに各部屋に作業室があったり、各部門の閉架蔵書が各部屋の地下などに配置されたりした。一言でいえば、各主題閲覧室はおのおの1つの専門図書館のようなものといえよう。これはまさにプール方式という言葉があてはまる。

　既述のようにデューイはウィンザー方式、プール方式のいずれにも長所と短所があると認め、どちらかに極端に傾くことを危惧していた。たしかに純粋なウィンザー方式が示すように、積層書架を基本として、利用者は出納カウンターだけを通して図書に接するという図書館は現実にはなかった。また主題に分けた数十の部屋を設けるという図書館も、ニューベリー図書館自体を含めて存在しなかった。そういう意味では各図書館はウィンザー方式とプール方式を折衷したのであり、歴史的にみるとデューイの考えが現実となった。

おわりに

　第2次世界大戦までのアメリカ公立図書館の建物について、最も詳細かつ包括的な研究が1941年に刊行された『アメリカ公立図書館の建物：管理とサービ

スを中心とする設計計画』である[102]。この484ページからなる大判の本は、主題別部門制で有名なイノック・プラット・フリー・ライブラリーの館長ジョゼフ・ホイーラーと、後にボストン公立図書館の新館の設計に携わるアルフレッド・M.ギセンズが執筆し、図書館サービスとそれを支える管理という側面に焦点をあてた本である。そこではプール方式について、次のような評価を下している。

　　ニューベリー図書館は利用者と図書を主題でグループ化したので、現在、上昇気運にある主題別閲覧制の原型となった。プールの原則には図書館員から批判もあったが、機能性と利便性の強調は図書館員から支持された[103]。

このようなウィンザー方式とプール方式の時代を経て、建築思想史の第3幕、すなわちモジュラー計画、オープン計画の時代になり、図書館界では第2次世界大戦後に本格化する[104]。

なおアメリカにおける図書館建築の時代区分について、いくつかの代表的な解釈を示しておく。図書館建築の歴史的展開の説明については、代表的な図書館を時系列に沿って紹介する場合と、何らかのグループ化を試みている場合がある。例えば有名な建築家の図書館をまとめたり、カーネギー図書館をまとめたり、さらにはロマネスク様式の図書館をまとめたりといったことである。また歴史横断的に各時代に特徴のある図書館の図集がだされたりもしている。しかしそうしたグループ化などが、明確な時代区分にまで止揚している業績は非常に少ない。こうした観点からアメリカの図書館建築を取り上げ、時代区分を試みた業績をいくつか示しておく。

ウォルター・C.アレンはアメリカ図書館協会100周年を記念する『ライブラリー・トレンズ』の特集号で「図書館建築」を執筆し、(1) 1876年から1893年、(2) 1893年から1950年、(3) 1950年以降と大きく3つに時代区分した[105]。(1)は「試行錯誤」の時代、(2)は「記念となる」時代、そして(3)は「黄金」時代である。(2)の時代の発端1893年は、シカゴ世界博によって建築様式がギリシア風古典様式に変わった年である。さらにアレンは(2)の時代を1939年から1950年で下位区分している。この1939年から1950年の時期は、アンガス・

S.マクドナルドとラルフ・エルスワースが協力して、モジュラー計画を推し進め、アイオワ州立大学の図書館を建てた時期である。それが大きな影響を与え、(3)の「黄金」時代につながっていくとした。

　ドナルド・E.オーラーツの1991年の著作は公立図書館を対象に、(1) 1850年から1893年、(2) 1894年から1918年、(3) 1919年から1945年、(4) 1946年以降と4つの時代に区分している[106]。(1)はボストン公立図書館の創設からシカゴ世界博まで、(2)はコプリー広場のボストン公立図書館中央館の完成から、カーネギーの図書館建設が終わるまで、(3)はカーネギー以後、大恐慌から第2次世界大戦終結時まで、(4)は図書館建設に積極的な時代で戦後から始まる。

　デイヴィッド・ケイザーの著作『アメリカ大学図書館の建物の進展』は、(1) 1840年から1875年、(2) 1875年から1890年、(3) 1890年から1900年、(4) 1900年から1910年、(5) 1910年から1945年、(6) 1945年以降と6つの時代に区分している[107]。(1)は図書ホールという単一の機能の時代、(2)は多くの機能を持つ図書館の時代だが1910年まで続く。(3)は(2)の時代の下位区分で、革新よりも整理統合の時代である。(4)も(2)の下位区分でカーネギーの時代である。(5)は大規模な積層書架を持つ固定化された機能の図書館の時代、そして(6)は図書と読者のスペースを統合するモジュラー計画の時代である。

　どのような視座から建物を観察するかによって、時代区分は変わってくるのだが、上の3つの業績は戦後のモジュラー計画の時代で終わっている。私見によれば戦後の数十年間は機能主義の時代であったと思われる。そののち利用者にとって魅力がある建物という考えに変わり、さらに市の名所になるような建築に変化していった。そこでは建築上の斬新さが、利用者にとって使いやすい機能性を損なう場合もあったと思われる。さらに21世紀の電子環境下では、建物は不必要とされる一方で、世界的には特徴のある大きな図書館が建設され続けている。現在までを見渡した、図書館建築思想史とでもいう業績が上梓されてよい。

注

1) 川崎良孝「ボストン公立図書館ボイルストン街図書館の建物：完璧なモデルから最悪のモデルへの転換」相関図書館学方法論研究会（川崎良孝・吉田右子）編『トポスとしての図書館・読書空間を考える』（シリーズ「図書館・文化・社会」1）松籟社, 2018, p. 211-255.
2) 本章は注を付けた部分以外は、下記の文献を参考にまとめている。William L. Williamson, *William Frederick Poole and the Modern Library Movement*, Columbia University Press, 1963; William I. Fletcher, "William Frederick Poole," *Library Journal*, vol. 12, no. 8, August 1887, p. 281; William I. Fletcher, "William Frederick Poole, LL.D.: A Tribute," *Library Journal*, vol. 19, no. 3, March 1894, p. 81-83.
3) Charles C. Jewett, *Notices of Public Libraries in the United States of America*, Washington D.C., Government Printing Office, 1851, p. 70-73, 192.
4) *An Alphabetical Index to Subjects, Treated in the Reviews, and other Periodicals, to which No Indexes Have Been Published: Prepared for the Library of the Brothers in Unity, Yale College*, New York, George P. Putnam, 1848.
5) Charles C. Jewett, *Notices of Public Libraries in the United States of America*, op.cit., p. 26.
6) この閲覧室の利用増大は閲覧室の読書環境に大きな問題を生んだ。それについては以下を参照。川崎良孝『アメリカ大都市公立図書館と「棄てられた」空間：日刊新聞・階級・1850-1930年』京都図書館情報学研究会発行, 日本図書館協会発売, 2016, p. 88-94.
7) *Fourteenth Annual Report of Board of Directors of the Chicago Public Library, June 1886*, p. 28.
8) William F. Poole, "Chapter XXV: The Organization and Management of Public Libraries," U.S. Bureau of Education, *Public Libraries in the United States of America: Their History, Condition and Management: Special Report*, Washington D.C., Government Printing Office, 1876, p. 476-504.
9) William F. Poole, *Cotton Mather and Salem Witchcraft*, Cambridge, MA, University Press, 1869; William F. Poole, "The Ordinance of 1787," *North American Review*, April, vol. 122, April 1876, p. 229-265.
10) Executive Board, American Library Association, "William Frederick Poole: In Memoriam," *Library Journal*, vol. 19, no. 3, March 1894, p. 92.
11) "New York Library Club," *Library Journal*, vol. 19, no. 4, April 1894, p. 133.
12) "Chicago, Newberry Library," *Library Journal*, vol. 19, no. 3, March 1894, p. 101.
13) "Chicago Library Club," *Library Journal*, vol. 19, no. 4, April 1894, p. 134-135.

14) "DR. W.F. Poole: In Memoriam," *Library Journal*, vol. 19, no. 7, July 1894, p. 233-234.
15) レイクプラシッド大会で追悼演説を行ったのは以下である。William I. Fletcher, Dr. G.E. Wire, Samuel S. Green, J.N. Larned (President), Theresa West, Melvil Dewey, R.B. Poole, W.H. Brett, and Mrs. Melvil Dewey, "Tenth Session," *Library Journal*, vol. 19, no. 12, December 1894, C165-171.
16) Justin Winsor, "Chapter XIV: Library Buildings," U.S. Bureau of Education, *Public Libraries in the United States of America, op.cit.*, p. 465-475.
17) *ibid.*, p. 466.
18) このウィンザーのモデル平面図のいっそう詳しい説明と階級的性格については以下を参照。川崎良孝『アメリカ大都市公立図書館と「棄てられた」空間』*op.cit.*, p. 107-111.
19) [Mr. Wallace's Address], "Proceedings," *Library Journal*, vol. 1, no. 2/3, November 30, 1876, p. 93.
20) "Proceedings: Injuries from Gas and Heat," *ibid.*, p. 124
21) [William F. Poole], "Proceedings: Injuries from Gas and Heat," *ibid.*, p. 125.
22) [William F. Poole], "Proceedings," *Library Journal*, vol. 2, no. 1, September 1877, p. 31.
23) [Justin Winsor], "Proceedings," *ibid.*, p. 31.
24) *ibid.*, p. 32.
25) [W.H. Overall], "English Conference: Proceedings: On Library-Buildings," *Library Journal*, vol. 2, no. 5/6, January/February 1878, p. 251-252.
26) [Justin Winsor], *ibid.*, p. 252.
27) ロックスバリー分館の書庫は、出納カウンターのすぐ後方に書庫を置き、両面書架を活用しているが、決して積層書架ではない。蔵書が多くなると2層（あるいは3層）に積み重ねることになる。同館については以下を参照。ウォルター・ホワイトヒル『ボストン市立図書館100年史：栄光、挫折、再生』川崎良孝訳, 日本図書館協会, 1998, p. 93-100; 川崎良孝解説・訳『ボストン市立図書館とJ.ウィンザーの時代（1868-1877年）：原典で読むボストン市立図書館発展期の思想と実践』京都図書館情報学研究会発行, 日本図書館協会発売, 2012, p. 183-184, 217-232（建物の外観図および1階と2階の平面図を含む）; 川崎良孝『アメリカ大都市公立図書館と「棄てられた」空間』*op.cit.*, p. 74-88, 103-106, 147-160（1階平面図を含む）.
28) [William F. Poole], "English Conference: Proceedings: On Library-Buildings," *op.cit.*, p. 252-253.
29) *ibid.*, p. 253-255.
30) [Henry Van Brunt], "Proceedings: Library Buildings," *Library Journal*, vol. 4, no. 7/8, July/August 1879, p. 294-296. さらに以下も参照したが、そこには積層書架について詳しい図なども示されている。"Details of the New East Wing of the Library of

Harvard University," *American Architect and Building News*, vol. 4, no. 152, November 28, 1878, p. 172-173（この頁の間に、増築部分の平面図など、および積層書架の構造について、おのおの1頁分の図が入っている）。なおヘンリー・ヴァンブラント（1832-1903）はハーヴァード卒の建築家で、ハーヴァードの記念館（Memorial Hall, 1870）など、ハーヴァードのいくつかの建築に携わり、図書館では1888年にケンブリッジ（Cambridge）公立図書館の建築をしている。ハーヴァードと結びつきの強い建築家である．

31）[Henry Van Brunt], "Proceedings: Library Buildings," *op.cit.*, p. 296.
32）[Justin Winsor], *ibid.*, p. 292-293.
33）[Henry Van Brunt], *ibid.*, p. 297.
34）4フィート4インチというのは、書架列の通路の中央から次の書架列の通路の中央までの距離である。ゴア・ホールでは、通路が2フィート4インチ、その両側の書庫の奥行きがおのおの1フィートで、計4フィート4インチであった。それを用いたのである。18,720冊という具体的な数値の根拠は示されていない。また何層の積層書架かも示されていないので、どのように計算したのかわからない。
35）[William F. Poole], "Proceedings: Library Buildings," *op.cit.*, p. 293-294.
36）*ibid.*, p. 293.
37）William F. Poole, "The Construction of Library Buildings," *Library Journal*, vol. 6, no. 4, April 1881, p. 69-77.
38）William F. Poole, *The Construction of Library Buildings*, Circulars of Information of the Bureau of Education, no. 1-1881, Washington D.C., Government Printing Office, 1881. 本稿では『ライブラリー・ジャーナル』の論文ではなく、回状をもとに説明している。後者の方が平面図などを入れ、わかりやすい。
39）*ibid.*, p. 7-16. なおプールはピーボディ図書館を取り上げて批判したが、それについては以下を参照。川崎良孝「ボストン公立図書館ボイルストン街図書館の建物」*op.cit.*, p. 232-237.
40）William F. Poole, *The Construction of Library Buildings, op.cit.*, p. 16-22.
41）*ibid.*, p. 22-23. プールはさらに野心的な図、すなわちプールが理想とする図書館建築を示した（p. 20）。それは幅400フィート、奥行き450フィートの敷地を用いて、同じ構想の建物を必要に応じて増築していき、最終的には1,200万冊収容の参考図書館が出現するというものであった。
42）*ibid.*, p. 21.
43）William F. Poole, "The Construction of Library Buildings," *op.cit.*, p. 75. なお平面図自体は『図書館建築』の方が具体的であるが、各部屋の収容冊数は『ライブラリー・ジャーナル』の素描平面図にしか記されていない。
44）"Proceedings: Library Buildings," *Library Journal*, vol. 6, no. 4, April 1881, p. 123-126.

45) *ibid.*, p. 124.
46) *ibid.*, p. 124.
47) *ibid.*, p. 125.
48) [Ainsworth R. Spofford], "Library of Congress," *ibid.*, p. 126.
49) "Proceedings: Library of Congress," *ibid.*, p. 135-136.
50) John L. Smithmeyer, "The National-Library Building: The Proposed Plan," *ibid.*, p. 77-81.
51) *ibid.* p. 81.
52) William F. Poole, "Progress of Library Architecture," *Library Journal*, vol. 7, no. 7/8, July/August 1882, p. 130-135.
53) William F. Poole, *Report of the Progress of Library Architecture and Resolutions of the Association concerning the Building for the Library of Congress*, Boston, Secretary's Office, 1882.
54) William F. Poole, "Progress of Library Architecture," *op.cit.*, p. 130.
55) *Twenty-Ninth Annual Report of the Trustees of the Public Library of the City of Boston, 1881*, p. 8.
56) William F. Poole, "Progress of Library Architecture," *op.cit.*, p. 134.
57) *ibid.*, p. 131.
58) *ibid.*, p. 134.
59) "Proceedings: Library of Congress," *Library Journal*, vol. 7, no. 7/8, July/August 1882, p. 203.
60) John Edmands, "Report on Library Architecture," *Library Journal*, vol. 8, no. 9/10, September/October 1883, p. 201-203.
61) [Ainsworth Spofford], "Proceedings: Library Architecture," *ibid.*, p. 269-270.
62) [William F. Poole], *ibid.*, p. 270-273.
63) *ibid.*, p. 273-274.
64) *ibid.*, p. 273-274.
65) John L. Smithmeyer, *Suggestions on Library Architecture, American and Foreign, with An Examination of Mr. WM. F. Poole's Scheme for Library Buildings*, Washington D.C., Gibson Brothers, 1883.
66) *ibid.*, p. 19.
67) *ibid.*, p. 23-24.
68) *ibid.*, p. 24-26.
69) *ibid.*, p. 26.
70) *ibid.*, p. 29-31.
71) *ibid.*, p. 1.

72) ボストン公立図書館新館構想とプールの批判については以下を参照。川崎良孝『アメリカ大都市公立図書館と「棄てられた」空間』*op.cit.*, p. 148-152. プールとボストン公立図書館幹部とのやりとりなどは以下を参照。"Post-Conference Excursion: Mr. W.F. Poole's Remarks at the Publishers' and Booksellers' Dinner," *Proceedings of Conference of Librarians, Fabyans, September 8-11, 1890*, p. 164-166; "The Boston Public Library Building: An Abstract of the Controversy," *Library Journal*, vol. 15, no. 10, October 1890, p. 297-302.
73) William F. Poole, "The Newberry Library in Chicago," *Library Journal*, vol. 11, no. 1, January 1886, p. 14-16.
74) William I. Fletcher, "William F. Poole," *Library Journal*, vol. 12, no. 8, August 1887, p. 281-283.
75) Josephus N. Larned, "Report on Library Architecture," *Library Journal*, vol. 12, no. 9/10, September/October 1887, p. 377-395.
76) *ibid.*, p. 386.
77) 基本蔵書の構築については以下を参照。Paul Finkelman, "Class and Cuture in Late Nineteenth-Century Chicago: The Founding of the Newberry Library," *American Studies*, vol. 16, no. 1, Spring 1975, p. 5-22; William L. Williamson, *William Frederick Poole and the Modern Library Movement, op.cit.*, p. 138-150 (XI "Newberry Library: Acquiring a Collection"). 後者はプールについての最も包括的な研究業績である。
78) 設計計画の経過や対立を中心に、完成した建物については以下を参照。Houghton Wetherold, "The Architectural History of the Newberry Library," *Newberry Library Bulletin*, vol. 6, no. 1, November 1962, p. 1-14; William L. Williamson, *William Frederick Poole and the Modern Library Movement, op.cit.*, p. 151-160 (XII "Newberry Library: Planning a Building").
79) この新聞記事は以下に転載された。"Dr. Poole's Plan for the Newberry Library Structure Examined," *Library Journal*, vol. 15, no. 2, February 1890, p 48-50.
80) [William F. Poole], "Proceedings: Newberry Library," *Proceedings of Conference of Librarians, Fabyans, September 8-11, 1890*, p. 106-111
81) William L. Williamson, *William Frederick Poole and the Modern Library Movement, op.cit.*, p. 158.
82) *ibid.*, p. 158.
83) Houghton Wetherold, "The Architectural History of the Newberry Library," *op.cit.*, p. 10.
84) 移動の模様については以下に報告がある。W. Stetson Merrill, "How the Newberry Library Was Moved," *Library Journal*, vol. 19, no. 1, January 1894, p. 11-12.
85) 以下の報告による。"Report of the Librarian," *Second Annual Report of the Trustees of the Newberry Library, for the Year Ending December 31, 1893*, p. 23-24; "Exhibit III:

Annual Report of the Librarian," *Third Annual Report of the Trustees of the Newberry Library, for the Year Ending December 31, 1894*, p. 30; "Exhibit II: Annual Report of the Librarian," *Report of the Trustees of the Newberry Library, for the Year 1895*, p. 9-10; "Exhibit III: Statistics," *ibid.*, p. 11.

86) *Report of the Trustees of the Newberry Library, for the Year 1895*, p. 1.
87) 以下の報告による。"Report of the Librarian," *Second Annual Report of the Trustees of the Newberry Library, for the Year Ending December 31, 1893*, p. 23; Florence Brooks, "The New Reading-Room in the Newberry Library," *Library Journal*, vol. 19, no. 5, May 1894, p. 168-169; "Exhibit III: Annual Report of the Librarian," *Third Annual Report of the Trustees of the Newberry Library, for the Year Ending December 31, 1894*, p. 30; "Exhibit IV: Annual Report of the Librarian," *Report of the Trustees of the Newberry Library for the Year 1895*, p. 12; "Exhibit IV," *Report of the Trustees of the Newberry Library, for the Year Ending December 31, 1896*, p. 9.
88) Florence Brooks, "The New Reading-Room in the Newberry Library," *Library Journal*, vol. 19, no. 5, May 1894, p. 168-169.
89) "Regulations," *The Newberry Library*, The Library, 1905, n.p.
90) The Snead & Company Iron Works, INC., *Library Planning, Bookstacks and Shelving*, Jersey City, NJ, The Snead & Company Iron Works, INC., p. 11.
91) William F. Poole, "The Construction of Library Buildings," *Library Journal, op.cit.*, p. 69-81; William F. Poole, *The Construction of Library Buildings*, Circulars of Information of the Bureau of Education, *op.cit.*
92) Charles C. Soule, "Points of Agreement among Librarians as to Library Architecture," *Library Journal*, vol. 16, no. 12, December 1891, p. 17-19; "Proceedings," *ibid.*, p. 97-104. ソールの図書館建築関係の主たる文献は以下のとおりである。

・Charles C. Soule, "Boston Public Library," *Library Journal*, vol. 17, no. 2, February 1892, p. 54-55; "Boston Public Library," *ibid.*, vol. 17, no. 3, March 1892, p. 88-93; "Boston Public Library," *ibid.*, vol. 17, no. 4, April 1892, p. 124-125. これらはソールがボストンの新聞に連載したボストン公立図書館批判を転載したものである。

・[Charles C. Soule], "Proceedings: Library Architecture," *Library Journal*, vol. 17, no. 8, August 1892, C73-74.

・Charles C. Soule, *Library Rooms and Buildings*, Chicago, American Library Association, 1902.

・Charles C. Soule, "Library," Russell Sturgis, ed., *A Dictionary of Architecture and Building: Biographical, Historical, and Descriptive*, vol. II, New York, MacMillan Company, 1902, p. 749-759.

・Charles C. Soule, "The Need of an American Library Association Collection of Plans of Library Buildings," *Library Journal*, vol. 31, no. 7, July 1906, p. C45-46.
・Charles C. Soule, *How to Plan a Library Building for Library Work*, Boston, MA, Boston Book Company, 1912.
93) Charles C. Soule, "Library," Russell Sturgis, ed., *A Dictionary of Architecture and Building, op.cit.*, p. 756.
94) Charles C. Soule, *How to Plan a Library Building for Library Work, op.cit.*, p. 278.
95) Arthur E. Bostwick, *The American Public Library*, New York, D. Appleton and Company, 1910, p. 278.
96) 以下を参照。川崎良孝『アメリカ大都市公立図書館と「棄てられた」空間』*op.cit.* ボストン公立図書館、セントルイス公立図書館、ニューヨーク・パブリック・ライブラリー、デトロイト公立図書館についてはおのおの平面図も含めて以下で説明している。p. 148-161, p. 178-184, p. 173-178, p. 161-166.
97) William L. Williamson, *William Frederick Poole and the Modern Library Movement, op.cit.*, p. 158.
98) セントルイス公立図書館の平面図については以下を参照。川崎良孝『アメリカ大都市公立図書館と「棄てられた」空間』*op.cit.*, p. 181-182.
99) デトロイト公立図書館の平面図については以下を参照。*ibid.*, p. 162-164.
100) クリーヴランド公立図書館については以下を参照。Linda A. Eastman, "Some Features of the New Cleveland Library," *Library Journal*, vol. 50, no. 20, November 15, 1925, p. 948. ロサンゼルス公立図書館については以下を参照。川崎良孝『アメリカ大都市公立図書館と「棄てられた」空間』*op.cit.* p. 166-170. フィラデルフィア公立図書館については以下を参照。"The New Free Library of Philadelphia," *Library Journal*, vol. 52, no. 12, June 15, 1927, p. 630-639.
101) イノック・プラット・フリー・ライブラリーについては以下に詳細な説明がある。Pauline M. McCauley and Joseph L. Wheeler, "Baltimore's New Public Library Building," *Library Journal*, vol. 58, no. 9, May 1, 1933, p. 386-393; Alfred Morton Githens, "The Complete Development of the Open Plan in the Enoch Pratt Library at Baltimore," *ibid.*, p. 381-385.
102) Joseph L. Wheeler and Alfred Morton Githens, *The American Public Library Buildings: Its Planning and Design with Special Reference to Its Administration and Service*, Chicago, American Library Association, 1941.
103) *ibid.*, p. 5.
104) モジュラー計画の中心人物はアンガス・S.マクドナルド（Angus S. Macdonald）と図書館員ではラルフ・エルスワース（Ralph Ellsworth）である。マクドナルドについては以下を参照。Charles H. Baumann, *The Influence of Angus Snead Macdonald*

and the Snead Bookstack on Library Architecture, Metuchen, NJ, The Scarecrow Press, 1972.
105）Walter C. Allen, "Library Buildings," *Library Trends*, vol. 25, no. 1, July 1976, p. 89-112.
106）Donald E. Oehlerts, *Books and Blueprints: Building America's Public Libraries*, Westport, CT, Greenwood Press, 1991.
107）David Kaser, *The Evolution of the American Academic Library Building,* Lanham MD, Scarecrow Press, 1997.

各論文抄録

アメリカ公立図書館を基点とする公共図書館モデルの再検討：オルタナティヴ
から逆照射されるもの

吉田右子

　本稿では無料制、公開制、自治体直営を原則とするアメリカ公立図書館モデルが公共図書館の基本モデルであることを確認した上で、これに該当しない公共図書館の類型を示唆することで、改めて公共図書館の理念を問う作業を試みた。具体的にはアメリカ公立図書館モデルの枠組みを拡張化することで射程に入る公共図書館をパブリック・ライブラリーと呼称し、複数の類型を提示した。そしてパブリック・ライブラリーの事例の検討を通じてその特徴と理念を抽出し、アメリカ公立図書館モデルの理念に逆照射することで、公共図書館の理念を再検討した。オルタナティブな図書館モデルとしてのパブリック・ライブラリーを通じて公立図書館を見ていくことは、民主主義を体現する文化装置として設定された近代公共図書館を再考する契機となることを結論とした。

頂点に立つ読者：公共図書館、楽しみのための読書、そして読書モデル

キャサリン・シェルドリック・ロス著　　山﨑沙織訳

　本論文の要約は原著の冒頭に掲げられており、その翻訳（p. 41-42）を参照。

戦後占領期におけるアメリカ図書館像：CIE 図書館のサービスを中心に

三浦太郎

　戦後占領期日本でアメリカのモデル図書館として開設された CIE 図書館は、日本人を利用対象とし、占領終結までに全国23か所に展開した。本稿では、利用者・職員の声に関する近年のオーラルヒストリー研究の成果や、一館史などの文献調査に基づきながら、CIE 図書館において、洋書、学術雑誌、ファッション誌をはじめとする資料の提供や、児童サービス、ILL を通じた資料提供、レコードや映画の鑑賞など多様な活動が行われており、資料提供・文化活動の機能を果たしていたことを論じた。そこでは、日本人に民主主義の積極的価値を提示する役割も担われていた。また、アメリカ式の図書館サービスはいくつかの CIE 映画でも具体的に描かれたが、とくに『格子なき図書館』のシナリオやフィルムリストに掲載された概要を取り上げながら、その成立経緯や内容について考察した。

社会的責任論からみた戦後の全国図書館大会の展開：図書館界の「総意」を示すフォーラムの興亡

福井佑介

　図書館関係団体の決議や声明には、社会との関係性の中で顕在化した、図書館関係者の自己認識や規範が反映されている。本稿は、決議や声明に結実する議論の場であった全国図書館大会に注目し、その質的な変遷を明らかにした。70年代半ばまで、全国図書館大会は一貫して、意見や情報の交換のみならず、決議という形で図書館界の「総意」を表明する場とみなされていた。特に50年代後半に、決議をめぐって政治的・社会的動向を強く意識した議論が積み重ねられた。そこでの立場表明の是非に関する論争は、図書館観の相違と結合していた。対照的に、60年代になると政治的話題が明確に排除されるようになった。同時に、図書館が直面する課題解決のために、図書館界の「総意」としての決議が重視された。「総意」の表明という側面が縮減し始めるのは70年代後半からであり、21世紀になって、大会から消滅した。

上海国際図書館フォーラムを手掛かりに図書館を考える

金晶

　上海国際図書館フォーラムは2002年の発足後、すでに9回（2018年）開催された。図書館の祭典としての上海国際図書館フォーラムは、図書館事業のための参考資料を提供する場であるとともに、今後の図書館の発展方向を示す場でもある。本論文はこれまでに開催された9回の上海図書館フォーラムのテーマに基づいて、デジタル読書、図書館サービス機能、および図書館管理方式の3つの側面から上海国際図書館フォーラムによる啓発を整理した上で、資料分析と実証研究を通して今後の図書館事業の参考となる重要点を示して確認する。

図書館建築をめぐる路線論争とその帰趨：ウィリアム・F.プールを中心として

川崎良孝

　1858年に開館したボストン公立図書館のボイルストン街図書館は、ホール形式（アルコーヴが並んだギャラリーを3層に積み上げ、その内側の広大な空間を閲覧室にする）を採用し理想とされた。しかし1876年以降、ボストンの館長ウィンザーやシカゴの館長プールという指導者が非難し、ホール形式は否定された。本稿はそうした経緯を前提に、ホール形式に代えてウィンザーが主張した積層書架とプールが主張した主題別閲覧室を取り上げる。両者の主張は館内空間のあり方をめぐる論争というより、基本的な図書館思想の相違を示しており、本稿はそうした路線論争を解明する。そして当時はウィンザーの積層書架が圧倒的に賛同を得たものの、20世紀に入り主題別閲覧制の導入とともに両方式が併用されていくと結論した。

索　引

・用語対照という性格を持たせている。
・書名で著者がカタカナになっている図書には訳書があり、原書名は示していない。

［アルファベット］
『ALA ブルティン』　　54, 106
CIE インフォメーション（情報）・センター
　→ CIE 図書館
CIE 映画　　95, 114, 117-121, 123-126, 129, 131
「CIE 映画　格子なき図書館　シナリオ」
　126-128, 130
『CIE 映画の目録（附・梗概及類別索引）』
　125
『CIE 映画利用手引書　第一集』　120
CIE 図書館　CIE Information Center　95-97,
　100-117, 119, 125, 130, 131
　秋田　　96, 111
　大阪　　96, 103, 105-109, 112-113, 115
　金沢　　96, 110, 120
　神戸　　96, 115
　札幌　　96, 115
　新宿　　96, 102, 108-109, 118
　仙台　　96, 107-108, 112-114
　高松　　96, 110
　東京　　96, 100-101, 104, 106-107, 118, 125
　長崎　　96, 103, 105, 107, 110

　新潟　　96, 111
　函館　　96, 115
　福岡　　96, 101, 106-107
　松山　　96, 108
　横浜　　96, 104, 115-116
『CIE 図書館を回顧して』　96
『IFLA 公共図書館サービスガイドライン』
　8-9, 11, 28
IFLA/UNESCO 公共図書館宣言　7-9, 11, 28
NoveList　　45
Readers' Advisor Online　　45
『SCAP・CIE 図書館』（CIE 169）　122, 136
『USIS フィルム・カタログ 1953 年版』　121,
　123-125
WeChat　　177-178, 188

［あ行］
相原信達　　153
『赤毛のアン』（モンゴメリ）　　69
悪書追放運動　　156
アスター図書館　Astor　226

索引　253

アダムス、マリリン　Adams, Marilyn　　61
『アメリカ合衆国のパブリック・ライブラリー』（特別報告）　PLs. in the US of America　　197, 199-202
アメリカ教育局　US Bureau of Edu.　　197, 202, 211, 227
アメリカ広報・文化交流庁　US Inf. Agency (USIA)　　96, 117
アメリカ広報・文化交流局　US Inf. Service (USIS)　　118, 121, 123
『アメリカ公立図書館』（Bostwick）　The Amer. PL　　235
『アメリカ公立図書館の建物』（Wheeler）　The Amer. PL Buildings　　237
『アメリカ大学図書館の建物の進展』（Kaser）　The Evolution of the Amer. Academic Lib. Building　　239
アメリカ対日教育使節団　　100
アメリカ図書館　　99, 117
『アメリカ図書館界と積極的活動主義』（バンディ／スティロー）　　141
アメリカ図書館協会　　53, 55, 58, 99, 104, 106, 117, 141-142, 195, 197, 235
　年次大会
　　1876　　193, 198, 202-203, 211
　　1877　　194
　　1879　　205-211
　　1881　　194, 211-223, 225, 231
　　1882　　219-221, 225
　　1883　　220-222, 225
　　1887　　226
　　1890　　228
　　1894　　198
『アメリカの公共図書館』（CIE 313）　　122, 124, 136
『アメリカの国立図書館』（CIE 10）　　120-123, 125-126
『アメリカのトピックス』（CIE 125）　　123, 136
アメリカ・ハウス　　99

アメリカ文化センター（ACC）　　96, 107, 109, 110, 114-116
アメリカ平和部隊　US Peace Corps　　19
アメリカ歴史協会　　198
アメリカンセンター（AC）　　96, 106
有山崧　　120, 147, 149, 157
アルコーヴ　　147, 149, 157, 193, 202-203, 205, 219, 235
アルジャー、ホレイショ　Alger, Horatio　　43
アレゲニー・カーネギー図書館　Carnegie Free Lib. of Allegheny　　43
アレン、ウォルター・C.　Allen, Walter C.　　238
アング、イエン　Ang, Ien　　69
イエール・カレッジ　　195-196
『イギリス点描』（CIE 88）　　122, 136
石井桃子　　108
石川正知　　157
石田清一　　130
『いっしょに読もう』（Waterland）　Read with Me　　63
伊藤整　　161
伊藤旦正　　148
移動図書館「ひかり号」　　120, 128
糸賀雅児　　165
イノック・プラット・フリー・ライブラリー　Enoch Pratt　　237-238
意味派　meaning-emphasis　　60, 62, 64, 86
岩猿敏生　　155
ヴァンブラント、ヘンリー　Van Brunt, Henry　　205-206, 208-210
ヴィカーズ、トマス　Vickers, Thomas　　202
ウィザーオールド、ヒュートン　Wetherold, Houghton　　231
ウィネットカ調査　Winnetka Survey　　56
ウィリアムソン、ウィリアム・L.　Williamson, William L.　　230-231, 236
ウィンザー、ジャスティン　Winsor, Justin　　194, 197-208, 210-211, 217, 222, 234-238

ヴィントン、フレデリック　Vinton, Frederic
　203, 217
ウィンフリー、オフラ　Winfrey, Oprah　47,
　71-72, 90
ウェア、ウィリアム・R.　Ware, William R.
　234
ウェア・アンド・ヴァンヴラント会社　Ware
　and Van Brunt　205, 234
『ウェスタン・キャノン』（Harold）Western
　Canon　66
ヴェトナム戦争　141
上野武彦　161
ウェーバー、エフライム　Weber, Ephraim
　69
ウォーターランド、リズ　Waterland, Liz　63-
　64
『ヴォーグ（ボーグ）』Vogue　66, 106-107
ウォッシュバーン、カールトン　Washburne,
　Carleton　55-56
『ウォッチング・ダラス』（Ang）Watching
　Dallas　69
ウォード、ジェイムズ・W.　Ward, James W.
　222
ウォーレス、ジョン・W.　Wallace, John W.
　202
ウースター（PL）Worcester (MA)　222
ウッド、ヘレン・M.　Wood, Helen M.　125
エドマンズ、ジョン　Edmands, John　217-
　218, 220
エドワード・ストラテメイヤー出版　Edward
　Stratemeyer　56
『エブリディ・ライフ』（Sheringham）Everyday
　Life　67
エルスワース、ラルフ　Ellsworth, Ralph　239
大内直之　106
大塚明郎　162
大村武一　153-154
小川トキ子　103
オーゼンセ図書館（デンマーク）Odense

Bibliotekernes　13, 25
小野則秋　148
オフラ・ウィンフリー・ブッククラブ　Oprah's
　Book Club　47, 71, 87-88
オーラーツ、ドナルド・E.　Oehlerts, Donald
　E.　239

[か行]

開架式　95, 103, 111, 113, 115, 127
学習へのアクセス賞　Access to Learning　18
学問の自由　153, 163
貸本屋　151
片山潔　161
『学校図書館の手引き』95
カッター、チャールズ・A.　Cutter, Charles A.
　202
加藤宗厚　120
『神奈川県図書館史』97, 104
神奈川県立図書館　109
金森徳次郎　157
カーネギ図書館　238-239
金子量重　99, 107, 109, 117-119
蒲池正夫　162
カマボコ図書館　97
『かもさんおとおり』（マックロスキー）59
川崎良孝　141
『買われた婚約者』（Krentz）The Paid Companion
　46
議会図書館　11, 106, 120, 123, 217-222, 224-
　225, 236
紀元節　162-163
『危険な男と冒険家の女』（Krentz）Dangerous
　Men and Adventurous Woman　50
ギゼンズ、アルフレッド・M.　Githens, Alfred
　M.　238
ギブソン、レイチェル　Gibson, Rachel　46
木村蔵六　152
教育映画配給部　Educational Film Unit (EFU)

117
『教育世界』（中国） 180
教育二法案 153-154, 166, 168
教科書法案 153
「恐怖街」シリーズ（Stine） Fear Street 42, 46
ギルド、ルーベン Guild, Reuben 221
キングソルヴァー、バーバラ Kingsolver, Barbara 73-74
『近代日本図書館の歩み』（日本図書館協会） 143
キンロック・ルーシー Kinlock, Lucy 58
グッドマン、ケネス Goodman, Kenneth 63
『グーテンベルクへの挽歌』（バーカーツ） 75
熊原政男 99
クリーヴランド（PL） 237
グリシャム、ジョン Grisham, John 45
グリーン、サミュエル・S. Green, Samuel S. 222
クルージー、ジェニファー Crusie, Jennifer 46
クレイ、バーサ・M. Clay, Bertha M. 43
クレイ、モード・O. Clay, Maude O. 111
クレンツ、ジェイン・アン Krentz, Jayne Ann 46, 50
グロスヴェナー図書館（Buffalo） Grosvenor 222
黒田一之 154-155
「軍事サービス版」 Armed Services Editions（ASE） 99
軍政部図書室・読書室 97, 99, 100, 103, 120
ケイザー、デイヴィッド Kaser, David 239
『契約結婚』（Maxwell） The Marriage Contract 46
『月刊社会教育』 163
ゲーテ 71
ケナー、エメット・K. Kenner, Emmett K. 113
『ケミカルアブストラクト』 106-107

検閲 165
「研究と討論の栞」 Study-Discussion Guide 119, 121, 123-125
言語コード派 59-61, 64, 86
原子兵器禁止に関する各国図書館界への訴え 150
『建築建物辞典』（Sturgis） A Dictionary of Architecture and Building 235
憲法（日本） 163
言論の自由 141-142, 152-153, 166-167
公共図書館法案 144
「格子なき図書（仮題）」 126
『格子なき図書館』（CIE 194） Libs. without Bars 117, 119, 122, 124-131
国際映画部 International Motion Picture Branch (IMP) 117, 118, 164
国際広報文化局 Office of International Culture (OIC) 117
国際図書館員大会（1877） 204
国際図書館連盟 IFLA 7-10, 28
国民精神総動員運動 144
国務省 96, 98, 102, 115-117
国務・陸軍・海軍三省調整委員会 State-War-Navy Coordinating Comm. (SWNCC) 98
国立国会図書館 95, 106, 157, 160-161
国立図書館情報大学 159
国立図書館短期大学 159, 167
『心の行方』（Phillips） This Heart of Mine 46
国家機密法案 165
『コットン・マザーとセーラムの魔女狩り』（Poole） Cotton Mather and Salem Witchcraft, 198
『子ども時代への岐路』（Moore） Cross Roads to Childhood 56
『子ども時代への道』（Moore） Roads to Childhood 56
『子どもはどのように読み始めるか』（Adams） Biginning to Read 61
子ども文庫 22, 25-26

256 図書館と読書をめぐる理念と現実

コブ、ヘンリー・I.　Cobb, Henry I.　231
コミュニティ図書館　12, 17-21, 31
コールデコット賞　Caldecott　59
コーンウェル、パトリシア　Cornwell, Patricia　45
今まど子　96, 103-104, 114, 116, 120

[さ行]
最良のものだけを（読む）　Only the best　41, 51, 55, 86
サウスワース、E.D.E.N.　Southworth, E.D.E.N.　44
坂西志保　161
佐藤忠恕　156
『ザノーニ』（リットン）　69
『三匹の子豚』　109
ジー、ジェイムズ・ポール　Gee, James Paul　75
シェリンガム、マイケル　Sheringham, Michael　67
シカゴ（PL）　193, 196-198, 225-226
シカゴ図書館クラブ　198
『シカゴ・トリビューン』　227-228
思想統制　155
思想の自由　153, 163
志智嘉九郎　149, 159, 167
視聴覚ライブラリー　118, 126, 129
自動車文庫（BM）　122, 124, 127-128, 160
児童読書週間　56
『児童文学論』（スミス）　57
『市民の図書館』（日本図書館協会）　158
下村健二　126
社会的責任　139-143, 152, 155, 159, 166, 168
ジャドソン、フランク　Judson, Frank　118, 129
ジャパン・ライブラリースクール　95
『シャーロットのおくりもの』（ホワイト）　Charlotte's Web　59

上海図書館　175-190
　上海科学技術情報研究所　182
　上海国際図書館フォーラム　175-190
　上図書店　184
『ジャンルフレクティング』（Rosenberg）　Genreflecting　45
自由接架　111, 124, 127-128, 130-131, 137
ジューエット、チャールズ・C.　Jewett, Charles C.　195, 197
主題別閲覧方式（部門制）　216, 225, 228, 233, 237-238
出版の自由　153
「ジュニー・B. ジョーンズ」シリーズ（Park）　Junie B. Jones　46
巡回文庫　126-128
純粋解釈　141-142
「少女探偵ナンシー」シリーズ（キーン）　Nancy Drew Case Files　46
ジョージ・P. パットナム出版　George P. Putnam　195
『書物だけでなく』（CIE 221）　122, 124
ジョンソン、スティーブン　Johnson, Steven　74-76
『白雪姫』　108-109
知る自由　149, 164
『新・子ども時代への道』（Moore）　New Roads to Childhood　56
『真実の告白』（Gibson）　True Confession　46
シンシナティ（PL）　193, 196-198, 202-203, 216, 224
神野清秀　153-156
「スイート・ヴァレー・ハイ」シリーズ（パスカル）　Sweet Valley High　46
スタイン、R.L.　Stine, R. L.　42
スターギス、ラッセル　Sturgis, Russell　235
スタネック、ルー・ウィレット　Stanek, Lou Willett　58
スターバックス　184, 187
スティーブンソン、ウィリアム・M.　Stevenson,

索引　***257***

William M.　43-44
スティール、ダニエル　Still, Danielle　66
スティロー、フレデリック・J　Stielow, Frederick J.　141
『ステューデント・ボディーズ』（Rose 監督）76
ストラテメイヤー・シンジケート　Stratemeyer Syndicate　74
『砂と霧の家』（デビュース）　House of Sand and Fog　72
スニード社　Snead　234
スパイ防止法案　165
「スーパーヒーロー・パンツマン」シリーズ（ピルキー）　Captain Underpants　46
スプリングフィールド　Springfield (MA)　203
スポフォード、エインズワース・R.　Spofford, Ainsworth R.　217-222, 225
スミス、デボラ　Smith, Deborah　50
スミス、バーバラ・ドーソン　Smith, Barbara Dawson　46
スミス、フランク　Smith, Frank　63
スミス、リリアン・H.　Smith, Lillian H.　57
スミス、ロイド・P.　Smith, Lloyd P.　218, 220
スミスマイヤー、ジョン・L.　Smithmeyer, John L.　218-225
「スミス・ムント法」　102, 117
住谷幸雄　161
青少年保護条例　161
成人教育に関するラウンドテーブル　Adult Reading RT　54
聖なる情報　sacred inf.　29
セイメック、トニ　Samek, Toni　141
積層書架　203-205, 209, 217, 219, 221, 227-228, 235-237, 239
『絶歌』（元少年A）　140
セルトー、ミシェル・ド　Certeau, Michel de　67-68, 70, 87
全国主要図書館代表者会議　145
全国図書館大会　139, 143, 155, 157, 159, 163-168

1906（東京）　143-144
1938（東京）　144
1948（東京）　144
1949（大阪）　145
1950（京都）　129-130, 145-146
1951（東京）　146
1952（九州）　146-147
1953（東京）　146
1954（東京）　148-149
1955（大阪）　151
1956（横浜）　153
1957（富山）　154
1959（名古屋）　154, 156
1960（福島）　140, 156
1961（東京）　158
1962（宇都宮）　158
1966（東京）　161
1968（北海道）　158
『全国図書館名簿』　122
戦後計画委員会　Post War Comm. (PWC)　98
戦時情報局　Office of War Inf. (OWI)　99, 101, 117, 119
セントルイス（PL）　236-237
『ザ・ソプラノズ』（HBOテレビドラマ）　76
ソール、チャールズ・C.　Soule, Charles C.　235
ソルトマン、ジュディス　Saltman, Judith　58
『ソロモンの歌』（モリスン）　72-73

[た行]

大英博物館　204, 218, 230
『タイム』　106-107
高橋弘　157
『ダークナイト』（ノーラン監督）　76
竹田平　148
武田虎之助　146, 155-156, 167
田中稲城　143
ターミナル駅舎型図書館（Winsor）　206-208

『ダメなものは、タメになる』（ジョンソン）　74
『ダラス』（CBS テレビドラマ）　69
チェンバレン・メレン　Chamberlain, Mellen　218-219
『知識の宝庫』（CIE 204）　114, 122, 124-126
知的自由　142
『ちびくろサンボ』（バンナーマン）　163
地方教育行政の組織及び運営に関する法律案　153
チャステイン、サンドラ　Chastain, Sandra　46
チャル、ジーン　Chall, Jeanne　59
チャンセラー、ジョン　Chancellor, John　54
『中国デジタル読書白書』　177
『中小都市における公共図書館の運営』（日本図書館協会）　158
中立性論争　148
著作権法　164
デイヴィス、エルマー　Davis, Elmer　119
ディズニー絵本　109, 110
ティセ、エレン・R.　Tise, Ellen R.　21
ディレブコとマゴワン　Dilevko and Magowan　46-47, 85
『手紙ひとつで花婿を』（Chastain）　The Mail Order Groom　46
デトロイト（PL）　236
デューイ、メルヴィル（10 進分類法）　Dewey, Melvil　106, 194, 197, 202, 217, 221, 237
デューク、ドナルド・W.　Duke, Donald W.　117
デリカ、クレスチャン・N.　Delica, Kristian N.　6
デン・ハーグ（オランダ）　The Hague　24
東條文規　162
董大西　184
読者の欲する本を　Give 'Em What They Want　46, 77, 84
読書案内サービス　readers' advisory services　45, 53-54, 78, 83-85, 88-90
読書小屋　lässtuga　23
読書指導　152, 158, 166
読書週間　145
『読書相談』　126, 130
「読書の自由」（ALA）　Freedom to Read　32
特定秘密保護法案　140
「図書館：アメリカの価値」（ALA）　32
『図書館員』（CIE 389）　125
図書館員大会（US, 1853）　198
図書館員の倫理綱領　144, 159, 164
図書館活動推進全国労働組合協議会　163
『図書館計画、書庫、書架』（Snead）　Lib. Planning, Bookstacks and Shelving　234
図書館憲章　148-149
『図書館建築』（Poole）　The Construction of Lib. Buildings　211, 222, 227
『図書館雑誌』（日本図書館協会）　147, 157
『図書館サービスのための図書館建築計画』（Soule）　How to Plan a Lib. Building for Lib. Work　235
図書館サービスの中核的価値（ALA）　Core Values of Librarianship　32
『図書館情報学用語辞典』第 4 版　97
図書館職員養成所　146, 159
『図書館と知的自由』（川崎）　141
図書館の権利宣言（ALA）　Lib. Bill of Rights　32
図書館の自由委員会　140, 168
『図書館の自由に関する事例 33 選』（日本図書館協会図書館の自由に関する調査委員会）　141
『図書館の自由に関する事例集』（日本図書館協会図書館の自由委員会）　141
図書館の自由に関する宣言　144, 160, 165-167
　1954 年版　149-151, 153-154, 156
　1979 年版　164
図書館の自由に関する調査委員会　163
『図書館の目的をめぐる路線論争』（セイメック）

索引　**259**

141
『図書館ハンドブック』　122, 123
『図書館便覧』　122
図書館法（デンマーク）　Lov om folkebiblioteker　25
図書館法（日本）　95, 119, 124, 127, 145-146, 154
　　13条　164
　　18条　150, 164, 167
図書館問題研究会　144, 154, 168
図書館令　144
富永完　152
「トム・スイフト」シリーズ（エイプルトン）　56
『囚われて』（Brockway）　My Surrender　46
ドルトレヒト（オランダ）　Dordrecht　24
トロンソン、ドリス　Tronson, Doris　110
トロント公共図書館管理委員会　Board of Management of the Toronto PL　44

[な行]
中井正一　145, 166
中沢啓治　140
長沢雅男　115
永末十四雄　144
中村祐吉　154
ナトコ　118, 129
浪江虔　156, 161, 163, 165
『ならず者の誘惑』（Smith）　Seduced by a Scoundrel　46
難波江昇　152
『日常的実践のポイエティーク』（セルトー）　67
日米安保条約　140, 156-157
日本映画社　126, 128-129
日本図書館（情報）学会　146
日本図書館協会　120-123, 126, 140, 143-149, 151, 154, 158-160, 162-165, 168

『日本の教育』　Education in Japan　100
ニュージェント、ドナルド・R.　Nugent, Donald R.　102
ニュージャージー・カレッジ（プリンストン）　203, 217
ニューベリー、ウォルター・L.　Newberry, Walter L.　226
ニューベリー賞　56, 59
ニューベリー図書館（シカゴ）　196-198, 225-235, 238
ニューヨーク公共図書館　56, 101, 121-122, 124, 236
ニューヨーク州立図書館　Homes, H.A.　218
ニューヨーク図書館クラブ　NY Lib. Club　198
ネイティブ・アメリカン・アーカイブ資料のためのプロトコル　Protocols for Native Amer. Archival Materials　29
『ノース・アメリカン・レヴュー』　198
望ましい基準　150, 164, 167
ノーラン、クリストファー　Nolan, Christopher　76

[は行]
梅花短期大学図書館　113
ハーヴァード・カレッジ　197, 206
　ゴア・ホール　204-205, 208, 211, 234-235
破壊活動防止法　147, 149
バーカーツ、スヴェン　Brikerts, Sven　75
『初めての誘惑』（Crusie）　Welcome to Temptation　46
ハーストとミクレッシー　Harste and Mikulecky　62
パーソン、P. デービッド　Person, P. David　59
ハーダウェー、エリオット　Hardaway, Elliot　102
『はだしのゲン』（中沢）　140

バッファロー図書館　226
ハート、ジュヌヴィエーヴ　Hart, Genevieve　21
羽仁五郎　162-163
バーネット、ポール・J.　Burnette, Paul J.　96, 100-101
『パブリッシャーズ・ウィークリー』　72
浜田敏郎　99
『パラダイス』（モリスン）Paradise　73
パール、ナンシー　Pearl, Nancy　47
『ハロウィーン』（Carpenter 監督）　76
バンディ、メアリ・リー　Bundy, Mary Lee　141
秘技に関する情報　inf. of secret techniques　29
ヒース、ロバート　Heath, Robert　185
『ピノキオ』（コローディ）　163
日野市立図書館　158
ピーボディ図書館（ボルティモア）Peabody　193, 216, 226
『秘密の花園』（バーネット）　59
表現の自由　161
ヒーリー、ジェーン　Healy, Jane　75
ビル（メリンダ）・ゲイツ財団　Bill Gates Foundation　18
ビルマン、キャロル　Billman, Carol　74
ファー、セシリア・コンカー　Farr, Cecelia Konchar　72-73
『ファミリー・アルバム』（Still）Family Album　66
フィスク、ジョン　Fiske, John　65, 67
フィラデルフィア（PL）　237
フィラデルフィア商事図書館　217, 220
フィラデルフィア図書館会社　Lib. Company of Philadelphia　217
フィリップス、スーザン・エリザベス　Phillips, Susan Elizabeth　46
フェアウェザー、ジェーン　Fairweather, Jane　120
『深く青く沈んで』（ミチャード）　72

福田利春　101-102, 105-107, 113-114, 125-126
府県立五大都市図書館長会議　146
藤本修一郎　126, 129
部族政府（アメリカ）tribal government　15
部族図書館（アメリカ）tribal libs.　11, 14-16, 30, 31
ブック・オブ・ザ・マンス・クラブ　Book-of-the-Month Club (BOMC)　71, 87
『ザ・ブックマン』　56
プライバシー　163
フライデイ、ジュネビエーブ・L.　Friday, Genevieve L.　109
ブラウン、ドナルド・B.　Brown, Donald B.　96, 101, 134
ブラウン大学　221
ブラザーズ・イン・ユニティ　Brothers in Unity (Yale Coll.)　195-196
『ブランチ・ライブラリー・ブルティン』　102
ブーリキアス、アン　Bouricius, Ann　50
プール、ウィリアム・F.　Poole, William F.　193-239
ブルックス、フローレンス　Brooks, Florence　234
ブルックライン（PL）Brookline (MA)　235
ブルーム、ハロルド　Bloom, Harold　66
フレッチャー、ウィリアム・I.　Fletcher, William I.　199, 226
フレミング、メイ・アグネス　Fleming, May Agnes　44
ブロックウェイ、コニー　Brockway, Connie　46
フローニンゲン（オランダ）Groningen　24
文化的配慮を必要とする資料　Culturally Sensitive Materials　29
豊後レイコ　96, 103, 106, 108-110, 115
閉架式　104, 113, 127, 137
ベイコン、ヴァージニア・クリーヴァー　Bacon, Virginia Cleaver　54-55
ベックマン、マーガレット　Beckman, Margaret

索引　**261**

58

ペンシルヴェニア歴史協会　Pennsylvania Historical Society　202
『ポイズンウッド・バイブル』（キングソルヴァー）The Poisonwood Bible　73-74
ホイットニー、ジェイムズ　Whitney, James　220
ホイーラー、ジョゼフ・L.　Wheeler, Joseph L.　238
『ヴォーグ（ヴォーグ）』Vogue　66, 106-107
『ぼくらのゆめ』（CIE 212）　124
ボストウィック、アーサー　Bostwick, Arthur　235
ボストン（PL）　197, 202, 206, 216, 218, 220, 224, 238
　コプリー広場中央館　219, 225, 236, 239
　ボイルストン街図書館　193-194, 203, 219
　ロックスバリー分館　199-200, 204
ボストン・アセニアム　Boston Athenaeum　196, 202
ボストン商事図書館　196-197
ホーダウェイ、ドン　Holdaway, Don　62
ポートランド（PL）　55
「ボブシーきょうだい探偵団」シリーズ（ホープ）Bobbsey Twins　56, 58
ボーマン、アイリーン　Bowman, Irene　58
ボル、トッド　Bol, Todd　13, 24
ホール（形式）　193-194, 199, 202, 204-205, 211-212, 219, 221, 225, 236
ホール、R.マーク　Hall, R. Mark　72
ホール・テクスト派　62
ホール・ランゲージ派　62-63
ボールド、ルドルフ　Bold, Rudolf　47-50
『滅びゆく思考力』（ヒーリー）Endangered Minds　75
『ザ・ホワイトハウス』（NBCテレビドラマ）The West Wing　76

[ま行]

マイクロ・ライブラリー　13, 22-25
前川恒雄　158
マクスウェル、キャシー　Maxwell, Cathy　46
マクドナルド、アンガス・S.　Macdonald, Angus S.　239
マシュー、フランクリン　Mathiew, Franklin K.　58
『マス・カルチャー』（ローゼンバーグ）Mass Culture　65
『町の図書館』（CIE 383）　124
松崎博　153
マルハウザー、ローランド・A.　Mullhauser, Roland A.　101-102
マルホランド、フレデリック・F.　Mulholland, Frederick F.　102-103
マルレス、デイジー　Maryles, Daisy　72
ミーク、マーガレット　Meek, Margaret　62
ミチャード、ジャクリーン　Mitchard, Jacquelyn　72
密猟者としての読者　reader as poacher / poacher-reader　51, 67-70, 87
美馬誠一　161
宮城県図書館　114, 127-128
宮田輝　126
宮原誠一　162
ミュッセル、ケイ　Mussell, Key　50
ミルウォーキー（PL）　220
民間情報教育局　Civil Inf. and Edu. Section (CIE)　95, 97, 117-118, 129-130
民衆図書館　22-23, 27
民衆図書館支援法（スウェーデン）angående understödjande af folkbiblioteksväsendet　23
ムーア、アン・キャロル　Moore, Anne Carroll　56-57
目的を持って読む（ALA）　Reading with a Purpose　41, 51, 53-55, 86
『もしシアトルの全ての人が同じ本を読んだら』

（Pearl）　*If All of Seattle Reads the Same Book*　47
桃山末吉　152
森耕一　160-161
モリスン、トニ　Morrison, Toni　72-73
モンゴメリ、L.M.　Montgomery, L.M.　69-70
文部省　118, 120, 122, 144, 146-147, 150-151, 154-157, 159, 162-163, 166

[や行]

弥吉光長　164
ユトレヒト　Utrecht　24
ユネスコ　150
楊浦図書館（上海）　184
『余暇を生かして』（CIE 257）　121-123, 125, 136
横越村公民館　128-129
芳井先一　148
吉田邦輔　130
吉見泰　126
『読み方を学ぶ』（Chall）　*Learning to Read*　59
読む自由　153

[ら・わ行]

『ライフ』　106-107
『ライブラリー・ジャーナル』　47-48, 112, 203, 211, 216, 225-226, 234
『ライブラリー・トレンズ』　238
ラディントン、フローラ・B.　Ludington, Flora B.　104
ラドウェイ、ジャニス　Radway, Janice　50, 70-71
ラーネド、ジョゼファス・ネルソン　Larned, Josephus Nelson　226
陸軍省　96, 98, 115, 117
リチャードソン、H.H.　Richardson, H.H.　231

リットン、ブルワ　Lytton, Bulwer　69
リンダーフェルト、K.A.　Linderfelt, K.A.　220
ルート、メアリー・E.S.　Root, Mary E.S.　58
レーワルデン（オランダ）　Leeuwarden　24
ロー、E.P.　Roe, E.P.　44
ロサンゼルス（PL）　237
『ロスト』（ABCテレビドラマ）　*Lost*　76
ローゼンバーグ、バーナード　Rosenberg, Bernard　65
ロッテルダム　Rotterdam　24
ローデル、M.A.　Roedel, M.A.　108, 112
ロバーツ、ノーラ　Roberts, Nora　42, 45
ロビンソン、オーティス・H.　Robinson, Otis H.　217
『ロマンス小説を読む』（Radway）　*Reading the Romance*　50
ロンドン・インスティチューション　204
『若きウェルテルの悩み』（ゲーテ）　71
渡邊正亥　128-129
ワトソン、ポーラ・D.　Watson, Paula D.　22

おわりに

　本書のうち、下記の論考はすでに発表したものであり、その典拠を示すと同時に転載を許可してくださった日本図書館研究会にお礼申し上げる。
　・吉田右子「アメリカ公立図書館を基点とする公共図書館モデルの再検討：オルタナティヴから逆照射されるもの」は下記論考を加筆修正している。
　　初出：吉田右子・川崎良孝「アメリカ公立図書館を基点とする公共図書館モデルの再検討」『図書館界』vol. 70, no. 4, November 2018, p. 526-538.

編集後記

　相関図書館学方法論研究会は2008年から10年にわたって研究会活動を続け、その成果を刊行してきた。昨年4月から松籟社の協力を得て、本研究会の研究成果を〈シリーズ〉「図書館・文化・社会」として世に問うことになった。出版リスクを考えて印刷部数を絞ったこともあって、幸いなことに創刊号のシリーズ1「トポスとしての図書館・読書空間を考える」は絶版になってしまった。今回のシリーズ2については、紙媒体の本書が完売すれば、電子図書として扱えるようにした（翻訳論文の著作権獲得に際して、電子図書での販売条件を加えた）。今後も本シリーズへのご支援をいただけると幸いである。なお上海国際図書館フォーラムに関する金晶論文は、研究会から投稿を依頼した。

　今年になって新たに和気尚美と杉山悦子を会員に迎えた。和気は北欧の図書館と移民について（共著『読書を支えるスウェーデンの公共図書館』2012）、杉山は学校図書館について（「沖縄における学校図書館の展開過程」『日本図書館情報学会誌』2017（日本図書館情報学会奨励賞受賞））研究を進めている。新入会員によって研究会がいっそう活性化されることを願っている。

　　　　　　　　　　　　　　　　　　　　　　　　　（川崎良孝・吉田右子）

相関図書館学方法論研究会会員（2018年3月18日現在）
安里のり子（ハワイ大学）　　　　アンドリュー・ウェルトハイマー（ハワイ大学）
川崎良孝（京都大学名誉教授）　　久野和子（神戸女子大学）
嶋崎さや香（大阪樟蔭女子大学）　中山愛理（大妻女子短期大学）
福井祐介（京都大学）　　　　　　三浦太郎（明治大学）
山﨑沙織（東京大学）　　　　　　吉田右子（筑波大学）

2019年4月1日　　和気尚美（三重大学）　　杉山悦子（四国大学）

執筆者紹介［掲載順］

吉田　右子（よしだ　ゆうこ）
2011　筑波大学大学院図書館情報メディア研究科教授
主要業績：『メディアとしての図書館』（日本図書館協会, 2004）；『デンマークのにぎやかな公共図書館』（新評論, 2010）；吉田右子『オランダ公共図書館の挑戦：サービスを有料にするのはなぜか？』（新評論, 2018）ほか

山﨑　沙織（やまざき　さおり）
2010　東京大学学際情報学府修士課程修了、同年より東京大学事務職員。
主要業績：「『読めない母親』として集うことの分析」（『社会学評論』vol. 66, no. 1, 2015）；「『本を読む母親たち』は誰と読んでいたのか」（『Library and Information Science』no. 77, 2017）；「母親自身の読書活動から親子の交流活動へ」（共著『トポスとしての図書館・図書館空間を考える』松籟社, 2018）ほか

キャサリン・シェルドリック・ロス（Catherine Sheldrick Ross）については、「訳者あとがき」（p. 83）を参照。

三浦　太郎（みうら　たろう）
2019　明治大学文学部教授
主要業績：「CIE映画『格子なき図書館』の成立に関する考察」（『明治大学図書館情報学研究会紀要』no. 6, 2015）；「図書館の歴史」（共著『新しい時代の図書館情報学』補訂版, 有斐閣, 2016）；「図書館史における学説史研究試論：日本近代図書館黎明期の解釈をめぐって」（共著『現代の図書館・図書館思想の形成と展開』京都図書館情報学研究会, 2017）ほか

福井　佑介（ふくい　ゆうすけ）
2016　京都大学大学院教育学研究科講師
主要業績：『図書館の倫理的価値「知る自由」の歴史的展開』（松籟社, 2015）；「読書装置に関するレトリック：公立図書館・貸本屋・『無料貸本屋』」（共著『トポスとしての図書館・読書空間を考える』松籟社, 2018）；「出版関連議員と政論メディアの変遷：雑誌の専門化と商業化」（共著『近代日本のメディア議員』創元社, 2018）ほか

金　晶（Jin Jing）
上海図書館国際交流センター　「上海の窓」担当主任
主要業績：「超越图书：上海图书馆"上海之窓"项目的探索及发展」（『第八届上海国际图书馆论坛论文集』上海科学技术文献出版社, 2016）；「『上海の窓』電子書籍寄贈サービスに関する研究」（共著『トポスとしての図書館・図書館空間を考える』松籟社, 2018）ほか

川崎　良孝（かわさき　よしたか）
2015　京都大学名誉教授
主要業績：アメリカ図書館協会知的自由部編纂『図書館の原則（改訂4版）』（翻訳, 日本図書館協会, 2016）；『アメリカ大都市公立図書館と「棄てられた」空間』（京都図書館情報学研究会, 2016）；『開かれた図書館とは』（京都図書館情報学研究会, 2018）；「ボストン公立図書館の利用規則と年齢制限が示す意味」（『図書館界』vol. 70, no. 5, 2019）ほか

シリーズ〈図書館・文化・社会〉2
図書館と読書をめぐる理念と現実

2019 年 4 月 27 日　初版発行　　　　定価はカバーに表示しています

　　　　　　　　編著者　相関図書館学方法論研究会（川崎良孝・吉田右子）

　　　　　　　　発行者　相坂　　一

　　　　　　　　　　　　発行所　　松籟社（しょうらいしゃ）
　　　　　　　　　〒 612-0801　京都市伏見区深草正覚町 1-34
　　　　　　　　　　電話　075-531-2878　　振替　01040-3-13030
　　　　　　　　　　　　　　url　http://shoraisha.com/

　　　　　　　　　　　　印刷・製本　　亜細亜印刷株式会社
Printed in Japan　　　　カバーデザイン　安藤紫野（こゆるぎデザイン）

Ⓒ 2019　ISBN978-4-87984-377-7 C0030